回归常识教数学
——中学数学教学过程的理论与方法

王德昌 ◎ 著

华中科技大学出版社
http://press.hust.edu.cn
中国·武汉

内容简介

本书共分 8 章。第 1 章重点介绍了什么是教学,什么是课堂,动机与兴趣,建构主义教与学的理论,数学是什么,作者的数学教学理念。作者关于数学教学的基本常识及相关问题的思考和观点,是本书的总的指导思想。第 2 章至第 7 章,基于数学教学常识,结合丰富的实际案例,分别就备课、课堂教学方法与艺术、数学知识和数学思想的教学、常见基本课型的教学、解题教学、高三总复习教学等重点环节给出了大量极具操作性的实施策略。第 8 章就数学教师专业发展提出了一些具体建议。

本书适合一线中学数学教师和师范院校数学教育专业学生阅读,对有志于从事中学数学教学的读者也有一定的借鉴作用。

图书在版编目(CIP)数据

回归常识教数学:中学数学教学过程的理论与方法/王德昌著. —武汉:华中科技大学出版社,2024.6
ISBN 978-7-5772-0908-1

Ⅰ.①回… Ⅱ.①王… Ⅲ.①中学数学课-教学研究 Ⅳ.①G633.602

中国国家版本馆 CIP 数据核字(2024)第 101414 号

回归常识教数学——中学数学教学过程的理论与方法 　　　　　　王德昌　著
Huigui Changshi Jiao Shuxue——Zhongxue Shuxue Jiaoxue Guocheng de Lilun yu Fangfa

策划编辑:彭中军
责任编辑:段亚萍
封面设计:孢　子
责任校对:阮　敏
责任监印:朱　玢
出版发行:华中科技大学出版社(中国·武汉)　　电话:(027)81321913
　　　　　武汉市东湖新技术开发区华工科技园　　邮编:430223
录　　排:华中科技大学惠友文印中心
印　　刷:武汉市洪林印务有限公司
开　　本:787mm×1092mm　1/16
印　　张:11.25
字　　数:269 千字
版　　次:2024 年 6 月第 1 版第 1 次印刷
定　　价:79.00 元

本书若有印装质量问题,请向出版社营销中心调换
全国免费服务热线:400-6679-118　　竭诚为您服务
版权所有　侵权必究

前言

一转眼，大学毕业已32年。32年的教学生涯，经历了太多的实践，也产生了不少的思考，特别是关于课堂教学的策略和方法问题，更是让我"魂牵梦绕"，一直希望有机会把一些关于教学方面的思考写出来，和同行分享，并就教于同行。

这些年，我除了扎扎实实做好日常教育教学工作以外，还利用业余时间，做了一些教学研究，撰写了150余万字的教学文稿，有的比较系统成篇，有的只是简单随笔。承蒙各相关杂志编辑厚爱，60余篇稿件陆续在10余种省级以上教学期刊上发表，更增强了我投身教学研究的信心和决心。

出版一本关于数学课堂教学策略方面的图书的念头产生于发表20余篇文章之后。一来自己有这样的想法，二来周围的同事、朋友也鼓励我出版这样的专著。同行和朋友们的鼓励，终于使我有勇气尝试之前想都不敢想的事情——拥有一本自己的专著！

我一直认为，课堂是教师的主战场，研究课堂教学是一线教师在教学研究中最该做的事情，这也是我一直以来教学研究的重点。当下教学理论层出不穷，新观点、新提法比比皆是，有时会让人无所适从，一线老师甚至有时候会忘了教育的初心，忘了教学的本质，一些做法已经远离了教学的基本常识。可以说，在当下，我们要注重新思维、新理念、新方法的学习，更要关注教学的本质，回归教学的常识，如此，方是科学务实的态度，这也是我撰写这本《回归常识教数学——中学数学教学过程的理论与方法》的原因。

由于个人能力有限，书中错误、疏漏之处在所难免，欢迎读者提出宝贵意见。

王德昌
2024年4月于华中科技大学

目录

第 1 章　理论与理念 ……………………………………………………… 1
1.1　什么是教学 ……………………………………………………… 1
1.2　什么是课堂 ……………………………………………………… 1
1.3　动机与兴趣 ……………………………………………………… 2
1.4　建构主义教与学的理论 ………………………………………… 3
1.5　数学是什么 ……………………………………………………… 4
1.6　我的数学教学理念 ……………………………………………… 4

第 2 章　备课 ……………………………………………………………… 9
2.1　掌握学情 ………………………………………………………… 9
2.2　钻研数学教材的十个关注点 …………………………………… 10
2.3　处理教材的原则和方法 ………………………………………… 13
2.4　教材的二次开发 ………………………………………………… 16
2.5　确定和表述教学目标 …………………………………………… 20
2.6　确定教学重难点 ………………………………………………… 22
2.7　选择教学方法 …………………………………………………… 22
2.8　设计问题 ………………………………………………………… 24
2.9　怎样设计过渡语 ………………………………………………… 28

第 3 章　课堂教学方法与艺术 …………………………………………… 31
3.1　创设情境的常用方法 …………………………………………… 31
3.2　实施有效提问 …………………………………………………… 33
3.3　指导学生获取新知 ……………………………………………… 35
3.4　优化课堂探究 …………………………………………………… 38
3.5　科学进行课堂评价 ……………………………………………… 42
3.6　板书设计"九性" ……………………………………………… 44
3.7　课堂小结的原则和方法 ………………………………………… 46
3.8　怎样设计作业 …………………………………………………… 48
3.9　优化课堂教学语言 ……………………………………………… 50
3.10　课堂教学中的幽默感 ………………………………………… 52

3.11 实现"深入浅出"的策略 ································ 55
3.12 怎样使数学课富有逻辑 ································ 58
3.13 学习动机的激发 ··· 61
3.14 提高学习兴趣 ·· 64
3.15 提高学生注意力 ··· 67
3.16 渗透德育 ·· 70
3.17 怎样突出教学重点 ······································ 71
3.18 突破教学难点 ·· 74
3.19 揭示本质 ·· 77
3.20 培养学生的理性思维能力 ····························· 79
3.21 数学课堂教学怎样联系实际 ························· 82
3.22 数学教学要讲清道理 ·································· 83
3.23 数学教学的起点 ··· 88
3.24 让数学课堂更自然 ······································ 90

第 4 章 数学知识和数学思想的教学 ································ 94
4.1 概念教学的基本程序 ···································· 94
4.2 深化概念理解 ··· 95
4.3 定理教学的基本程序 ···································· 98
4.4 公式教学的基本程序 ···································· 99
4.5 数学思想方法的教学策略 ······························ 101

第 5 章 常见基本课型的教学 ·· 104
5.1 习题课的教学策略 ······································· 104
5.2 单元复习课的教学策略 ································ 105
5.3 试卷讲评课的教学策略 ································ 106

第 6 章 解题教学 ·· 108
6.1 挖掘教材例习题的潜在价值 ························· 108
6.2 例题教学的策略 ··· 112
6.3 在解题反思中优化思维品质 ························· 116
6.4 数学解题中要注重培养九种意识 ··················· 119
6.5 解题教学中的激趣术 ·································· 123
6.6 数学解题中的转化 ······································ 127
6.7 寻找解题突破口 ··· 130
6.8 思路受阻时的应对 ······································ 134
6.9 回避分类讨论 ·· 137
6.10 简化数学运算 ··· 140

  6.11 挖掘隐含条件 …………………………………………………………… 144
  6.12 "正难则反"策略在高中数学解题中的应用 ………………………… 147
  6.13 巧用对应思想,破解计数问题 ………………………………………… 149

第7章 高三总复习教学 …………………………………………………… 151
  7.1 第一轮总复习的功能定位及基本原则 ………………………………… 151
  7.2 第一轮复习的实施策略 ………………………………………………… 151
  7.3 高三数学总复习第一轮课堂教学的基本策略 ………………………… 153
  7.4 第二轮复习的功能定位及教学原则 …………………………………… 154
  7.5 高三数学总复习第二轮课堂教学的基本策略 ………………………… 155
  7.6 高三总复习教学中的学法指导策略 …………………………………… 156
  7.7 高三数学总复习解题教学的基本策略 ………………………………… 159

第8章 数学教师专业发展 ………………………………………………… 163
  8.1 怎样听课 ………………………………………………………………… 163
  8.2 怎样进行教学反思 ……………………………………………………… 164
  8.3 怎样进行教学研究 ……………………………………………………… 168
  8.4 怎样写教学论文 ………………………………………………………… 169

参考文献 ……………………………………………………………………………… 171

第1章 理论与理念

1.1 什么是教学

教学是教师的教和学生的学所组成的一种人类特有的人才培养活动.通过这种活动,教师有目的、有计划、有组织地引导学生学习和掌握文化科学知识和技能,促进学生素质提高,使他们成为社会所需要的人.

教学的基本任务是:向学生传授系统的科学知识,训练学生形成基本技能、技巧,发展学生的智力和能力;培养学生具有坚定正确的政治方向、辩证唯物主义的世界观和共产主义的道德品质;使学生身体正常发育,健康成长;培养学生具有正确的审美观点和感受美、鉴赏美、创造美的知识与能力.教学要高质量高效率地完成上述任务,一个至关重要的方面是必须遵循教学规律,处理好间接经验和直接经验相结合的关系、传授知识和提高思想觉悟的关系、传授知识和发展智力的关系,以及发挥教师的主导作用与调动学生积极性、自觉性的关系.

教学要以学生为主体.所谓"主体"是与"客体"相对的概念,"主体"的本性是"主动发展","客体"的本性是"被动接受"."以学生为主体"就是要在"教与学"的过程中,引导并支持学生"主动学"而非"被动学"."主动学"背后的心理机制是"我要学","被动学"背后的心理机制是"要我学".要使学生成为真正的"主体",传统教学模式必须做出三个重要的改变:目标变——变"让学生学会"为"让学生会学";方式变——变"知识灌输"型课堂为"能力培养"型课堂,教师少讲多问,学生多思多练;方法变——变"威逼利诱"和"空洞说教"为给学生提供切实有效的学习方法.

教学要以教师为主导.所谓"主导"的要点在"导"字,其主要包括引导、指导和疏导三项要务——学生迷失方向,教师要引导;学生缺少方法,教师要指导;学生遇到阻塞(障碍、想不通),教师要疏导.

教学要以思维训练为主线.所谓"主线"就是要贯穿整个教学过程,始终坚持把"思维能力训练"作为核心目标.成绩是果,思维能力才是"根",无"根"求"果"不得"果","根"深,自然结"硕果".要使思维能力训练成为教学的主线,在教学过程中就必须将"知识"背后的规律、方法、思维方式作为比知识还重要的"关注点",清晰地呈现出来,并在训练中加以强化,形成能力,在进一步的训练中使这种能力得到迁移.

1.2 什么是课堂

课堂是进行教学活动的教室,指教师给学生授课的地方,泛指进行各种教学活动的场所.课堂是学生学习的场所,课堂是育人的主渠道.

课堂教学中,要根据教学实际,创设必要的情境,给学生提供课内实践的机会,让学生在特定的环境中进行实践体验,使他们在活动中感悟道理、体验情感、规范行为.教师应该运用自己的智慧和创造力,把课堂营造成生动活泼的学习乐园,让学生在愉快的学习环境中自然、有序地学习和操练.

1.3 动机与兴趣

动机是指驱使人或动物产生行为的内在或外在因素.动机可以激发人的精神和身体活动,使人朝着目标不断前进,是人类行为和心理状态的重要组成部分.

动机可以分为内在动机和外在动机.内在动机是指人们由于自身兴趣、欲望、价值观等内在因素而产生行为.外在动机是指外界环境对人的行为产生的影响,例如奖励、惩罚、社会压力等.内在动机和外在动机的平衡是人类行为的重要因素.

动机的产生受到多个因素的影响,例如个体的特点、环境的影响等.个体的特点包括个人的性格、生活经历、价值观等,环境的影响包括社会文化、家庭教育、组织文化等.

兴趣是指个体对某种事物或活动感兴趣的情感或愿望,它是一种内在的动力,能够激发人们去主动参与和探索.兴趣可以是对某个领域的知识、技能或活动的喜爱,也可以是对某种事物的好奇心或热爱.兴趣在生活中的应用非常广泛.无论是在学习、工作还是娱乐等方面,人们只有对某种事物或活动有兴趣,才能够更好地投入精力和时间去学习和探索.兴趣也是人们追求个人发展和实现梦想的动力源泉.

数学学习兴趣是一种自觉的动机,具有追求探索的倾向,是数学学习中具有创造性态度的重要条件.稳定的数学学习兴趣是逐渐形成的,需要长期培养,在培养过程中要注意如下几点.

一是处理好兴趣与理想、动机的关系.将兴趣与理想、动机结合起来进行培养是非常重要的,兴趣有直接和间接之分,这与个人理想、社会需要有关,与直接动机、长远动机联系在一起;兴趣有倾向性、广泛性、集中性和深刻性等品质,这和理想特征有关,也与学习动机的抽象性、价值观有密切关系.由于学习动机带有强烈的感情色彩,并趋向于预期的目标,动机是在活动中寻求愉快的情感体验而发挥作用的,因此数学学习动机的激发必须要有兴趣作为内在的"激素".

二是建立良好的师生关系.师生情感不仅是师生交往的基础,而且是使学生对数学产生兴趣的关键.教师是师生情感的主导者,热爱学生是进行数学教学的前提.当教师的情感倾注在数学教学中,激发了学生的数学学习情感时,学生就能够更加积极主动地投入数学学习.这是培养学生数学学习兴趣的秘诀.

三是高超的教学艺术是引发数学学习兴趣的保证.一要练好教学基本功.二要处理好教学中的各种关系,包括:数学基础知识、基本技能教学与数学基本能力、基本态度培养之间的关系;学生的自主探究活动和教师的讲解引导之间的关系;新的数学知识与已有数学认知结构之间的关系;共同要求与学生个性差异之间的关系;课内与课外的关系.三要学会创设问题情境,用好启发式教学.

1.4 建构主义教与学的理论

1.4.1 建构主义学习观

(1)学习不是教师简单把知识传授给学生,而是学生自己主动建构的过程.学生不是简单被动地接收信息,而是主动地建构知识的意义.

(2)学习不是被动接受信息刺激,而是主动地建构意义,是根据自己的经验背景,对外部信息进行主动的选择、加工和处理,从而获得自己的意义.

(3)同化和顺应是学习者认知结构发生变化的两种途径或方式,学习不是简单的信息积累,更重要的是包含新旧知识经验的冲突,以及由此而引发的认知结构的重组.学习过程不是简单的信息输入、存储和提取,而是新旧知识经验之间双向的相互作用的过程,也就是学习者与学习环境之间互动的过程.

1.4.2 建构主义学生观

(1)学习者并不是空着脑袋进入学习情境中的,在日常生活和以往各种形式的学习中,他们已形成了有关的知识经验,他们对任何事情都有自己的看法,即使有些问题他们从来没有接触过,没有现成的经验可以借鉴,但是当问题呈现在他们面前时,他们还是会基于以往的经验,依靠他们的认知能力,形成对问题的解释,提出他们的假设.

(2)教学不能无视学习者已有的知识经验,简单强硬地从外部对学习者实施知识的"填灌",而是应当把学习者原有的知识经验作为新知识的生长点,引导学习者从原有的知识经验中生长新的知识经验.教学不是知识的传递,而是知识的处理和转化.教师不是知识的呈现者,不是知识权威的象征,应该重视学生自己对各种现象的理解,倾听他们时下的看法,思考他们这些想法的由来,并以此为依据,引导学生丰富或调整自己的解释.教学显然不是由教师简单去告诉学生就可以奏效的.

(3)教师与学生、学生与学生之间需要共同针对某些问题进行探索,并在探索的过程中相互交流和质疑,了解彼此的想法.由于经验背景的差异不可避免,学习者对问题的看法和理解经常是千差万别的.其实,在学生的共同体中,这些差异本身就是一种宝贵的现象资源.建构主义虽然非常重视个体的自我发展,但是它也不否认外部引导,即教师的作用.

1.4.3 建构主义教师观

(1)以学生为中心.建构主义学习理论强调以学生为中心.首先,认为学生是认知的主体,是知识意义的主动建构者,教师对学生的意义建构起帮助和促进作用,并不要求教师直接向学生传授和灌输知识.其次,认为学习总是与一定的社会文化背景即"情境"相联系的,在实际情境下学习,可以使学习者利用自己原有的认知结构中的有关经验去同化当前学习到的新知识,从而赋予新知识以某种意义;如果原有经验不能同化新知识,则要引起"顺应"过程,即对原有认知结构进行改造与重组.

(2)教师的主导角色.建构主义的学习观和学生观决定了建构主义的教师观,这种主张具体主要表现在教师和学生的角色及其作用的巨大改变上.建构主义提倡在教师指导下以学习者为中心,既强调学习者的认知主体作用,又不忽视教师的主导作用.教师是意义建构的帮助者、促进者,而不是知识的提供者和灌输者;学生是学习信息加工的主体,是意义建构的主动者,而不是知识的被动接受者和填灌的对象.(摘自胡典顺,徐汉文.数学教学论[M].武汉:华中师范大学出版社,2012.)

1.5 数学是什么

　　数学是研究数量关系和空间形式的一门科学.数学源于对现实世界的抽象,基于抽象结构,通过符号运算、形式推理、模型构建等,理解和表达现实世界中事物的本质、关系和规律.数学与人类生活和社会发展紧密关联.数学不仅是运算和推理的工具,还是表达和交流的语言.数学承载着思想和文化,是人类文明的重要组成部分.数学是自然科学的重要基础,并且在社会科学中发挥着越来越重要的作用,数学的应用已渗透到现代社会及人们日常生活的各个方面.随着现代科学技术特别是计算机科学、人工智能的迅猛发展,人们获取数据和处理数据的能力都得到很大的提升,伴随着大数据时代的到来,人们常常需要对网络、文本、声音、图像等反映的信息进行数字化处理,这使数学的研究领域与应用领域得到极大拓展.数学直接为社会创造价值,推动社会生产力的发展.

　　数学在形成人的理性思维、科学精神和促进个人智力发展的过程中发挥着不可替代的作用.数学素养是现代社会每一个人都应该具备的基本素养.

　　数学教育承载着落实立德树人根本任务、发展素质教育的功能.数学教育帮助学生掌握现代生活和进一步学习所必需的数学知识、技能、思想和方法;提升学生的数学素养,引导学生用数学眼光观察世界,用数学思维思考世界,用数学语言表达世界;促进学生思维能力、实践能力和创新意识的发展,探寻事物变化规律,增强社会责任感;在学生形成正确人生观、价值观、世界观等方面发挥独特作用.

　　数学具有高度的抽象性、逻辑的严密性、结论的确定性和应用的广泛性等四个显著特征.[摘自中华人民共和国教育部.普通高中数学课程标准(2017年版)[M].北京:人民教育出版社,2018.]

1.6 我的数学教学理念

1.6.1 课堂教学的评价标准

　　谈到评价,必须有标准,课堂教学评价更是如此!标准的表现形式多种多样,也有不同的维度和侧面.按辩证的观点看,诸多标准中总有主要与次要、核心和一般之分.评价一节课的教学质量时,没有辩证的观点,不分主次地一刀切,不利于课堂教学的改进.

　　评价课堂教学的核心标准是什么?依我看,是学生是否得到了最大程度的适合的发展.所谓适合,是指要适合学生的年龄阶段,是得到了在这个阶段必要的一些发展.这里的发展,包括人格的发展、身体的发展、学识的发展、能力的发展,其评价标准就是"核心素养".从过程看,要达到上述目标,首先需要充分激发学生参与课堂教学的积极性,给学生充分的参与课堂教学的机会,让学生在参与中发展,在参与中提高;其次还要不断提升教师素质,给予学生及时、准确、适度的指导和帮助.

万变不离其宗,课堂教学的评价标准永远应该是学生的发展,教师的教学行为促进了学生的发展的课堂就是好课堂,否则,就不是好课堂.这个道理很简单,但也极为重要!

1.6.2 数学课堂教学应回归原点

万事皆有源.思考问题,处理事情,最好、最应该采取的办法是回到源头,回到原点.只有回到源头,回到原点,方能看透本质,抓住关键,取得最好的效果.数学课堂教学的原点有三,即学生、现实和本质.

学生.立足学生进行课堂教学设计;课堂教学实施中,充分调动学生积极性,确保学生的主体地位;课堂教学最该关注学生是否得到了充分的发展.

现实.数学是由现实世界抽象出来的一种模型,数学教学应源于现实,解释现实,应用于现实,要通过联系现实,激发学生的兴趣,培养学生的数学应用意识.

本质.数学有形式化的表达,但是数学课堂教学更要关注本质性的东西.比如,有序数对,实际上是数学追求简单化的一种体现,体现了数学美.有序数对的本质是两个实数,这两个实数可以是具体的数,也可以是字母.

这三个原点,是我们备课听课评课的基本依据,是出发点,也是落脚点.

1.6.3 将课讲得粗糙一点

北京市一名数学特级教师教学质量非常高,同事们请他介绍经验时,他说"我和大家做的一样".同事们不甘心,继续追问,这名特级教师坦率地说:"我的做法,不知道你们敢不敢试,我的经验就是将课讲得粗糙一点!""将课讲得粗糙一点"这一另类经验,初闻似乎不可理解,仔细想想又在情理之中.这就是教师的智慧.

传统观点,对教师的描述都是:勤勤恳恳,不厌其烦,婆婆妈妈,有时甚至令人生厌.甚至有时教师自己就讨厌自己!可以说教师对教学倾注了无限的热情,学生却不买账,学生成绩始终达不到教师的期望,有时甚至是事与愿违!为什么会这样?

实际上,我们只要想一想教学行为中谁是主体(当然学生是主体!)、学生学习过程是如何发生的(当然是学生主动建构的!)就不难理解上述经验了!

教学中,我们经常好心办坏事:学生明明已经掌握了的东西,我们生怕学生不会,于是不厌其烦地讲;学生明明经过自己的努力可以得出的东西,我们非要"好心"地做所谓的引导和帮助,使学生失去了很好的挖掘自身潜力的机会;有时面对学生容易发生的错误,我们会"极其负责"地提前进行提醒,结果,使学生失去了很好的经历挫折、改正错误的机会,如此不一而足.总之我们的教学,不是促进了学生的发展,而更多时候,是阻碍了学生的发展!我们不知道好心做了多少坏事!

将课讲得粗糙一点,并不是教师不负责,而恰恰是教师的智慧!将课讲得粗糙一点,需要教师高屋建瓴地把握教材,准确地了解学生,做好教师该做的事情,为学生的发展留有空间和余地.

课堂教学中,教师应突出重点,抓住关键,带领学生弄清核心知识和关键问题,要给学生留有思考的空间.大部分教学内容,达到全班50%以上的学生完全弄明白即可,不要指望100%的学生弄明白,那样,只会使教学效率极其低下!

由此想到两句话:父母要学会装病,老师要学会装傻.细细品味,颇有道理!

愿天下的教师都做智慧型教师!

1.6.4　不可低估学生的能力

看中央电视台采访李镇西,提到班级管理自治的探索时,他说"不要低估学生的能力"!是呀,教学之中,的确不能低估学生的能力,事实上,学生远比你想象的能干!因此,教学中要特别重视学生的作用的发挥.

(1)适当给学生布置超出他(她)能力的一些任务,让学生在挑战自我中提升.

(2)教师不要事无巨细,要学会留白,要给学生消化的时间和空间.

(3)不妨偶尔甚至是经常来一个"师徒交换",让学生讲课,让学生主导.

(4)有些管理难题交给学生去解决.

1.6.5　数学课堂教学要尊重学生的"首创权"

毫无疑问,学生是课堂学习的主体,评价教学效果的直接因素是看学生通过学习知道了什么,提高了什么能力,培育了什么素养.要使学生课堂收获最大,能力提升最大,尊重学生的首创权,是首要注意之点.

所谓首创权,即凡是学生自己能提出的创意,要尽可能由学生自己提出,教师尽量不要包办.如何尊重学生的首创权?

(1)摸清学情,厘清哪些内容让学生自己探究.总的来说,具备以下特征的知识应该让学生自己探索:是重点知识,学生之前具备相关知识,学生跳一跳,可以"摘桃子".

(2)给予充分的时间和空间,耐心等待,不要急于提醒学生.

(3)用好评价杠杆,多激励,激发学生自主探究积极性.

(4)发扬教学民主,多征求学生意见,尊重学生意愿,教学相长.

1.6.6　数学教学应让学生打"有准备之仗"

毫无疑问,学生是学习活动的主体,教师的作用只是在学生获取知识的过程中提供必要的帮助.因而,学生对自己所学内容应有知情权,对学习目标应有选择权,对教学方法应有建议权.

现实情况是什么呢?学生学什么,达到什么目标,选择什么教法,统统由教师说了算,学生毫无自主权,完全在被动应付.可以说,学生的学习处在毫无准备的情况下,其学习积极性不高,也就不难理解了!要提高学生的学习积极性,就要真正地赋予学生自主权,让学生在数学学习中多打"有准备之仗"!

具体可以从如下方面入手:第一,通过恰当的问题情境,激发学生思维冲突,引发学生学习需要,揭示学习课题;第二,引入课题后,即刻出示学习目标(记忆、理解和运用),让学生带着目标学习;第三,经常主动征求学生意见,听取他们对教学方法的意见和建议;第四,提供较多的学习资料(训练资料),允许学生根据自己的情况选择完成.

1.6.7 数学教学的"五个不必"

(1)不必一次到位.学生对知识的学习,本来就具有"螺旋式"上升之特点,不可能一步到位、一蹴而就.因而新课阶段,讲清楚核心概念、核心知识后,相关问题、相关知识点可以点到为止,不必一次到位.

(2)不必顾及每一名学生.学生具有差异性,教学要关注每个学生,不等于等着每一个学生.课堂进度、广度、难度照顾到三分之二左右的学生即可,余下三分之一的学生必须在课外花更多的工夫才行.

(3)不必面面俱到.每个阶段,每节课,都应有明确的教学目标,不可贪多求全,不可面面俱到.写文章需要留白,教学也要善于留白.什么是教学上的留白?从内容上看,不要面面俱到、过于全面,有意识留下一部分非核心问题让学生自己学习、自己思考;从深度、广度看,不必由教师本人承包所有工作.

(4)不必教师唱独角戏.教学的落脚点是"学",从对象上看,是指学生;从活动看,是指学习.教学的主角本来就应该是学生!

(5)不必太在乎学生的意见.教学的主角是学生,但主角并不意味着主导,教学的主导应该是教师,这一点显而易见,不必多说!乔布斯的一句话"用户不知道自己需要什么"对数学教学应该有所启发.

1.6.8 从哲学视角看数学思想方法

数和形是数学内容呈现的两种基本形态,也是构成数学世界的全部.因而,数学解题也不外乎从数和形两个方面思考.再者,世界万物都是密切联系的.从这些意义上来说,数形结合是数学解题中必然要优先考虑的.

世界没有什么是绝对的,都是相对的,这个世界也没有什么东西是一成不变的,在一定的条件下,万物都可以相互转化.数学解题也是如此,数学解题的过程实际上就是一个不断实现由未知到已知、由陌生到熟悉、由不规则到规则、由复杂到简单等转化的过程,因而,转化与化归思想是数学的核心思想方法,就是很正常的事情了.

"积少成多""聚沙成塔""集腋成裘",世界万物,无论多么复杂,就其构成来说,基本元素都是很简单的.简单的元素构成复杂的事物,反过来,复杂的事物又可以拆成简单的元素.就数学解题而言,分类讨论就是一种化复杂为简单的途径,所以,分类讨论思想又是那么自然的一件事.

这个世界,随时随地都在变,唯一不变的是这个世界每天都在变.函数是刻画变化的一个基本概念,数学来源于实际,因而,用函数的观点看世界,用函数的思想方法解决数学与现实世界的问题,又是那么自然.

如上所述,四种基本的数学思想方法——函数思想、转化与化归思想、数形结合思想、分类讨论思想——源于哲学,在数学中有广泛的应用,是再自然不过的一件事.

1.6.9 优质课与常规课之关系

从广义的角度看,这两个概念并不对立,优质课是从课堂的质量而言的,常规课是相对于示范课、研究课、公开课等而言的,因此,常规课的效果好,它就是一节优质课.

但人们通常所讲的优质课和常规课是狭义的,在形式上是对立的,优质课是指经过精心准备,以评比为目的的课;而常规课是指没有外界干预,立足于教师特点和学生实际,延续日常常规的课堂.

其实从两者关系看,优质课也要常态化,要杜绝各种形式的不符合学生实际的表演,要尊重学生实际,引导学生经历体验得到发展;另一个方面,常规课也要强化质量意识,努力提高课堂教学的有效性,打造高效课堂.

所以,二者尽管有区别,但教学的最高追求应是二者的高度统一.

第 2 章 备 课

2.1 掌握学情

2.1.1 何谓学情

学情即与学生的学习相关的各种要素的总和,主要包括学生生理心理状况、学生个性及其发展状态,以及学生的学习动机、学习兴趣、学习内容、学习方式、学习时间、学习效果、生活环境等.

学情是实施教学的基础和前提,是教师确定教与学目标的出发点和立足点.新课程改革要求教学活动"以学生为中心","以学定教",而准确掌握学情是落实学生中心的必由之路.教师要想使自己的教学效果达到最佳状态,必须重视学情分析.学情分析既要分析学生整体具有的特点,更要分析学生间的个体差异,采用不同的分析学情的方法.

2.1.2 掌握学情的方法

理论学习法.通过学习一些发展心理学的简单知识了解不同年龄阶段的学生的心智特点.

自然观察法.自然观察法主要用于对学生性格特点、心理品质、兴趣意志力等的了解.自然观察法是指研究者在自然条件下对个体的言谈、举止行动和表情等进行有目的、有计划的观察,以了解其心理活动的方法.它的种类有很多:从观察形式来分,可分为直接观察和间接观察;从观察时间来分,可分为长期观察和定期观察;从观察内容来分,可分为全面观察和重点观察.观察法方便易行,所得结果较真实.

档案材料法.档案材料主要有两类:一类是现有资料,一类是诊断性资料.现有资料包括:学生填写的各种档案资料,如学生的学习成果、作品等;能客观反映学生个体和集体的资料,如成绩单、操行评语等.诊断性资料指教育者根据某一教育目的,适时地提出某些专题性作业,如命题作文、读书笔记等,通过书面材料间接了解学生,要特别注意材料的真实性与可信度.

命题检测法.命题检测法主要用于了解学生对所学知识的掌握情况.检测法适合于收集学生的知识水平、能力情况等学习信息.根据教学需要,设计相应的练习题或试卷,要求学生在特定的时间内作答,教师根据学生的答题情况,收集相关信息,为评价学生的学习水平提供依据.可将学生必须具备的知识、经验和能力进行分解,并编制相应的前测性试题让学生完成.最后,对学生习题进行分析,弄清班级学生是否具备了相关的知识与能力,确定教学的起点.也可于课堂结束前,组织过关性测试,了解学生对本节课的学习掌握情况,以便及时调整教学.

个别访谈法.访谈法是通过教师和学生相互交谈的活动来了解学生情况的方法.这种方法具有直接交流的特点,方便掌握第一手资料,在操作时应注意拓展范围以便能够全面和客观.

提问法.要根据课堂需要了解的学情,设置恰当的问题,诊断学生真实的学情.

倾听法.教师在教学中要认真并有针对性地倾听学生的发言,从中快速判断学生学习的真实情况.为此,教师在课堂上要创造安全、民主、尊重的学习氛围,让学生愿意畅所欲言,大胆地展现自我.

问卷调查法.问卷调查法是深入了解学生的重要方法.调查前要根据调查的内容和问题列出调查提纲,考虑好调查的具体步骤和方法,确定调查的重点对象.调查时要热情、周到,边听边记下某些重要的内容.调查后要对了解到内容做适当整理,这可以为对学生做比较分析提供宝贵材料.问卷内容既可以是对性格、习惯的了解,也可以是对所学知识和方法的了解.

大数据法.在"互联网+"的影响下,大数据逐渐成为掌握学情的有效手段.当前有许多平台或软件支持基于数据的学情分析,比如有研究者依托于智学网平台的大数据,对高中数学学习进行分析,结果发现这不仅有利于教师全面掌握学情,便于因材施教,而且能够使学生客观了解自己的学习情况,明确差距和短板,同时还能够让家长实时掌握自己孩子的学习状态,做到心中有数、从容应对.传统的教学手段无法达到这样的效果,其迅捷高效,在高中数学教学中有着广泛的运用.在智慧课堂上,教师可通过信息化平台发布练习,学生在课堂上独立完成并提交到平台数据分析系统,能够及时生成诊断报告.通过大数据,教师可以精准地掌握每一个学生对教学内容的掌握情况,进而提供个性化的指导.

2.2 钻研数学教材的十个关注点

教材是教师实施教学最重要的素材,深入钻研教材是进行有效教学活动的前提.如何钻研教材?应从哪些方面把握教材呢?

关注点一,知识方法的呈现点.数学知识和数学方法是数学教学的最基本素材,是构建数学大厦的基石.数学教学首先是知识和方法的教学.教师钻研教材时,首先要明确列出教材中涉及的知识点和方法点,进而采取切实措施,引导学生掌握这些知识和方法.如"数列的概念及表示"一节要明确如下知识和方法:数列的定义、数列的通项公式的概念、数列的常用表示方法、数列与函数的关系、递推公式的理解、观察(归纳)法确定数列的通项公式等.

关注点二,再现过程的探究点."突出过程教学"是新课改的核心理念之一.《普通高中数学课程标准》明确指出:高中数学课程应力求通过不同形式的自主学习、探究活动,让学生体验数学发现和创造的历程,发展他们的创新意识.数学课堂教学中,教师要有意识地设置适合学生自主探究的素材,放手组织学生参与探究活动,让学生在探究活动中获取新知、提升能力.一般来说,概念的归纳抽象(如平面向量坐标概念的建立)、解题方法的探索(如错位相减法的来源)、知识的发生发展过程(如椭圆第二定义的推导)都可以作为学生的探究素材.

关注点三,新旧知识的联结点.《普通高中数学课程标准》明确建议:教学中应注意沟通各部分内容之间的联系,通过类比、联想、知识的迁移和应用等方式,使学生体会知识之间的有机联系,感受数学的整体性,进一步理解数学的本质,提高解决问题的能力.为此,教师钻研教材时,要特别关注知识之间的内在联系,找准新旧知识的联结点,在把握新旧知识联系的基础上,组织课堂教学,帮学生建立完善的认知结构.

可以在新旧知识的联结点处设置问题,创设问题情境.如学习双曲线的简单几何性质前,学生已学习了椭圆的简单几何性质,初步掌握了通过曲线方程研究曲线性质的基本思想方法.教学"双曲线的简单几何性质"时,可先引导学生回顾如下问题:我们是从哪些方面研究椭圆的简单几何性质的?这些性质分别是怎样研究的?分别得出了怎样的结论?

也可以利用新旧知识的内在联系,类比旧知得到新知.如:通过如下问题引导学生由样本数据的均值得出随机变量的均值的概念.

问题1:求1,1,1,1,2,2,2,3,3,4的均值.

列出

$$\frac{1\times4+2\times3+3\times2+4\times1}{10}=1\times\frac{4}{10}+2\times\frac{3}{10}+3\times\frac{2}{10}+4\times\frac{1}{10}.$$

问题2:如何从概率的视角解释上述算式中的$\frac{4}{10},\frac{3}{10},\frac{2}{10},\frac{1}{10}$?

问题3:类比上述均值的算法,已知随机变量的分布列,你能否得到其均值的算法?

关注点四,理解教材的关键点."打蛇找七寸,钻研教材抓关键".何谓教材的关键?教材的关键是指对掌握某一部分知识或解决某一个问题起决定作用的知识或思想方法,它往往是重点、难点的突破口.掌握并抓住了关键,教学就能进行得比较顺利、有效.例如,学好数学归纳法,关键是在"奠基步"的基础上,理解为什么可以假设$n=k$成立,从而推出$n=k+1$成立.钻研教材时,应对此引起足够的重视,并采取切实措施,帮助学生理解这一关键.

关注点五,因材施教的分层点.因材施教是教学的基本准则.《普通高中数学课程标准》明确指出:高中数学课程应具有多样性与选择性,使不同的学生在数学上得到不同的发展.这就要求我们在教学实践中,正视学生个体之间的差异,针对不同的教育对象采取不同的措施,使每个学生都能在自己的基础上获得更大的发展.钻研教材时,除了制定面向全体学生的教学要求和教学措施以外,还要针对不同的教学内容和学生实际,制定不同的要求和措施,以切实满足不同学生的发展需要.如:学习算术平均数和几何平均数不等式,基本要求是掌握二元算术平均数与几何平均数关系定理,但对学有余力的学生,可鼓励他们研究三元算术平均数与几何平均数的关系,并给出证明(对这一问题,教学大纲不要求学生掌握,但学有余力的学生若能对此问题进行认真研究,不仅可以体验研究的乐趣,培养研究的能力,还可以对二元算术平均数与几何平均数关系定理有进一步的认识).

关注点六,学生学习的困难点.学生实际,是一切教学活动的出发点.只有切合学生实际的教学才可能是有效的教学.教师钻研教材时,要善于换位思考,站到学生角度分析学生可能遇到的困难,进而采取切实措施帮学生解决这些困难.如:学生解决等比数列问题时,常由于忽略定义中的隐含条件($a_1\neq0,q\neq0$)或忽略前n项和公式$S_n=\dfrac{a_1(1-q^n)}{1-q}$的适用范围($q\neq1$)而出错,讲解这类例题时,就要引导学生首先关注定义中的隐含条件和公式的适用范围,养成缜密思维的好习惯.再如:解决求轨迹问题时,学生的难点是找不到动点所满足的几何条件,讲解这类例题时,重点就应放在指导学生发现几何条件上.为此可以通过组织合作交流讨论等形式,从多角度探求几何条件.

关注点七,形成技能的训练点.数学教学的基本任务是引导学生获取知识、形成技能、提升能力,组织技能训练是数学教学的重要组成部分.钻研教材时,教师要结合课程标准对教学要求的界定,合理确定训练点,并配以适量的训练素材,采取恰当的训练手段,以切实使学生通过课堂教学达到提升技能的目的.如,"算术平均数与几何平均数"一节是不等式的重要内容,运用这一重要不等式(以下称为"均值不等式")可以解决许多求函数的最值问题.此类题型在高考试题中出现的频率非常高.但对这一类问题,教材中并未给出具体的例子,教材上的训练也不够,为帮助学生掌握这一类问题的解法,教学中有必要设计以下一些例子.

例1.已知 $m>0$,求函数 $y=6m+\dfrac{24}{m}$ 的最小值.

例2.设 $0<x<8$,求函数 $y=3x(8-x)$ 的最大值.

例3.已知 $\theta\in\left(0,\dfrac{\pi}{2}\right]$,求函数 $f(\theta)=\sin\theta+\dfrac{4}{\sin\theta}$ 的最小值.

例4.求函数 $y=\dfrac{x^2-4x+5}{2x-2}(x\geqslant\dfrac{5}{2})$ 的最小值.

例5.已知正数 a,b 满足 $ab=a+b+3$,求 ab 的取值范围.

例6.已知 $x>0,y>0,\sqrt{x}+\sqrt{y}\leqslant a\sqrt{x+y}$ 恒成立,求 a 的取值范围.

其中例1、例2是基础题,主要帮助学生体会用均值不等式求函数最值的基本方法;例3主要提醒学生应用均值不等式求函数最值时一定要注意等号成立的条件;例4主要引导学生掌握通过适当的变形(直接化为部分分式或换元后化为部分分式)借助均值不等式求分式函数最值的基本方法;例5、例6是均值不等式的综合应用.

关注点八,开发课程的拓展点.课程开发能力是新课程理念下,数学教师的必备能力之一.数学教师应重视在钻研教材文本的基础上,对教学内容进行必要的拓展和引申,使数学教学内容更厚实,学生收获更大.如:教授函数的奇偶性时,可对函数的对称性进行拓展,研究函数的互对称和自对称问题;教授等差数列和等比数列时,可引导学生在教材基础上系统探究这两类特殊数列的有趣性质.

关注点九,联系实际的应用点.数学来源于实际,数学服务于实际生活."发展学生的数学应用意识"是新课程的基本理念之一.为切实将这种理念落实到教学实践中,教师应善于将书本上的数学知识与学生的生活实际联系起来,揭示数学知识在实际生活中的广泛应用,设计适当的实际问题,鼓励学生用所学数学知识予以解答.

如,教学"等比数列求和"时,让学生调查解决分期付款问题;学习完"分期付款中的有关计算"后,安排学生到房产公司及银行收集相关资料,进行数据分析,通过详尽列式计算(利用高一数列知识及解方程知识),解析还贷过程中的每一个步骤,了解购房者在还贷过程中的账目细则,以及房产公司和银行在其中的盈利情况,从而对此实际生活中的常见经济事件有进一步的数学上的正确认识.

再如:学习导数时,引导学生探究为什么易拉罐做成圆柱形而不做成其他形状;学习概率后,让学生计算各种彩票的中奖概率,让学生研究抽签先后是否公平;学习双曲线的定义和方程后引导学生解决确定爆炸点问题.

通过具体问题的解答,学生必能更好地领悟数学思想和方法,进一步认识数学的广泛应用,其学习数学的热情必然更加高涨.

关注点十,强化动机的激趣点."学习的强烈动机来源于对所学知识材料的兴趣".实践证明,课堂教学的趣味程度,在很大程度上影响着学生在课堂上的学习动机水平,进而影响着学科教学的效果.为此,教师应在对教材进行深入钻研、准确把握教材科学性的基础上,开发数学教材的趣味性因素,精心设计有利于激发学生学习兴趣,强化学生学习动机的教学措施,使学生乐学、好学、学好.

2.3　处理教材的原则和方法

2.3.1　处理教材的含义

处理教材是指教师在分析教材的基础上,根据学生的知识水平和年龄特征,从实际出发,对教材内容进行创造性再处理.对教材的处理,既反映教师的个人素质,更关系到教学效果的好坏.

2.3.2　处理教材的原则

整体性原则,即对局部教材要置于学科体系中考虑、处理.

适学性原则,即教材处理要适应学生的认知发展水平.主要表现在:按照学生的思维活动规律组织教材;选取符合学生认知发展水平的教学内容;以学生现有的思维水平为依据进行教学.

目的性原则,即教材处理要服从于教学目标,应有利于教学目标的实现.

能动性原则,即教师不应照本宣科,要对教材加以能动的处理,使教学更能吸引学生,以达到更好的教学效果.

2.3.3　处理教材的常用方法

1.调整

对教材的顺序进行必要的调整,使教学内容更加适应学生的思维规律和认知发展水平.

教科书是按照"定义—定理、公式、法则—应用"的逻辑顺序编写的,这种逻辑顺序与数学研究活动往往是相反的,与学生数学学习的思维活动顺序也是相反的.如果照本宣科,势必使教学进程与学生的思维进程不一致,从而使学生的思维活动无法展开,教学效果可能大打折扣.因此,教师要把教材提供的逻辑顺序转变为数学活动顺序,并结合学生的数学思维发展水平,安排恰当的数学课堂教学情境和数学思维活动过程,以使课堂教学活动适合学生的认知发展规律.

如"同角三角函数基本关系式"一节,教材在开头即直接提出:"根据三角函数的定义,可以探讨同角三角函数间的一些基本关系."进而展示了用定义推导同角三角函数基本关系式的过程,然后安排若干例子进行巩固.虽然这样处理可以非常快捷地把知识教给学生,但学生会问:怎样想到要讨论这些基本关系?讨论这些基本关系的必要性如何?为什么一定要根据定义来讨论?等等.显然,这些疑问是学生认识事物的内部规律时产生的.如果教师忽视这些问题,不设法针对这些问题"答疑解惑",不但会失去一次极好的思想方法教育的机会,而且会使教学变得呆板、机械,降低课堂教学质量.若想解决上述问题,教师只需对教材顺序进行如下调整:

先提出问题:已知 $\sin\alpha = \dfrac{4}{5}$,求 $\cos\alpha, \tan\alpha$ 的值.再引导学生用不同的方法解答,通过不同方法的比较认识到:同角三角函数之间是可以相互表示的,如果有了角 α 的各三角函数之间的一般关系式,那么像"求值"之类的问题,就会变得非常容易.

上述过程会使同角三角函数基本关系的推导有章可循、水到渠成.

2. 再现

新的课程标准将"强调本质,适度注意形式化"作为基本理念之一,并且强调"把数学的学术形态转变为学生易于接受的教育形态".著名数学教育家张奠宙先生在其所著《数学教育学导论》中指出:"数学教学的目标之一,就是把数学的学术形态,转变为教育形态.""数学教师的任务在于返璞归真,把数学的形式化的逻辑链条,恢复为当初数学家发明创新时的思考."而再现数学知识的产生发展过程是实现数学的学术形态向教育形态转变的重要途径.

如学习"平面向量的坐标运算"一节时,学生常会问:为什么要定义平面向量的坐标?相比平面向量的几何表示,其有何优势?为什么可以像课本那样定义平面向量的坐标?为此可设计如下程序,引导学生参与平面向量的坐标概念的建立过程.

【步骤1】提出问题:已知点 $P(2,2)$,分别记与 x 轴、y 轴同方向的单位向量为 $\vec{i}, \vec{j}$,试用 $\vec{i}, \vec{j}$ 表示向量 $\overrightarrow{OP}$.

(学生回答: $\overrightarrow{OP} = 2\vec{i} + 2\vec{j}$.)

【步骤2】提出问题:若将向量 $\overrightarrow{OP}$ 向右平移 2 个单位,再向上平移 3 个单位,得到向量 $\vec{a}$,怎样用 $\vec{i}, \vec{j}$ 表示向量 $\vec{a}$?

(学生回答: $\vec{a} = 2\vec{i} + 2\vec{j}$.)

【步骤3】提出问题:把向量 $\overrightarrow{OP}$ 平移到另外的位置,得到的向量也同样可以这样表示吗?为什么?(学生回答)

师生共同分析得出:无论向量 $\vec{a}$ 位于平面内的什么位置,它都与实数对 $(2,2)$ 一一对应.教师指出,为简便起见,我们就用数对表示相应的向量,称为平面向量的直角坐标,简称"坐标",并板书课题.

【步骤4】提出问题:你能在上述分析的基础上给任意平面向量的直角坐标下一个一般性的定义吗?

进而在学生回答的基础上给出平面向量的坐标定义.

3. 补充

教材只是教学的基本素材,而不是教学内容的全部.新课程标准下,要求教师"用教材教"而不是简单地"教教材".这就要求教师根据学生实际和教学目标等各因素,能动地处理教材,补充必要的教学内容.

如:通过补充数学史料,渗透数学文化,提高学生的数学素养和综合素质.例:学习平面解析几何时可以介绍笛卡儿和费马两位著名数学家的基本情况以及他们创立解析几何的过程和划时代的历史意义,引导学生学习数学家锲而不舍的献身精神和严谨求实的科学态度,以及不断创新的探索精神.

再如:通过补充数学应用的例子,培养、提高学生的数学应用意识.例:学习双曲线后,可在课本介绍的确定爆炸点位置的基础上,补充双曲线在建筑、生产、生活、艺术等方面应用的例子.

4. 拓展

在对教材问题进行研究的基础上,提出新的类似的问题引导学生进行进一步的深入探究,也是一种常见的处理教材的方式.

如:讲完等差数列和等比数列后可设计如下问题,引导学生进一步研究.

问题:前面讨论了等差数列和等比数列,是否存在等和数列与等积数列?如何定义?请给出这样的数列的例子.

5. 联系

新的课程标准十分重视挖掘数学的应用,体现数学的应用价值,因而处理教材时要尽可能地联系实际,尤其是学生身边的生活实际.如学习数列的求和后,可以联系贷款购房问题,引导学生计算比较不同贷款方式的差异,请他们算一算贷款一定年限、一定额度购房后每年需偿还的金额数.

6. 改编

对课本例题、练习题的形式和内容进行必要的改编,使之更加吸引学生,更能起到巩固知识、训练思维的作用.

如:"平面向量的坐标运算"一节中讲过例题"已知平行四边形 $ABCD$ 的三个顶点 A,B,C 的坐标分别为 $(-2,1),(-1,3),(3,4)$,求顶点 D 的坐标",可将题目变为:"已知平行四边形 $ABCD$ 的三个顶点坐标分别为 $(-2,1),(-1,3),(3,4)$,求第四个顶点的坐标."

新问题与原问题有联系,但也有不同,对于训练学生严密思维、渗透分类讨论思想、巩固向量的坐标运算有重要作用.

7. 挖掘

在对教材进行全面分析的基础上,挖掘、揭示概念的内涵与外延,抓住概念的本质,提高学生学习效果.

如:对等比数列的概念,"如果一个数列从第二项起,每一项与它前面的项的比等于同一个常数,那么这个数列叫做等比数列,这个常数叫做等比数列的公比",可做如下挖掘(向学生说明).

(1)定义中的关键字词:第二项,每一项,同一个.

(2)数列 $\{a_n\}$ 为等比数列 $\Leftrightarrow \dfrac{a_{n+1}}{a_n}=q \Leftrightarrow \dfrac{a_{n+1}}{a_n}=\dfrac{a_n}{a_{n-1}}(n\geqslant 2)$.

(3)等比数列 $\{a_n\}$ 中,$a_1\neq 0,q\neq 0$.

(4)数列 $\{a_n\}$ 为等比数列 $\Leftrightarrow a_{n+1}^2=a_n \cdot a_{n+2}$(其中 $a_i\neq 0, i=1,2,3,\cdots$).

8. 改进

"智者千虑,必有一失",教材不可能十全十美,教师在分析、处理教材时,要敢于大胆怀疑,对教材中的错误之处进行更正,对教材中不够规范、简洁的地方进行改进,使教材更好地发挥教学的基本素材作用.

2.4 教材的二次开发

2.4.1 关于教材的认识

教材又称课本,它是依据课程标准编制的、系统反映学科内容的教学用书,教材是课程标准的具体化.

面对教材,教师需要结合教学实际对教材进行能动的处理,做好深度挖掘,做好课程资源的二次开发,充分发掘教材的教育教学功能,促进学生学科核心素养的形成和提高.

2.4.2 开发教材的方法

1. 揭示本质

《普通高中数学课程标准》明确指出:"高中数学教学应以发展学生数学核心素养为导向,创设合适的教学情境,启发学生思考,引导学生把握数学内容的本质."这一基本理念要求我们处理教材时,要善于透过形式化的表达,提炼出最本质的东西.

揭示知识的本质. 所谓本质,即知识的本质属性,在知识教学中,教师要善于通过增加范例、提供变式、辨析比较等多种途径,引导学生认识知识的本质属性. 如:函数概念教学中,通过辨析函数 $s=2t^2-2t+1, y=2x^2-2x+1$ 是否为同一个函数,使学生认识到函数关系与选择什么字母表示因变量和自变量无关;通过求解诸如"已知 $f(x+1)=x^2+1$,求函数的解析式"一类的问题,使学生认识到函数解析式的本质是研究一个量在对应法则的作用下,变成怎样的一个结果(仍用这个量表示),因而此题需要经过换元或配方后,再确定解析式;通过解答诸如"已知函数 $f(2x-1)$ 的定义域,求 $f(x+1)$ 的定义域"之类的问题,使学生认识函数定义域的本质是自变量的取值范围.

揭示方法的本质. 仍以函数为例,求函数值域是一种典型问题,其具体处理方法归纳起来不下十种,学生面对具体问题常常无所适从,是教学难点所在. 实际上,我们只要回到值域的本质"因变量的取值范围"上,则可将求函数值域的多种具体方法归为两大类. 第一类:由自变量范围和对应法则,顺推值域. 而我们熟知的配方、换元、用基本不等式、部分分式法、画图助解、借助函数的单调性、导数法等方法,只不过是进行顺推的具体手段而已. 第二类:建立关于因变量的不等式,通过解不等式求得其范围. 在这一思路下,判别式法、反解法也就顺理成章了!

2. 还原背景

新课程十分关注过程与方法,强调数学教学要暴露知识的发生、发展过程,引导学生经历知识的发现和概括过程. 任何数学知识的产生、任何问题的提出都有其深刻的丰富的背景. 教学实践表明,适时揭示知识、问题的深刻背景,有利于提升学生的认知水平,激发其学习兴趣.

揭示新知识发现、产生的背景. 如:学习解析几何时可介绍笛卡儿发明坐标系的故事;学习导数时可以介绍牛顿、莱布尼茨发明微积分的故事;学习复数时可以介绍西方数学家研方程的解的过程.

揭示数学问题的实际背景.如,a,b,m 都是正数,且 $a<b$,则 $\frac{a+m}{b+m}>\frac{a}{b}$,这是一个重要的不等式,蕴含着丰富的实际背景.教学中,教师应对有关背景予以及时揭示.如,按建筑学规定,民用住宅的窗户的面积(相当于 a)必须小于该住宅的地板面积(相当于 b),当前者与后者的比值越大,住宅的采光条件就越优.同时增加相等的窗户面积和地板面积(相当于 m),住宅的采光条件就更佳;再如,在糖水里加入糖,糖水会更甜等.

揭示代数(几何)问题的几何(代数)背景.数与形是数学研究的两个彼此不同又彼此紧密联系的角度.著名数学家华罗庚在谈到数与形的关系时曾有如下名言:数形结合百般好,割裂分家万事非.它十分精准地揭示了数与形的联系.教师要善于揭示与相关问题匹配的形或数的特征.如:求函数 $f(x)=\sqrt{x^2+x+1}-\sqrt{x^2-x+1}$ 的值域.这是一个求无理函数值域的问题,按常规转化为求有理函数值域的方法会使解答陷入困境.将所给函数解析式变形为 $f(x)=\sqrt{\left(x+\frac{1}{2}\right)^2+\left(0-\frac{\sqrt{3}}{2}\right)^2}-\sqrt{\left(x-\frac{1}{2}\right)^2+\left(0-\frac{\sqrt{3}}{2}\right)^2}$ 会发现:这不正是求 x 轴上的一个动点 $P(x,0)$ 与两定点 $A\left(-\frac{1}{2},\frac{\sqrt{3}}{2}\right)$ 与 $B\left(\frac{1}{2},\frac{\sqrt{3}}{2}\right)$ 的距离之差的范围吗?画出图形,借助直观易得:$f(x)\in(-1,1)$.

揭示初等问题中的高等背景.随着教育改革的深入,高考命题中涌现出不少很好的高观点题,这些问题立意新颖,沟通着初等数学与高等数学,体现了命题人的良苦用心.处理此类问题时,教师如能站到高等数学的背景看具体问题,则可真正做到高屋建瓴.同时,适当地向学生介绍这些具体问题背后的高等数学背景,可以大大提升学生对问题的认识高度,激发其刻苦学习、进入理想大学的强烈愿望.

如,简单地给出如下定义:对于函数 $y=F(x)$ 图象上任意不同的两点 $A(x_1,y_1)$,$B(x_2,y_2)$,如果对于 $y=F(x)$ 图象上的点 $M(x_0,y_0)$(其中 $x_0=\frac{x_1+x_2}{2}$)总能使得 $F(x_1)-F(x_2)=F'(x_0)(x_1-x_2)$ 成立,则称函数具备性质"L".试判断函数 $f(x)=ax-\ln x+1(a\in\mathbf{R})$ 是不是具有性质"L",并说明理由.此题用初等数学知识可以证明(略),教师处理完此题,可用寥寥数语向学生介绍其背景——拉格朗日函数,并指出这是同学们进入大学不久就要接触到的一种重要函数,希望大家进一步努力,在理想中的大学迎接这个重要函数.

3. 关注联系

学习心理学研究表明,将知识结构化是深刻理解知识、掌握知识的重要途径,而厘清知识联系,是将知识结构化的前提和关键.在数学课堂教学中,教师不仅要关注当前知识的学习,还要关注当前知识与相关知识的内在联系,唯有如此,才能使学生对数学形成整体的认识,提升学习效果.

关注知识之间的内在联系.如数列是一种特殊的函数,学习数列时,要多层次将数列与函数进行比较,挖掘它们的内在联系:从概念角度看,数列是一种特殊函数;从通项公式看,当公差不为 0 时,等差数列的通项公式是关于项数的一次函数;从求和公式看,当公差不为 0 时,等差数列的前 n 项和公式是关于项数的二次函数.抓住了上述联系,就可以用函数的方法处理数列问题.再如,棱柱、棱锥、棱台的内在联系:棱柱即上下底面相同的棱台,棱锥即上底面退化为点时的棱台.抓住这种联系,相应的体积公式也就统一起来了.

关注数学与日常生活的联系.发展学生的数学应用意识是新课程标准的重要理念之一,而大力加强数学应用及其与实际生活的联系,是提高学生数学应用意识的重要途径.一般来说,可以通过如下措施,加强数学与日常生活的联系:通过丰富的实例创设数学问题情境,激发学生学习动机;从生活实例中寻找数学原型,促进数学理解;从还原实际背景出发,寻找数学问题的解决方案;应用数学知识解决实际问题,体会数学的应用价值;用数学的眼光看世界,强化学生的数学应用意识.

关注数学与其他学科的联系.数学的发展既扎根于现实生活,又与相关学科紧密联系.在课堂教学中,教师及时揭示数学与其他学科的联系,不仅可以使学生从整体上去把握所学知识,也有助于提升应用意识.如:讲解平面向量的平行四边形法则,联系物理中力的合成与分解;讲解向量数量积,联系物理中功的计算;讲解立体几何,联系平面几何等.

4. 适时拓展

新课程理念下,教材只是教学的基本蓝本,绝非教学内容的全部,要求教师不仅要善于把握教材,也要善于开发课程资源,丰富教学内容,拓展教学宽度.教师应善于引导学生从多角度理解认识新知识,以提升学生的学习效果.如:等差数列是高中数学的核心概念之一,教学时,可引导学生从如下不同角度定义这一重要概念,并结合具体问题的解决深化对这些定义方式的认识,最终达到对等差数列概念的深刻认识.

角度一:用数列任意连续两项定义等差数列.这种定义方式就是课本上的定义(具体略).

角度二:用数列的通项公式定义等差数列.等差数列的通项公式为 $a_n = a_1 + (n-1)d$,即 $a_n = dn + a_1 - d$,从这一公式出发我们可以这样来定义等差数列:

一个数列为等差数列的充要条件是通项公式 a_n 是关于 n 的一次函数,$a_n = An + B$(其中 A 为公差 d,且 $A \neq 0$,即公差 d 不为零,B 为常数),或通项公式 a_n 是一个常数函数,$a_n = C$(此时公差 d 为零,C 为常数).

角度三:用数列的前 n 项和公式定义等差数列.

等差数列的前 n 项和公式为 $S_n = na_1 + \frac{n(n-1)}{2} \cdot d$,即 $S_n = \frac{d}{2}n^2 + \left(a_1 - \frac{d}{2}\right)n$,从这一公式出发,我们可以这样来定义等差数列:一个数列为等差数列的充要条件是前 n 项和公式是关于 n 的二次函数,$S_n = An^2 + Bn$ $\left(\text{其中 } A \text{ 为 } \frac{d}{2}, \text{且 } A \neq 0 \text{ 即公差 } d \text{ 不为零}\right)$,或 $S_n = Cn$(此时公差 d 为零,C 为常数).

角度四:用等差中项公式来定义等差数列.

我们知道三个数 a, b, c 为等差数列的充要条件是这三个数满足等差中项公式:$2b = a + c$.那么一个数列 $\{a_n\}$ 为等差数列的充要条件是该数列任意连续三项都满足等差中项公式即 $2a_{n+1} = a_n + a_{n+2}$ $(n \in \mathbf{N}^*)$.

5. 强化思想

《普通高中数学课程标准(2017年版)》指出:"数学在形成人的理性思维、科学精神和促进个人智力发展过程中发挥不可替代的作用."发展学生的理性思维,就要善于在日常教学中强化基本思想方法的教学和渗透.

如:统计的教学要通过提供丰富的案例使学生认识统计的基本思想方法——用样本估计总体;导数概念的教学,通过实例,让学生经历从平均变化率过渡到瞬时变化率的过程,了解导数概念的实际背景以及瞬时变化率就是导数,体会导数的思想方法.

此外,还要有意识地将常见数学思想方法化隐为显,如:在三角函数的学习中,要及时通过具体例子向学生揭示数形结合思想、分类讨论思想、函数与方程思想、特殊到一般的思想、一般到特殊的思想等(具体例子略).

总之,数学课堂要讲知识,也要讲思想,要通过渗透思想方法的教学,提高数学课堂的立意,使数学课堂更深刻.

6. 渗透文化

在教学中,应尽可能结合课程内容,介绍一些对数学发展起重大作用的历史事件和人物,反映数学在人类社会进步、人类文明建设中的作用,同时反映社会发展对数学发展的促进作用.例如:教师在几何教学中可以向学生介绍欧几里得建立公理体系的思想方法对人类理性思维、数学发展、科学发展、社会进步的重大影响;在解析几何、微积分教学中,可以向学生介绍笛卡儿创立的解析几何,介绍牛顿、莱布尼茨创立的微积分,以及这些理论在文艺复兴后对科学、社会、人类思想进步的推动作用;在有关数系的教学中,可以向学生介绍数系的发展和扩充过程,让学生感受数学内部动力、外部动力以及人类理性思维对数学产生和发展的作用.

7. 小题大做

解题是数学课堂教学的重要组成部分,在教学中不能只满足于得到具体问题的答案,要善于引导学生通过具体问题的解决过程,揭示得到一类普遍问题的通性通法和普遍规律,还要善于从不同角度思考问题,得到问题的不同解法,使学生思维得到充分训练.

如,直线 $\dfrac{x}{a}+\dfrac{y}{b}=1$ 通过点 $M(\cos\alpha,\sin\alpha)$,则( ).

A. $a^2+b^2\leqslant 1$　　B. $a^2+b^2\geqslant 1$　　C. $\dfrac{1}{a^2}+\dfrac{1}{b^2}\leqslant 1$　　D. $\dfrac{1}{a^2}+\dfrac{1}{b^2}\geqslant 1$

解法一:直接法. 由 $\dfrac{\cos\alpha}{a}+\dfrac{\sin\alpha}{b}=1$ 得: $a\sin\alpha+b\cos\alpha=ab\Rightarrow\sqrt{a^2+b^2}\sin(\alpha+\varphi)=ab$. 所以 $\left|\dfrac{ab}{\sqrt{a^2+b^2}}\right|\leqslant 1$,进而得 $\dfrac{1}{a^2}+\dfrac{1}{b^2}\geqslant 1$.

解法二:解析法. 直线 $\dfrac{x}{a}+\dfrac{y}{b}=1$ 通过点 $M(\cos\alpha,\sin\alpha)$,即直线 $\dfrac{x}{a}+\dfrac{y}{b}=1$ 与圆 $x^2+y^2=1$ 有公共点,则圆心到直线的距离不大于半径,得 $\left|\dfrac{ab}{\sqrt{a^2+b^2}}\right|\leqslant 1$,进而得 $\dfrac{1}{a^2}+\dfrac{1}{b^2}\geqslant 1$.

解法三:基本不等式法. $\dfrac{1}{a^2}+\dfrac{1}{b^2}=\dfrac{\cos^2\alpha+\sin^2\alpha}{a^2}+\dfrac{\cos^2\alpha+\sin^2\alpha}{b^2}=\dfrac{\cos^2\alpha}{a^2}+(\dfrac{\sin^2\alpha}{a^2}+\dfrac{\cos^2\alpha}{b^2})+\dfrac{\sin^2\alpha}{b^2}\geqslant\dfrac{\cos^2\alpha}{a^2}+2\dfrac{\sin\alpha}{a}\cdot\dfrac{\cos\alpha}{b}+\dfrac{\sin^2\alpha}{b^2}=(\dfrac{\cos\alpha}{a}+\dfrac{\sin\alpha}{b})^2=1.$

解法四:向量法. 令 $\vec{m}=(\dfrac{1}{a},\dfrac{1}{b})$, $\vec{n}=(\cos\alpha,\sin\alpha)$,则 $\vec{m}\cdot\vec{n}=1$. 由 $1=\vec{m}\cdot\vec{n}\leqslant|\vec{m}|\cdot$

$|\vec{n}| = \sqrt{\dfrac{1}{a^2}+\dfrac{1}{b^2}} \cdot 1$ 得 $\dfrac{1}{a^2}+\dfrac{1}{b^2} \geqslant 1$.

总之，数学教学不应满足于就事论事，教师也不能满足于教好教材，教师应有更高的追求，那就是：不断强化开发教材的意识，用自己的智慧和汗水，努力将数学课上得深刻些，让学生受益.

2.5 确定和表述教学目标

2.5.1 何谓教学目标

教学目标是人们对于教学活动的一种主观愿望，是对完成教学活动后学习者应达到的行为状态的详细具体的描述.教学目标有助于指导教师进行教学测量和评价，选择和使用教学策略，提示学生怎样学习，对教学活动具有导向、指引、调控与测度等功能.科学合理地确定和表述教学目标是优化数学教学的前提.

2.5.2 确定教学目标的依据

根据国家教育方针确定教学目标.不同时期，数学学科教学目标的提法不同.总的来说，我国中学数学教学目标主要经历了如下五个阶段：1952 年《中学数学教学大纲（草案）》，突出基础知识和技能技巧；1963 年《全日制中学数学教学大纲（草案）》，提出基础知识和"三大能力"；1990 年《全日制中学数学教学大纲（修订本）》，提出"双基"和"三大能力"；2003 年《普通高中数学课程标准（实验）》，提出"三维"目标；2017 年《普通高中数学课程标准》提出基于"四基四能"的核心素养目标.课堂教学目标的制定要紧扣国家教育发展政策，体现国家意志，在课堂教学中落实立德树人根本任务.基于数学核心素养的数学教学，要在数学内部挖掘育人资源，要更新观念，从"知识为本"走向"育人为本"，将"学生为本"的理念与教学实际有机结合.

根据教学重点确定教学目标.一节数学课的内容很多，解决的问题也很广，通常可以设计多个教学目标.教师应对各种目标进行权衡，确定主要教学目标，突出重点.

所谓教学重点，是指学生必须掌握的基础知识与基本技能，是基本概念、基本规律及由内容所反映的思想方法，也可以称之为学科教学的核心知识.它是居于核心地位，有助于理解其他知识和灵活运用的素材.

根据教学内容确定教学目标.设计课堂教学目标时，必须注意贴近本堂课的教学内容，具体反映学生的学习行为，切忌笼统、泛泛而谈.如将"异面直线所成的角"的教学目标设计为"形成空间想象能力、运算能力、思维能力"是不合适的，因为它是一般性的教学目标，由一系列具体行为目标构成，在一节课内是无法完成的.要具体指出本节课让学生了解的数学事实、掌握的数学原理和方法以及形成的情感、态度与价值观.例如"异面直线所成的角"的教学目标可设计为：

(1) 理解两条异面直线所成的角的概念；

(2) 在简单空间图形中，能求出两条异面直线所成的角；

(3)初步掌握求两条异面直线所成的角的方法;
(4)了解空间问题转化为平面问题的转化思想.

根据学生实际确定教学目标.学生实际是课堂教学的基础,所有教学活动都应建立在学生实际基础上.目标的难度要接近学生认知结构的"最近发展区".目标太高,学生不能达到.目标过低,学生达不到认识的深度.如将"函数的单调性"的教学目标设计为"能灵活运用函数的单调性解决数学问题"就过高了,而设计成"能利用函数的图象确定函数的单调性"就过低了.因此,在制定目标时,教师应对学生现有的水平进行科学的分析,设计出难易适度的教学目标.

2.5.3 科学规范表述教学目标

教学目标应当包括在学生身上发生的全部变化(即全面的发展目标),其陈述也应当是明确的、具体的,尽量可观察、可测度的.表述教学目标,要注意如下几点:

第一,情感目标要有知识和过程支撑.防止出现诸如"培养学生主动探索、勇于发现的科学精神,并在探究的过程中,体会数学的严谨性,发现数学的实用性"之类的假大空的教学目标.可以以课标相应的课程目标为参考来解决这一问题,譬如"培养数学学习兴趣、信心、习惯及质疑、思考、求真的科学精神,认识数学的价值"等.

第二,行为动词要有可操作性.防止出现诸如"引导学生观察,推导比较,体会发现数学规律的一般思路"之类的教学目标,要有如何观察、如何推导、如何比较的具体阐述.

第三,目标行为的主体应是学生.课程目标检验的是学生学习结果有没有达到预期的教学目标,目标应当是回答学生到哪里去的问题,而不是评价教师有没有完成某一项工作.因此,教学目标的陈述,必须从学生的角度出发,陈述行为结果的典型特征,行为主体必须是学生,而不能是教师.要避免如"使学生……""提高学生……""培养学生……"等不符合课程标准的提法.

第四,过程与方法要有载体.防止出现仅有结果而没有过程的活动.解决过程与方法无载体的问题,建议在过程前以设计活动为载体,而过程后以思想方法或经验为结果,即"在……活动中,经历……的过程,体会……的思想"的形式.

第五,知识与技能应可测.防止出现诸如"理解二面角的概念与度量,掌握平面与平面垂直的判定定理"等无法测量的表述.可替换成"能复述……会判断……能应用……"等具体可测的目标.

附具体案例(所指课题均为人教 A 版普通高中教科书 2019 版的内容):

【案例一】选择性必修第一册"2.3.3 点到直线的距离公式":
(1)经历从代数、函数、几何视角推导"点到直线的距离公式"的过程,提升逻辑推理素养;
(2)通过分析点到直线距离公式表达式的特征,探究优化求解过程的一些思路,提升数学运算素养;
(3)体悟用代数建立点与直线度量关系的一种模型——点到直线的距离公式,提升数学建模素养.

【案例二】选择性必修第二册"5.3.1 函数的单调性":
(1)在观察、探索的基础上,归纳出函数的单调性与导数的关系,并用其判断函数的单调

性,会求函数的单调区间;

(2)利用图象为结论提供直观支持,通过观察分析、归纳总结等方式培养数形结合意识和应用数学知识解决问题的数学思维.

【案例三】选择性必修第三册"7.2　离散型随机变量及其分布列":

(1)认识概率分布对于刻画随机现象的重要性,能用表格、解析式、图象来表示随机变量的分布列;

(2)会求某些简单的离散型随机变量的概率分布,在实际问题中理解两点分布和超几何分布.

2.6　确定教学重难点

能够科学确定课堂教学重点和难点,进而设法突出重点、突破难点是一节课成功的关键.

所谓教学重点,是连贯全局、带动整体,在整个教科书体系或学生认知结构中处于重要地位的内容.它是最基本的,也是最主要的,起关键作用的知识.通常可以从以下四个方面去考虑能否确定为教学重点:对教学内容而言,是否为核心？是否能为日后学习其他知识打下基础？在平时的学习中是否有着广泛的应用？对于全面提高学生的素质,包括提高学生的能力,培养学生的思维以及情感态度、价值观是否有益？若满足其中一点,就能成为讲授这节课的重点内容.

通常,教学重点应具有"四性",即知识应用的广泛性、知识地位的独特性、蕴含思想的深邃性、培养功能的特殊性.

教学难点是指在现有的认知水平下,学生很难理解和掌握的知识.教学难点依据教学对象的现实情况、教科书的内容呈现方式、教师的认知水平来决定,具有相对性.

教学重点和难点既有区别又有联系.

2.7　选择教学方法

2.7.1　常见教学方法

常见的教学方法大致可以划分为讲授模式、发现模式、自学模式、掌握模式等四种基本模式.

讲授模式.讲授模式属于传统模式,突出教师的主导作用,有利于学生在较短的时间内系统地学习基础知识和基本技能.它的基本程序是:复习讲授—理解记忆—练习巩固—检查反馈.

发现模式.按照美国教育学家布鲁纳的教学理论,为了培养学生的探究精神和创造性,不少教师通过精心设计,经常在一些思维价值较高的课例上运用发现模式进行教学,基本程序是:创设情境—分析研究—猜测归纳—验证反思.这种教学模式注重知识的形成过程,有利于体现学生的主体地位及研究问题的方法,但是相对来说教学进度较慢,基础较差的学生接受起来比较困难.

自学模式.自学模式的基本程序是:布置提纲—自学教材—讨论交流—练习巩固—自评反馈.这种教学模式有利于提高阅读、理解、交流、运用能力,对于阅读性比较强的教学内容,采用自学模式十分有利.

掌握模式.按照美国教育学家布卢姆的教学理论,掌握模式注重反馈和评价的作用.当前,不少地区使用的目标教学模式属于此类.基本程序是:目标定向—实施教学—形成性检测—反馈矫正—平行性检测.这种教学模式强调目标和评价,注重把教学过程分解,有利于加强基础,防止分化,在师生基础比较薄弱的学校适应性更强.

2.7.2 优选教学方法的标准

巴班斯基认为,优选教学方法有六个标准,即:教学方法要符合教学原则;教学方法要符合教学目的、任务;教学方法要符合教学内容特点;教学方法要符合学生学习的可能性、年龄上的可能性、学生准备程度以及班集体的特征;教学方法要符合现实条件,如规定的教学时间;教学方法要符合教师自身的可能性,包括教师已有的经验、教育教学理论修养和实际修养水平、运用各种教学方法的能力、个性品质等.

2.7.3 选择教学方法的依据

教学要求(目标).教学要求(目标)是一切教学活动的出发点和落脚点.教学方法最终要为实现教学要求(目标)服务,教学要求(目标)是选择教学方法的根本依据.如教学要求是"了解"的内容,可采取自学模式或讲授模式,不必采取发现模式;要求"灵活运用"的内容,则不宜采取简单的自学或讲授模式,宜采取发现模式或掌握模式.

教学内容.不同的教学内容,适用不同的教学方法.如,对于概念、定理、公式、法则,为了突出知识形成过程,可以运用发现模式;对于学生易于接受的基本常识性内容,可安排用自学教学模式,突出培养学生的自学能力;对一般内容,可以采用讲授模式,以便保证教学进度.

学生实际.从学生的实际水平考虑,对于基础较好的学生可以更多地采用发现模式;对于基础较差的学生,经常采用讲授模式和掌握模式,通过及时反馈,查漏补缺,使学生树立学习信心,这对于大面积提高教学质量是有益的.

不同课型.数学课从教学内容分有概念课、公式课、法则课、习题课、综合实践课等.从教学阶段看,有新授课、复习课等.复习课细分起来,又有单元复习课、学期末复习课、毕业年级复习课(又可细分为第一轮复习课、第二轮复习课等).不同课型教学功能不同,侧重点不同,宜采用不同的方法.如:单元复习课是单元教学不可少的重要环节,复习的目的不仅在于使学生在记忆上再现学过的公式、法则、定义、定理以及解题方法,还应使学生能够对于新旧课题做更明确的联想以及逻辑的联系,能够确定解决同类问题的法则与方法的异同,还能以新的更为全面的观点分析所学过的知识.在复习课中通过讨论归纳出单元知识结构,就能促使学生掌握知识的内在本质联系;再通过变式训练,反复训练,用基本知识去解决复杂问题,就可以锻炼学生的概括能力和迁移能力."尝试指导—效果回授"这种教学方法虽然比较传统,但也是复习课比较适用的教学方法.

不同的教学条件.教学条件的不同,为教学方法的使用提供了不同的可能性,必然产生不同的效果.特别是,现代信息技术的发展,为课堂教学提供了强大的技术支持,数学教学中要尽可能借助信息技术,优化教与学的方式方法,为提升教学效果服务.

教师自身条件.教学是一件极具个性的工作,不同的教师具有不同的个性特点、不同的能力倾向,没有一种教学方法适用于所有教师.有的教学方法虽好,但并不是所有的教师选用都能取得最佳效果.这就要求教师要发挥自身优势,把握好自身驾驭各种教学方法的能力,选用那些能取得最佳效果的教学方法.

总之,每种教学方法都有其长处和短处,因此,教师在运用教学方法时,必须在正确的教学思想的指导下,从教学目标出发,采用多种多样的教学方法,并根据自己的实际情况进行优化组合,以长克短,充分发挥创造性,以取得优质、高效的课堂教学效果.

2.8 设计问题

2.8.1 问题的五个生成点

1. 新旧知识的联结点

学生学习知识的过程,实质上是在旧知基础上,通过同化与顺应构建新的认知结构的过程.数学课堂教学中,在新旧知识的联结点处精心设计问题,可以引导学生关注新旧知识的内在联系,在旧有知识的启发下,通过自主探究获得新知,并在获得新知的过程中提升能力.如学习双曲线的简单几何性质前,学生已学习了椭圆的简单几何性质,初步掌握了通过曲线方程研究曲线性质的基本思想方法.在教学"双曲线的简单几何性质"时,可先引导学生回顾如下问题:我们是从哪些方面研究椭圆的简单几何性质的?这些性质分别是怎样研究的?分别得出了怎样的结论?

学生通过对上述熟悉的椭圆问题的解决,自然将椭圆的相关性质及其研究方法迁移到双曲线中,从而通过自主探究即可获得双曲线的简单几何性质的有关知识和研究方法.

2. 学生的认知冲突点

数学是思维的科学,只有学生的思维主动参与的课堂,才可能是高效的课堂.如何最大限度地激发学生思维参与的积极性呢?教学实践表明:精心创设学生的认知冲突情境,可极大地调动学生探究思考的积极性.因而,围绕学生学习新知过程中可能有的认知冲突设计问题,是课堂教学中设计问题的重要出发点.如学习复数时,可设计如下问题:

下列运算过程对吗?为什么?

$$\because x+\frac{1}{x}=1,\quad \therefore \quad x^2+\frac{1}{x^2}=\left(x+\frac{1}{x}\right)^2-2=1-2=-1.$$

由于学生在此之前一直是在实数范围内讨论问题,因而面对(实数范围内)两个非负数 $x^2,\frac{1}{x^2}$ 之和竟然为负数,自然产生了认知冲突.这时,教师指出:之所以出现这种情况,并不是计算错误,而是我们的认识有局限(实数范围),只要我们的眼界开阔一些(在复数范围内考虑),上述运算过程则完全正确.由此引出新课,可收到良好的效果.

3. 教材内容的关键点

对新知识的学习,不能只满足于掌握知识的表面叙述,还特别要透过语言表述,掌握知识

的内在本质特征,这样的学习才是有效的.如双曲线定义:在平面内,到两个定点 F_1,F_2 的距离之差的绝对值是常数(小于 $|F_1F_2|$)的点的轨迹称为双曲线.这是解析几何中的核心概念.为帮助学生理解定义中的关键词"距离之差的绝对值""小于 $|F_1F_2|$",可设计如下问题,让学生思考回答,通过思考这些问题,掌握双曲线概念的本质特征.

(1)将定义中的"小于 $|F_1F_2|$",改为"等于 $|F_1F_2|$",其他条件不变,点的轨迹有什么变化?

(2)将定义中的"小于 $|F_1F_2|$",改为"大于 $|F_1F_2|$",其他条件不变,点的轨迹有什么变化?

(3)将定义中的"差的绝对值是常数"改为"差是常数",其他条件不变,点的轨迹有什么变化?

(4)若这个常数是0,其他条件不变,点的轨迹是什么?

4.学生学习新知过程中的易混易错点

新课程标准特别强调有效教学,而有效教学的含义之一就是针对学生的薄弱环节.课堂教学中,学生常常由于知识的抽象性或认知的局限性,而对所学知识存在这样或那样的模糊认识.这些模糊认识若不及时清除,将会极大地影响学生的后续学习.教师可结合新知的学习,有意识地在学生的易混、易错点处设计问题,让学生先思考,师生再共同讨论,消除模糊认识,为后续学习扫清障碍.如针对学生学习函数奇偶性时容易忽略"定义域关于原点对称"这一薄弱环节,教师可以设计如下问题,供学生讨论解决.

(1)设函数 $f(x)$ 为奇(偶)函数,其定义域为 I,若 $a \in I$,则 $-a$ 是否一定属于集合 I?为什么?

(2)判断函数 $f(x)=\lg\sqrt{\dfrac{x+1}{x-1}}$ 的奇偶性.

(3)你能否适当改变问题(2)中的函数的定义域,使新函数具有奇偶性,并说明新函数是奇函数还是偶函数?

5.教学目标的达成点

教学目标是课堂教学中一切师生活动的纲.所有活动都应有助于教学目标的达成.为此,可以围绕教学目标精心设计问题,引导学生思考解决,并在思考解决的过程中达成目标.如不等式一章,算术平均数与几何平均数一节的教学目标之一是:会利用算术平均数与几何平均数的关系不等式 $\dfrac{a+b}{2} \geqslant \sqrt{ab}$(以下简称基本不等式)求有关函数的最值.为强化这一教学目标的达成,可在课堂小结时,提出如下问题,供学生思考.

(1)利用基本不等式求有关函数的最值的基本原理是什么?

(2)利用基本不等式求有关函数的最值要注意哪些问题?举例说明.

(3)本节学习了哪些类型通过转化后使用基本不等式求最值的函数?分别是如何实施转化的?

2.8.2 问题设计的基本原则

1.目的性原则

数学课堂教学中的提问是为实现数学教学的各项具体目标服务的,因而问题的设计应紧紧围绕教学任务规定的各个层次的教学目标进行,从核心素养目标出发,力求问题具有明确的指向性和适度性,尽量避免靠灵机一动提出问题,减少提问的随意性.

2. 适时性原则

适时性原则即应在适当的时候设计适当的问题.提出问题的目的主要在于激活学生思维,引导学生的探究活动.只有在储备了足够的与问题相关的知识和方法后,学生才能对问题进行深入有效的研究,从而在探究中获取新知、提高能力.教学实践表明:问题提出的时机,直接影响问题功能的发挥.如学习"平面向量的数量积"一节,应掌握平面向量的数量积的概念和运算律.其中运算律完全可以由教师提出问题,让学生自主探究得到.教学实践中,有些老师介绍了平面向量的数量积的概念后,马上提出问题:平面向量的数量积是否满足交换律、结合律、分配律?然后让学生自主探究解决,教学效果并不好.这是为什么呢?问题就出在提出问题的时机上.平面向量的数量积对学生来讲是一种全新的运算,学习本节课前,对其一无所知.仅知道一个笼统的概念,就急于探究其运算性质,乃无源之水、无本之木.何时提出问题较好呢?笔者认为:可以在学习概念后,组织学生完成一些数量积的基本运算,待学生对数量积的概念有一定认识后,再组织学生自主探究运算律则可取得较好的效果.

3. 层次性原则

学习心理学研究表明:学生的学习过程是一个知识之间递进的建构过程.问题的设计应遵循循序渐进原则.可将知识的发现过程,设计成若干具有层次性的问题,通过引导学生解决层层递进的问题,让学生进入知识的殿堂.如,学习二面角时,教师不直接讲二面角的平面角的定义,而是提出如下三个递进的问题:

问题1:怎样用平面内的角来度量二面角?

教师提出问题后,启发学生找一个能正确反映二面角大小的平面内的角.学生通过思考讨论提出如下三种思路.思路一:在二面角的棱上任取一点,过这一点作一个与棱垂直的平面,这个平面与二面角的两个半平面相交于两条射线,可用这两条射线组成的角反映二面角大小.思路二:在二面角的一个面内取一点,过这一点作另一个面和棱的垂线,连接两个垂足,得到一个角.思路三:在二面角的棱上任取一点,过这一点分别在二面角的两个半平面内作垂直于棱的垂线,得到一个角.

针对上述探索结果,教师可继续提出问题2:上述三种角有何区别与联系?哪个角是要找的角?

学生思考归纳后,教师指出三种方法得到的角都是要找的角,其本质是相同的,即都可以度量二面角,但思路三最好,以它作为二面角平面角的定义.

随后教师可以继续提出问题3:为什么这样定义?为什么要作棱的垂线?

通过上述层层递进的问题的解答,学生就能较深刻地把握平面角定义的本质.

此外,重视学生的差异,兼顾各类学生,设计不同难度的问题,供不同层次学生思考讨论,使每一个同学有问题思考、有问题能思考,也是问题设计层次性的体现.如研究函数 $y=\sin x+\cos x$ 的值域问题,可设计如下不同层次的问题,供学生选择完成:

(1) 求函数 $y=\sin x+\cos x (0 \leqslant x \leqslant \frac{\pi}{2})$ 的值域.

(2) 求函数 $y=\sin x+\cos x$ (x 为三角形的一个内角)的值域.

(3) 已知 $\sin x+\cos x<0$,求函数 $y=\sin x+\cos x$ 的值域.

4. 思维性原则

数学是思维的体操.只有具有思维性的问题才能激发学生的探究动机,从而主动获取知识.数学课堂教学中的问题,除应具备基础性外,还要特别突出思维性,问题的答案不能太明显,要有一些学生经过较深入思考才能解答的问题.如,学习函数的奇偶性时,除了提供一些具体函数,请学生判断它们的奇偶性外,还可提出如下的探究性问题:对任意非常数的函数 $f(x)$,是否一定能将其分解为一个奇函数和一个偶函数之和?为什么?要解决这一问题,不仅要求学生深入理解函数的奇偶性的概念,还要善于将问题进行转化,通过建立方程组解决问题.没有一定的数学素养,解决这一问题是比较困难的.

5. 开放性原则

培养学生的创新思维是数学教学的重要任务之一.创造心理学研究表明:思维的发散性是影响创新思维的重要因素.思维越发散,则思维的创新性就越强.数学课堂教学中,通过提出并引导学生解决一些具有开放性的问题,可很好地提高学生思维的发散性.如学习基本不等式 $a^2+b^2 \geqslant 2ab, \dfrac{a+b}{2} \geqslant \sqrt{ab}$ 后可提出如下开放性问题:请由 $a+b=1(a>0,b>0)$ 尽可能多地导出与 a,b 有关的不等关系.学生通过对上述问题的思考解决,不仅能很好地巩固基本不等式,也进行了一次发散思维的训练,必将收到良好的教学效果.

6. 确定性原则

确定性原则即问题的表述用词应准确、规范,含义明确,指向具体,忌用词深奥,模棱两可,让学生不知所云.如一位老师在教学正弦、余弦的诱导公式时,在引导学生探究出 $-\alpha$,$180°\pm\alpha$,$360°\pm\alpha$ 等各类角的正弦、余弦的诱导公式后,为了使学生概括出一般规律,设计了如下问题:刚才我们研究 $-\alpha$,$180°\pm\alpha$,$360°\pm\alpha$ 这些角的三角函数关系时,用到了哪些思想方法?这些思想方法的本质是什么?尽管学生刚才参与研究活动的热情很高,效果也很好,但被突然问及"思想方法""本质"等抽象词语时,个个一脸茫然,课堂陷入沉默.为什么会这样呢?问题就出在问题的表述过于抽象宽泛,指向不具体.其实,可以用如下更具体、更明确的方式提出问题:刚才研究角的三角函数关系时遇到较大的角、负角,是怎么处理的?这样设计问题,学生就有可能通过回顾前面的探索过程悟出转化成较小的角、正角等转化的思想方法,也就有可能讨论、归纳出诱导公式的一般规律.

7. 生成性原则

有效教学应既重预设,更重生成,既要严格按照课前所设计的问题推进课堂,又要特别重视根据课堂上学生的即时表现提出预设以外的问题,以将学生的思维进一步引向深入.如一位教师教学三角函数的图象和性质时,为巩固三角函数的奇偶性的概念,提出了如下问题:已知函数 $y=\sin(2x+\varphi)$ 是偶函数,求 φ 的值.教师原本的设想是,引导学生用定义法。

法一:由偶函数定义得 $\sin(-2x+\varphi)=\sin(2x+\varphi)$,化简得 $\cos\varphi=0$,从而得到 $\varphi=k\pi+\dfrac{\pi}{2}$,$k\in \mathbf{Z}$.

解决后,直接进入下面的新知识的学习.

课堂教学时,有学生提出从对称性角度考虑的如下方法。

法二:因为函数 $y=\sin(2x+\varphi)$ 是偶函数,所以其图象关于 y 轴对称,则 $\varphi=k\pi+\dfrac{\pi}{2},k\in \mathbf{Z}$.

这时,教师没有急于表态,而是用期待的眼光看着全班同学问"还有其他的解法吗?"随后学生经过探究,又得到如下两种方法:

法三:因为函数 $y=\sin(2x+\varphi)$ 是偶函数,所以 $x=0$ 时,函数取得最值,所以 $\sin\varphi=\pm 1$,所以 $\varphi=k\pi+\dfrac{\pi}{2},k\in \mathbf{Z}$.

法四:函数 $y=\sin(2x+\varphi)$ 是偶函数,只需满足 $y=\sin 2x$ 向左平移 $k\pi+\dfrac{\pi}{4}$ 或 $k\pi+\dfrac{3\pi}{4}$ 得到 $y=\sin(2x+\varphi)$ 这一条件,即 $\varphi=2k\pi+\dfrac{\pi}{2}$ 或 $\varphi=2k\pi+\dfrac{3\pi}{2}$,即 $\varphi=k\pi+\dfrac{\pi}{2},k\in \mathbf{Z}$.

通过上述过程,不仅巩固了各种相关知识,更使学生思维充分发散,收到了良好的教学效果.这正是一个简单的生成性问题"还有其他的解法吗?"的巨大功效.

8.趣味性原则

教育心理学告诉我们:引起学生学习的最大直接动力,既非远大的理想,也不是美好的未来,而是知识的趣味性和学生本身的好奇心.为此,数学课堂教学要尽可能挖掘材料本身的趣味性,将知识用趣味化的语言和方式呈现出来,使一节课生机盎然、情趣无穷.如:一位老师讲解"等比数列的前 n 项和"时,设计了如下妙趣横生的问题情境,极大地调动了学生的学习积极性.

(动漫演示)话说猪八戒自西天取经回到了高老庄,从高员外手里接下了高老庄集团,摇身一变成了 CEO.可好景不长,便因资金周转不灵,而陷入了窘境,急需大量资金注入,于是就找孙悟空帮忙.孙悟空满口答应:"行,我每天投资 100 万元,连续一个月(30 天),但有一个条件是:作为回报,从投资的第一天起你必须返还我 1 元,第二天返还给我 2 元,第三天返还给我 4 元……即后一天返还为前一天的 2 倍."八戒听了,打起了小算盘:"第一天,支出 1 元,收入 100 万元;第二天,支出 2 元,收入 100 万元;第三天,支出 4 元,收入 100 万元……哇,发财了……"心里越想越美……再看看悟空的表情,心里又嘀咕了:"这猴子老欺负我,会不会又在耍我?"

教师提问:假如你是高老庄集团企划部的高参,请你帮八戒分析一下,悟空到底是不是在耍八戒?

2.9 怎样设计过渡语

2.9.1 设计过渡语的原则

联系性原则.运用过渡语的目的是实现从上一个教学环节到下一个教学环节的自然过渡.要通过揭示新旧知识的内在联系,实现教学环节的自然过渡.

多样性原则.结合教学内容和教学情境,采取多种形式的过渡.

激励性原则.设计过渡语要关注学生的表现,及时对学生的学习行为做出科学评价,以维持学生持久的学习动机.

简洁性原则. 过渡语应简洁明了,忌拖泥带水.

实效性原则. 过渡语的设计和运用应有明确的目的性和实际的作用,切忌牵强附会,力避空洞的"花架子".

2.9.2 设计过渡语的方式

1. 承上启下式

承上启下式即通过揭示上一环节教学内容与下一环节教学内容的内在联系,实现教学环节的自然过渡.

如:可用如下过渡语实现从二项式定理到二项式系数的性质的过渡.

我们已经学习了二项式定理,知道了任意两数 a,b 的和的 n 次方的展开式 $(a+b)^n = C_n^0 a^n + C_n^1 a^{n-1} b^1 + C_n^2 a^{n-2} b^2 + \cdots + C_n^r a^{n-r} b^r + \cdots + C_n^n b^n$,利用这一定理可以解决任意两数和的 n 次方的展开问题. 将定理中的具有一般意义的字母 a,b 赋予特定的值,可以得到一些十分有价值的结果. 比如:令 $a=1, b=1$,由二项式定理可得 $C_n^0 + C_n^1 + C_n^2 + C_n^r + \cdots + C_n^n = 2^n$. 这说明,一个二项展开式中各二项式系数的和为 2^n,这是二项式系数的一个重要性质. 你还能将字母 a,b 赋予其他具体的值,得到二项式系数的其他性质吗?

上述过渡语,既复习了二项式定理,又揭示了由二项式定理探究二项式系数的性质的基本方法,具有承上启下的功能,效果较好.

2. 学法指导式

学法指导式即结合向学生介绍学习方法自然过渡到下一环节的教学.

如:学习双曲线的简单几何性质(第一课时),引入课题后,可设计如下的过渡语,引导学生投入新知的探究中.

观察是重要的科学发现手段,学习数学同样离不开观察. 下面请大家观察双曲线,看一看它有哪些几何性质?

上述过渡语,不仅实现了教学内容的自然过渡,也向学生介绍了研究问题的重要方法——观察法.

3. 引发需要式

引发需要式即通过说明旧知的局限性,揭示研究新知的必要性,实现教学环节的过渡.

如:"直线与平面垂直"一节中,由直线与平面垂直的定义的学习进入直线与平面垂直的判定定理的探究,可运用如下的过渡语.

通常定义可以作为判断直线与平面垂直的依据,但用定义判定直线与平面垂直需要证明直线与平面内的每一条直线都垂直,由于平面内有无数条直线,我们不可能一一判断它们与已知直线垂直,所以,直接使用定义,在操作上行不通,这就有必要寻找比定义更简捷且具有可操作性的判定方法. 下面我们一起来学习直线与平面垂直的判定定理.

4. 强调提醒式

强调提醒式即通过教师强调学习中的注意事项或数学知识的应用而实现教学环节的过渡.

如：立体几何教学中，可运用如下的过渡语实现平面基本性质的学习到平面基本性质的应用的过渡．

立体几何知识源于实际，反过来可用于解决我们生活中的许多实际问题．请大家思考解决下面的问题（具体问题略）．

5. 目标导向式

目标导向式即通过揭示学习目标实现上一教学环节到下一教学环节的过渡．

如：不等式一章中算术平均数与几何平均数第一课时的教学中，引导学生探究得出算术平均数与几何平均数不等关系 $\frac{a+b}{2} \geqslant \sqrt{ab}$ 后，可用如下教学语言过渡到例题的学习．

利用算术平均数与几何平均数不等关系 $\frac{a+b}{2} \geqslant \sqrt{ab}$ 可以解决求有关函数的最值问题，这是通过本节课的学习，大家要掌握的重要内容．下面我们来看几个具体的例子（略）．

6. 问题导引式

问题导引式即设计简单的小问题，请学生解决，通过问题解决后的点评，过渡到下面的教学内容．

如：两角和与差的余弦公式，在解决三角函数求值问题中有广泛的应用，教学中为介绍较复杂的应用，可先设计如下简单的问题——求 $\cos 75°$，$\cos 15°$ 的值，引导学生思考解决．再用如下导语过渡到较综合的应用．

由这一题目知道，可以通过使用两角和与差的余弦公式，将非特殊角求值问题转化为特殊角求值问题．下面我们来继续研究几个比较综合的应用．

7. 因势利导式

因势利导式即针对课堂教学中出现的即时情况，设计过渡语，实现教学环节的过渡．

如：教学中发现学生对已学过的某个重要知识点掌握不好而影响后续内容的学习时，教师有必要停下新课，对相关旧知识进行必要的回顾．为此，可设计如下过渡语．

看来大家对……掌握得还不够好，下面我们一起对……进行简单的回顾．

8. 评价激励式

评价激励式即关注学生在学习过程中的闪光表现，通过给予及时的鼓励，实现教学环节的过渡．

如：为实现从学生对研究性问题的独立探究到反馈交流的过渡，可针对学生在独立探究过程中表现出的高度的热情、创新的思维，设计如下的过渡语．

大家都很认真地对给出的问题进行了仔细的探究，并且得到了很好的结果．下面我们请几位同学向大家展示他们的研究成果，请大家用心欣赏、学习．

第3章　课堂教学方法与艺术

3.1　创设情境的常用方法

1. 联系实际法

联系实际法即引导学生关注现实,在对现实事物的观察或对现实问题的思考解决中进入积极的学习状态.

(1)引导学生观察现实生活中的数学模型.如,学习异面直线时给学生展示现代化立交桥上下几层道路的位置关系.

(2)引导学生思考现实生活中的问题.如,学习"平面基本性质"时,向学生提问:①如何检验教室地面平不平?②为什么用来作支撑的架子大多是三脚架?③为什么只要装一把锁就能把门固定?

(3)向学生介绍数学知识的应用背景.例如学习指数函数时,我们可以告诉学生,它能用来测算某种病在某一时期的发病人数,只要我们知道以前一段时间的病人增长率,就可用关系式求解.

要特别说明的是:新课程标准强调"人人学有用的数学",数学课堂教学情境的创设要优先考虑联系实际法.

2. 操作体验法

操作体验法即先让学生动手操作,直观体验.如:

(1)学习概率中的"随机事件"时,先让学生抛硬币,统计落地后某一面朝上的次数,计算这种情况占抛的总次数的比例.

(2)学习"与指数函数有关的图象变换"时,可先让学生思考下列问题,再总结一般规律.

在同一坐标系内分别画下列函数的图象,比较它们的位置关系,你能得到什么结论?
① $y=2^x$,$y=2^{-x}$;② $y=2^x$,$y=-2^x$;③ $y=2^x$,$y=-2^{-x}$;④ $y=2^x$,$y=2^{x-1}$;⑤ $y=2^x$,$y=2^{x+1}$.

3. 引经据典法

引经据典法即讲述与所学内容相关的名人名言或历史典故.如:

(1)讲"数形结合"专题课时,先引用著名数学家华罗庚的诗句:"数缺形时少直觉,形少数时难入微.数形结合百般好,割裂分家万事非."

(2)讲"等差数列求和"时先讲高斯快速计算 $1+2+3+\cdots+98+99+100$ 的故事.

4. 类比迁移法

类比迁移法即从与待学内容有类似之处的旧知识、旧方法出发,类比提出问题.如:

(1)讲复数的有关概念时,可类比实数问题,设计如下问题供学生探究:

①若 $a+b\sqrt{2}=c+d\sqrt{2}$，其中 a,b,c,d 为有理数，你能得出什么结论？为什么？

若 $a+bi=c+di$，其中 a,b,c,d 为实数，又能得出什么结论？

②如何化简 $\dfrac{3-\sqrt{2}}{3+\sqrt{2}}$？请你大胆猜测一下，又该如何化简 $\dfrac{3-i}{3+i}$？

(2)讲双曲线的简单几何性质时，可先复习回顾椭圆的几何性质及其探讨方法，再在此基础上引导学生独立探讨双曲线的简单几何性质．

5．认知冲突法

认知冲突法即通过精心设计的问题使新的需要与学生原有的数学水平之间产生认知冲突．如：

(1)讲"对数"时，可以这样创设情境：这里有一张厚度为 0.083 mm 的纸，对折 3 次厚度不足 1 mm，如对折 50 次，你能否估计出它的高度？教学实践表明，学生会给出各种各样的估计，但都远远小于实际高度．这时，老师指出：实际高度要比地球到月球的距离还要大．此时，学生认知与现实发生冲突，其思维积极性得以充分调动．

(2)讲"无穷递缩等比数列各项的和"时，可先让学生思考下列问题：一竹竿长 1 尺，折半后剩 $\dfrac{1}{2}$ 尺，再折半后剩 $\dfrac{1}{4}$ 尺，如此无限次折下去，把每次所得竹竿长相加，即 $1+\dfrac{1}{2}+\dfrac{1}{4}+\cdots$，请问总和是多少？此时，学生会遇到无穷多个数相加的问题（没学过），产生了认知冲突．

6．竞赛激励法

竞赛激励法即通过组织相关小竞赛使学生处于积极思维的状态．如：

讲等比数列概念时，可让学生做如下的找规律、填数字题目：

① 1,2,4,(　),16,32,(　),…

② $1,\dfrac{1}{3},($　$),\dfrac{1}{27},($　$),\dfrac{1}{243},\cdots$

③ $\sqrt{5},\sqrt{10},2\sqrt{5},($　$),4\sqrt{5},($　$),\cdots$

④ $a,-ab,ab^2,($　$),($　$),\cdots$

7．故设陷阱法

故设陷阱法即教师故意暴露学生学习中的易错处，将学生带入积极思维状态．

如讲问题"求 k 的范围，使不等式 $kx^2-kx+1>0$ 的解集为 **R**"时，教师先不动声色地给出如下解法：

令
$$\begin{cases} k>0 \\ (-k)^2-4k<0 \end{cases},$$

得 $0<k<4$，即为所求．

然后再问：上述解法有无不妥之处？若有，应怎样改正？

8．角色换位法

角色换位法即改变传统的教师提出问题、学生回答的方式，由学生提出问题并进行研究．

如：在学习一般函数概念和性质及指数函数的图象和性质后，学习对数函数的图象和性质时可让学生自己设计研究的问题并独立展开研究.

3.2 实施有效提问

3.2.1 课堂提问的作用

提问是课堂教学中师生互动的重要形式之一.提问具有活跃课堂气氛,激发学习动机,吸引学生关注学习内容,提示教学重点,获得反馈信息,深化已学知识,启发学生积极思考,培养学生独立思考能力和语言表达能力等重要作用.

3.2.2 课堂提问的分类

按数学问题的思考水平层次,课堂提问可分为回忆性提问、理解性提问、运用性提问、探索性提问等.

回忆性提问即要求学生回忆已有信息,主要功能在于对已学知识进行再现和确认.回忆性提问对于温故知新,是很有必要的.如:什么是函数?什么叫椭圆?余弦定理的内容是什么?

理解性提问即要求学生对已有知识进行加工、整理、分析、提炼,从中获得问题的答案,同时,也要求学生运用已有信息去创造新信息.理解性提问常用于对所学知识和技能的检查,了解学生是否理解了某个教学内容,常用于某个概念、原理的讲解之后或课程的结束.例如,学生分别学习了交集和并集的知识和技能后,理解往往分割停留在"两个概念""两个图形"的浅层认识上,如能适时提出问题"比较一下,并集和交集有何异同点?"让学生悟出尽管交集与并集定义不同、文氏图不同,但都反映集合间的关系,只不过选取的角度不同……这样的问题能把学生的思维引向深层、引向概括.

运用性提问即建立一个新的简单的问题情境,让学生运用新获得的知识或回忆过去所学知识,来解决新的问题.这类提问,通常在学习新的概念、定理、公式和法则之后进行.如学习棱台的中截面面积公式后,可以提出如下问题:设棱台的上下底面面积分别为 S_1,S_2,中截面面积是多少?

探索性提问适用于学生的类比、归纳、综合、拓展和联想分析的思维活动,对提高学生的能力、激发学生的兴趣有很大作用.例如,下面的问题就是探索性问题:将底面半径和高都为 R 的圆锥、圆柱和半径为 R 的半球,底面放在同一个平面 α 上,探究圆锥、圆柱和半球体积的大小关系,并由圆锥、圆柱的体积探究半球的体积.

易知:$V_{圆锥}<V_{半球}<V_{圆柱}$.由 $V_{圆锥}=\frac{1}{3}\pi R^3$,$V_{圆柱}=\pi R^3=\frac{3}{3}\pi R^3$,猜想:$V_{半球}=\frac{2}{3}\pi R^3$.再引导学生由 $V_{半球}=\frac{2}{3}\pi R^3=V_{圆柱}-V_{圆锥}$ 以及祖暅原理,探索出问题的答案.

按提问的形式,课堂提问可分为设问型提问、追问型提问、疑问型提问.

设问型提问即提出问题后,不要求学生作答,而是自问自答,能引起学生注意,造成悬念,常用于复习课.

追问型提问即将所要提的问题,分解为一个一个相互关联的小问题,一环扣一环地提问,发问的语气比较急促,问题与问题之间的间隙时间短. 这种提问,能创设活跃的学习氛围,培养学生敏捷、灵活的思维品质.

例如,在讨论"证明对于一切 $n\in \mathbf{N}^+$,都有 $2\leqslant \left(1+\frac{1}{n}\right)^n <3$"时,可先提出问题一:看到 $\left(1+\frac{1}{n}\right)^n$ 时,你会联想到什么?

待学生回答"联想到二项式定理"后,再追问问题二:利用二项式定理展开后,怎样利用放缩法做出变式替换?

待学生找到变式替换后,再提出问题三:对于和式 $\frac{1}{2!}+\frac{1}{3!}+\cdots+\frac{1}{n!}$ 怎样做出进一步处理?

通过上述追问,学生不难自主探究得到该不等式的证明方法.

疑问型提问即教师通过设疑、质疑的提问方式,认真推敲问题,给学生留下疑点,调动、促进、发展学生的思维. 例如,学习函数的奇偶性后,由于该定义中函数定义域的特征没有明显的揭示,容易使学生片面地理解为只要满足 $f(-x)=f(x)$,就可下结论. 为此,可以提问:试问,函数 $y=3x^2+1, x\in [a,b], a+b\neq 0$ 是否为偶函数?画出函数的图象,观察它是否关于 y 轴对称?导致函数图象不关于 y 轴对称的原因是什么?偶函数的定义域应该有什么特点?通过以上的问题,不但可以引导学生突破学习的难点,而且培养了学生全面地观察问题、分析问题的能力,促进学生更好地内化课本知识,自觉掌握判断函数奇偶性时不能忽视函数定义域关于原点对称这一必要条件.

3.2.3 课堂提问的原则

恰时恰点原则. 提出恰时恰点的问题:在学生具备了"愤悱"状态,想要知而不能立刻知时提出问题;讲到重点、难点或需要追根求源的地方时,通过提问突出重点、解决难点,找出事物的本质和根源.

数量适宜原则. 问题要适量,不能满堂问.

面向全体原则. 从学生实际出发,根据学生的不同个性和水平,设计不同的问题,针对性地向不同学生提出不同层次的问题,使每个学生都有机会参与回答问题.

择机激励原则. 学生回答问题后,教师要择机予以评价,评价应坚持激励性原则,即:对于学生的努力过程和得到的结论,要给予激励性评价,多鼓励,激发保护其思维积极性.

"五先五后"原则. 即先提问,后点名;先思考,后回答;先讨论,后得出结论;先学生,后教师;先激励,后更正.

先提问,后点名. 先面向全班提出问题,待学生思考后,再指定学生回答.

先思考,后回答. 给学生留有适当的思考时间,待多数学生"跃跃欲试"时,再指定具体学生回答.

先讨论,后得出结论. 对学生的回答,教师不要立刻表态,可以让别的同学补充、评价,在此基础上,教师顺水推舟,根据成熟的讨论做出结论.

先学生,后教师. 让学生充分表达自己的意见,不要轻易打断学生,学生遇到困难,必要时教师才予以引导或暗示. 回答有错时,尽量让学生自己纠正或请同学纠正,在学生充分发表意见后,教师才发表看法.

先激励,后更正.先充分肯定学生回答问题所做的努力或答案中的"闪光点",再指出回答中的不足之处或提出更高的要求,促其"更上一层楼".

3.3 指导学生获取新知

3.3.1 学生学习的方式

"倡导积极主动、勇于探索的学习方式"是新课程的基本理念之一.《普通高中数学课程标准(实验)》(以下简称《课程标准》)明确指出:"学生的数学学习活动不应只限于接受、记忆、模仿和练习,高中数学课程还应倡导自主探索、动手实践、合作交流、阅读自学等学习数学的方式.""高中数学课程应力求通过各种不同形式的自主学习、探究活动,让学生体验数学发现和创造的历程,发展他们的创新意识."这就要求我们在教学中不仅注重让学生掌握结论是什么,更要引导学生经历获得新知的过程,真正实现学生学习方式的转变.

3.3.2 获取新知的方法

1. 类比发现法

《课程标准》指出:"人们在学习数学和运用数学解决问题时,不断地经历直观感知、观察发现、归纳类比……思维过程.这些过程是数学思维能力的具体体现,有助于学生对客观事物中蕴涵的数学模式进行思考和做出判断."数学课堂教学中,教师要善于引导学生通过类比发现新知.

如:进行"双曲线的简单几何性质"教学时,可在师生共同回顾椭圆 $\frac{x^2}{a^2}+\frac{y^2}{b^2}=1$ 的几何性质的研究方法和步骤(表3.1)的基础上,引导学生类比研究双曲线的相应的几何性质.

表 3.1

性质	研究方法	研究步骤	研究结论
范围	借助非负数的性质建立不等关系	$\frac{x^2}{a^2}\leqslant 1 \Rightarrow \|x\|\leqslant a$ $\frac{y^2}{b^2}\leqslant 1 \Rightarrow \|y\|\leqslant b$	椭圆位于 $x=\pm a, y=\pm b$ 所围成的矩形里
对称性	考察对称点之间的坐标关系	以 $-x$ 代 x,以 $-y$ 代 y,以 $-x,-y$ 分别代 x,y	椭圆关于坐标轴和原点都对称
顶点	根据定义,解方程	令 $x=0$,得 $y=\pm b$ 令 $y=0$,得 $x=\pm a$	椭圆有四个顶点 $(\pm a,0)(0,\pm b)$
离心率		$e=\frac{c}{a}$	$0<e<1$ e 越接近于 0,椭圆越接近于圆; e 越接近于 1,椭圆越扁

2. 问题解决法

《课程标准》强调通过不同形式的自主学习和探究活动,让学生体验数学发现和创造的历程.课堂教学中,可以将新知的发现过程设计成问题,将新知的呈现过程变为学生自主探究、解决问题的过程,使学生通过问题的解决,获得新知.

如,为引导学生发现满足条件 $a_{n+1}=pa_n+q(p,q\in \mathbf{R})$ 的数列 $\{a_n\}$ 的通项公式的构造求法(通过构造等比数列,使问题得到解决),可先向学生提出如下问题:

已知数列 $\{a_n\}$ 满足: $a_1=1, a_{n+1}=3a_n+1$.

(1) 求证数列 $\left\{a_n+\dfrac{1}{2}\right\}$ 为等比数列;

(2) 求数列 $\left\{a_n+\dfrac{1}{2}\right\}$ 的通项公式;

(3) 求数列 $\{a_n\}$ 的通项公式;

(4) 由上述解答过程总结求满足条件 $a_{n+1}=pa_n+q(p,q\in \mathbf{R})$ 的数列 $\{a_n\}$ 的通项公式的一般方法.

引导学生通过自主探究和合作交流解决上述问题,并获得关于解决这类问题的一般方法:将原递推关系式变形为 $a_{n+1}+\dfrac{q}{p-1}=p\left(a_n+\dfrac{q}{p-1}\right)$,先求出数列 $\left\{a_n+\dfrac{q}{p-1}\right\}$ 的通项公式,再求得 a_n.

3. 命题引申法

命题引申法即运用归纳(由若干特殊事例推出一般结论)和演绎(由一般结论推知特定情形下的特殊结论)两种重要的推理方法,通过对已知命题的一般化或特殊化得到新的命题,从而获取新知.

如,为发现函数 $y=A\sin(\omega x+\varphi)$ 的周期公式,可先引导学生画出函数 $y=\sin x$ 的图象,并引导学生观察图象得出函数 $y=\sin x$ 的周期为 2π.再请学生依次判断并证明如下函数的周期: ① $y=\sin 2x$;② $y=\sin\dfrac{x}{2}$;③ $y=\sin\left(x+\dfrac{\pi}{3}\right)$;④ $y=\sin\left(2x+\dfrac{\pi}{3}\right)$.(教学实践表明:多数学生不难猜测并证明以上四个函数的周期分别为 $\pi, 4\pi, 2\pi, \pi$.)然后进一步引导学生分析以上四个周期的共同点:可表示为 $\dfrac{2\pi}{x\text{的系数}}$.最后将上述结论推广即得 $y=A\sin(\omega x+\varphi)$ 的周期为 $\dfrac{2\pi}{\omega}$.学生不难用周期函数的定义证明上述结论的正确性.

再如,通过在二项式定理 $(a+b)^n=C_n^0 a^n+C_n^1 a^{n-1}b^1+C_n^2 a^{n-2}b^2+\cdots+C_n^r a^{n-r}b^r+\cdots+C_n^n b^n$ 中对 a,b 赋予特定的值即可得到如下一些常用的组合恒等式:

$(1+x)^n=1+C_n^1 x+C_n^2 x^2+\cdots+C_n^n x^n.$ (令 $a=1, b=x$)

$C_n^0+C_n^1+C_n^2+\cdots+C_n^n=2^n.$ (令 $a=b=1$)

$C_n^0+C_n^2+C_n^4+\cdots=C_n^1+C_n^3+C_n^5+\cdots.$ (令 $a=1, b=-1$)

4. 观察归纳法

《课程标准》在教学建议中明确指出:"加强几何直观,重视图形在数学学习中的作用,鼓励学生借助直观进行思考."实际上这也给出了一种引导学生获取新知的重要方法.

如:为了获得关于椭圆 $\frac{x^2}{a^2}+\frac{y^2}{b^2}=1(a>b>0)$ 的范围、对称性等方面的知识,先让学生作出椭圆 $\frac{x^2}{a^2}+\frac{y^2}{b^2}=1(a>b>0)$ 的图形,然后请同学通过观察所作的椭圆 $\frac{x^2}{a^2}+\frac{y^2}{b^2}=1(a>b>0)$ 的图形回答下列问题,在学生观察答问的基础上,再进行代数论证.

问题1:椭圆 $\frac{x^2}{a^2}+\frac{y^2}{b^2}=1(a>b>0)$ 上的点的横坐标、纵坐标分别满足怎样的条件?

问题2:椭圆 $\frac{x^2}{a^2}+\frac{y^2}{b^2}=1(a>b>0)$ 是不是轴对称图形?若是,指出对称轴.是不是中心对称图形?若是,指出对称中心.

5.开展实验法

数学实验是指为了探究数学知识、发现数学结论或假设而进行的某种操作、试验或思维活动.如:在"逻辑联结词"教学中,对"或""且""非"和"真值表"的理解引入物理中的串联、并联电路(图3.1).

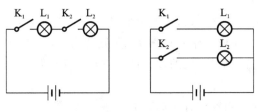

图 3.1

命题 p,q 表示如下:

p:开关 K_1 合上,灯 L_1 亮.

q:开关 K_2 合上,灯 L_2 亮.

用并联电路实验解释 p 或 q 中的"或",即 p 或 q 就是表示灯 L_1 亮(开关 K_1 合上)或者 L_2 亮(开关 K_2 合上),或者灯 L_1 和灯 L_2 都亮(开关 K_1 和 K_2 都合上).

用串联电路来解释 p 且 q 中的"且",即 p 且 q 就是表示灯 L_1 和灯 L_2 都亮(开关 K_1 和 K_2 都合上).

同样,用串联、并联电路的实验很自然可以得出其"真值表".

将这个实验引入"逻辑联结词"一课的教学中,学生学得轻松并能深刻理解概念、牢固掌握知识,同时有助于培养数学学习的兴趣和科学探索精神.

6.阅读自学法

阅读自学法即在教师的引导下,学生阅读自学教材和其他有关资料而获取新知.在这一过程中,教师可以提出问题,让学生带着问题阅读指定材料,在学生独立阅读自学的基础上,组织学生讨论交流,然后教师归纳总结,帮助学生获得新知.如:学习集合概念时,教师可以设计如下的自学思考题,引导学生通过阅读教材自学获得新知.

(1)什么叫做集合?举出几个生活中的集合的例子.

(2)什么叫集合的元素?元素与集合有哪些关系?怎样用符号表示?举例说明.

(3)结合具体实例说明集合中的元素应具备什么特点.

(4)常用的表示集合的方法有哪些？举例说明.

(5)如何按集合中元素的个数将集合进行分类？

(6)如何理解"空集"？

3.4 优化课堂探究

3.4.1 探究的含义

探究是指在学习情境中通过观察、阅读，发现问题，收集数据，形成解释，获得答案并进行交流、检验的一种学习过程.

3.4.2 探究的组织

1. 围绕目标，精选探究素材

探究只是学生学习的方式之一，其根本目的是促进学生的学习，强化教学目标的落实. 无论怎样的探究活动，都应为完成教学目标服务. 探究的内容，应是教学的重点，探究活动应为实现教学目标助力. 选择恰当的、有效的探究内容进行教学设计，是提高探究活动有效性的关键所在.

这里主要解决什么样的内容适宜于探究的问题. 解题教学、大部分数学概念、性质、法则、公式、定理等，都适宜于用探究式学习方式. 例如："不等式的性质"，可以让学生类比"等式的性质"提出猜想，并利用实数大小的"基本事实"加以证明，这就是一个探究式学习过程；"平面向量基本定理"，可以在"用向量及其运算表示几何元素"的思想指引下，借助建立直角坐标系的方法、两条相交直线确定一个平面等经验，让学生探究而获得结论；"诱导公式"也可以在"三角函数是(单位)圆的几何性质的代数表示"的思想下，让学生通过探究终边关于坐标轴、原点以及直线 $y=x$ 对称的两个角的关系，进而得到所有公式.

当然，并不是所有学习内容都适宜于探究，有的甚至不需要探究. 例如，数学中某些原始性的概念定义，没有多少"开放性"，不必探究. 这样的内容，重要的是让学生了解来龙去脉，理解其引入的必要性、合理性，因此采用教师讲授或让学生看书的方式即可. 例如，直线与平面垂直的定义，通过生活中的实例，让学生感受到定义与自己的经验相吻合，从而确认其合理性，然后由教师叙述定义，这样安排教与学的过程是合适的. 这里，用"说得清道得明"的几何关系(即"直线与直线垂直")，来定义"无法说清"的几何关系(即"直线与平面垂直")，这是一种公理化思想，教师必须向学生交代清楚，而学生则只用采用接受式学习方式即可. 而关于概念的名称、符号、某些规定(如 $0!=1$，0 与任意向量平行)等，直接告诉学生可矣.

2. 创设情境，激发探究动机

选定了探究素材，探究活动的效果如何，直接取决于学生对探究活动的参与积极性. 要提高学生参与探究的积极性，就要精心创设探究的情境，激发学生的探究动机.

创设情境就是教师根据教材内容、学生认知特点、知识结构等，通过创设具有生活性、趣味性、启发性、知识性的活动,提出问题或激发学生提出问题,使学生明确探究目标,从而产生强烈的探究欲望.它是数学探究教学的第一步,也是最关键的一步.

如,学习正弦定理、余弦定理时提出问题:不到达河流对岸,能否测出对岸的电视塔的高度? 学习导数时,提出生活中的气球膨胀率和高台跳水问题.

又如,在学习"二项式定理"的起始课上,可以通过如下问题,引导学生思考探究.

问题1:今天是星期一,30天后的那一天是星期几? 怎么算?

问题2:再过 8^{100} 天后的那一天是星期几? 怎么算?

问题3:你能否通过上述两个具体问题,抽象出一个一般性问题?

3. 关注学情,把握探究时机

探究不同于简单的接受性学习,由于探究的素材多具有较强的思维性,因而有一定的难度,只有当学生比较好地掌握了与探究素材相关的基础知识和方法后,其探究活动才会更加富有实效.因而应科学把握探究的时机,不可盲目冒进.

有的老师教学"平面向量的数量积"一节时,刚给出数量积的定义,就立刻让学生自主探究数量积所满足的运算律.实践表明,学生探究活动很难深入下去,效果大打折扣.这是为什么呢? 问题在于,学生刚接触数量积这一运算,对这种基本运算没有任何感性认识,更别提深刻理解了,此时探究活动就成为无源之水、无本之木.教师如能在讲解数量积的概念后,组织学生先完成一些数量积的基本运算,待学生对数量积有了"感觉"后再组织探究,则可收到理想的效果.

4. 精心设问,引领探究深入

问题是数学的心脏,问题是探究的起点,教师要组织好课堂探究,关键是要设计合理的问题串,引导学生通过思考解决问题串,经历探究的过程,在自主探究中获取新知.如:椭圆概念的教学,可指导学生通过对如下四个问题的思考和解决,经历椭圆概念的发生、发展、完善过程.

问题1:取一条定长的细绳,把其两端都固定在同一点处,套上笔,拉紧绳子,移动笔尖,作出图形.在这个过程中,笔尖(动点)满足的几何条件是什么?

问题2:如果把绳子两端拉开一定距离,分别固定在平面内的两个不同的点处,套上笔,拉紧绳子,移动笔尖,作出图形.在这个过程中,笔尖(动点)满足的几何条件又是什么?

问题3:根据问题2中的观察、发现,类比圆的定义,提出椭圆的定义.

问题4:在上述问题2中,移动笔尖,作出的图形是否总是椭圆? 请你给出条件,说明理由.

5. 依据学情,把握探究坡度

实践证明,探究的坡度是影响学生探究效果的重要因素之一,课堂教学中要根据教学目标、教学内容特点,特别是把握好学生实际探究的坡度,使学生不仅"跳一跳",更能在"跳一跳"后"摘到桃子".

如教学等差数列的求和公式时,可以根据学生实际设计如下两组不同的探究问题.

设计一:

引例1:求和 $1+2+\cdots+100$.

引例2：求和 $1+2+\cdots+100+101$.

引例3：求和 $1+3+5+\cdots+101$.

引例4：求和 $1+2+\cdots+n$.

问题1：上述数列求和的过程应用了等差数列的什么性质？这种方法能推广到一般的等差数列的求和吗？

问题2：已知等差数列 $\{a_n\}$，记 $S_n=a_1+a_2+\cdots+a_n$，试用 a_1,a_n,n 表示 S_n.

设计二：

问题1：等差数列的基本量有哪几个？

问题2：你认为一个等差数列的前 n 项和能用它的基本量来表示吗？为什么？

问题3：如何用等差数列的基本量表示它的前 n 项和？

教学实践表明，对于数学思维处于一般发展水平的大多数学生，设计一的几个预备性引例较好地唤起了他们的已有知识和方法，问题1引导学生开展从特殊到一般的思考，进而发现 $a_1+a_n=a_2+a_{n-1}=\cdots$ 在求和中的作用，从而为得到等差数列的前 n 项和公式铺平了道路. 较缓的坡度使学生"跳一跳够得着"，有效地引发了他们的探究热情并取得成功体验.

设计二有利于思维发展水平较高的学生群体进行创新性思考，例如，可以从通项公式 $a_n=a_1+(n-1)d$ 出发，代入 $S_n=a_1+a_2+\cdots+a_n$ 得到 $S_n=na_1+[1+2+\cdots+(n-1)]d$，问题就转化为求 $1+2+3+\cdots+(n-1)$，这是比较容易求的.

还可以通过对求出的公式 $S_n=na_1+\dfrac{n(n-1)}{2}d$ 进行代数变形得到 $S_n=na_1+\dfrac{n(n-1)}{2}d=\dfrac{n}{2}[2a_1+(n-1)d]=\dfrac{n(a_1+a_n)}{2}$.

对"基本量"和等差数列的性质敏感的同学，还可以继续变形，并利用 $a_1+a_n=a_2+a_{n-1}=\cdots=a_p+a_q(p+q=n+1)$ 得出"倒序相加"的技巧. 在这个过程中，学生的观察、联想、转化能力都能得到培养.

总之，从学生的思维水平出发，应是设计合理的探究坡度的基本原则.

6. 加强引导，保证探究方向

学生的课堂学习活动，从根本上说，是在教师的指导和引导下，感受前人发现新知的过程，由于教学时间和教学目标的限制，要求课堂中的探究应有一定的效率. 一味让学生自主探究，学生缺乏启发引导，缺少对话互动，缺少及时纠错，就不可能有效. 课堂教学中必须注意教师主动取向的讲授式和学生自主取向的活动式的结合，而且注意使用"问题引导学习"的教学.

引导探究就是以学生为主体，在教师的启发或问题的引导下明确探究的目标，探讨探究的方向，探索解决问题的方案. 钟启泉教授认为，在进行探究性教学之前，教师通常应准备好一个提问或者讨论的框架. 在进行探究性教学时，教师应该在课前具体研究：探究的起点是什么？探究的目标有哪些？探究过程经过哪些中间环节？如何达到探究的目标？只有这样，教师才能根据学生探究活动的动态变化，采取灵活而恰当的提问来引导学生的探究进程；对学生的探究过程进行准确定位，以便决定下一步探究的方向和选择引导的策略，而不至于在探究过程中过于随意而偏离教学目标.

例:△ABC 的外接圆半径为 1,角 A,B,C 的对边分别为 a,b,c,向量 $\vec{m}=(a,4\cos B)$,$\vec{n}=(\cos A,b)$,满足 $\vec{m}//\vec{n}$,求 $\sin A+\sin B$ 的取值范围.

易得 $A+B=\dfrac{\pi}{2}$,以下是不同的思路:

由 $a=2R\sin A=2\sin A$,$b=2R\sin B=2\sin B$,设 $t=\sin A+\cos A(0<A<\dfrac{\pi}{2})$,则:$t=\dfrac{a+b}{2}$,$a^2+b^2=4(a>0,b>0)$.

引导一:可以考虑 $a+b$ 与 a^2+b^2 的关系,由不等式 $\dfrac{(a+b)^2}{2}\leqslant a^2+b^2$ 得 $(a+b)^2\leqslant 8$,故 $\dfrac{a+b}{2}\leqslant\sqrt{2}$.

引导二:由 $a^2+b^2=4(a>0,b>0)$ 还可联想到什么几何图形? 学生发现 $a,b,2$ 构成勾股数,组成一个以 2 为斜边的直角三角形,故 $a+b>2$,$\dfrac{a+b}{2}>1$,至此得所求范围为 $(1,\sqrt{2}]$.

7.丰富手段,提高探究效率

《普通高中数学课程标准》将"注重信息技术与数学课程的整合"作为新课程的基本理念之一,明确指出:高中数学课程应提倡利用信息技术来呈现以往教学中难以呈现的课程内容,在保证笔算训练的前提下,尽可能使用科学型计算器、各种数学教育技术平台,加强数学教学与信息技术的结合,鼓励学生运用计算机、计算器等进行探索和发现.

因而数学教师应熟练掌握现代信息技术手段,并且在课堂教学中充分使用各种技术手段,丰富探究的手段,提高探究效率.如借助计算机、计算器、几何画板等各种工具探究动点轨迹,研究三角函数 $y=A\sin(\omega x+\varphi)$ 的图象变换规律,都可收到很好的效果.

8.合作交流,共享探究成果

建构主义学习观认为,学习者以自己的方式建构对事物的理解,不存在完全相同的理解.因此,在教学中,倡导合作探究的教学方式,通过学生间的合作探究交流,可使学生的理解更加丰富和全面.

比如在 $y=A\sin(\omega x+\varphi)$ 的图象和性质教学中,可选择小组合作探究学习,将全班分成若干个小组,教师出示如下探究题后先由小组内部各成员独立探究每一个小问题,再将自己的成果在组内交流,最后由组长汇总小组探究成果,在全班汇报交流.

探究 1:

(1)通过观察 $y=A\sin x$ 的图象来研究 $y=\sin x$ 的图象经怎样的变换可得到 $y=A\sin x$ 的图象 $(A>0)$.

(2)通过观察 $y=\sin\omega x$ 的图象来研究 $y=\sin x$ 的图象经怎样的变换可得到 $y=\sin\omega x$ 的图象 $(\omega>0)$.

(3)通过观察 $y=\sin(x+\varphi)$ 的图象来研究 $y=\sin x$ 的图象经怎样的变换可得到 $y=\sin(x+\varphi)$ 的图象 $(\varphi>0)$.

探究 2:你能用探究 1 中类似的方法,通过观察记录当 A,ω,φ 三个参数值变化时图象的变化来归纳 $y=\sin x$ 的图象依次经过哪些变换得到 $y=A\sin(\omega x+\varphi)$ 的图象吗?

9. 科学评价，强化探究热情

评价具有激励、强化的作用.教学实践表明,课堂教学中,及时对学生的活动进行科学的评价,能很好地激发和维持学生的活动积极性.组织课堂探究活动时,教师应准确把握探究的时机,采取科学的评价方式对学生的探究活动予以恰当的评价,以保持和促进学生的探究热情.

教师要营造一个民主、和谐的学习氛围,让学生敢想、敢说,善于表达.教师要善于用鼓励性的语言加以评价和引导,使学生有一种成就感,乐于探究.

评价中要注意以下两点.一是面向全体:对于每个学生来说,特别是学习有困难的学生,教师的评语能起到一种鼓励与激发的作用,能很好地帮助其树立探究的信心.二是侧重过程:激励评价应贯穿于学生的探究过程,如对于提出独特的问题、发表新颖的见解,对于探究过程中的每一点进步都可以进行激励评价.从探究性学习的特点来说,过程的评价比结果的评价更重要.

10. 反思整理，强化探究成果

反思是数学活动的核心和动力.在整个探究过程中,学生逐步形成的数学知识与数学思想方法最终需要经过学生积极的反思,总结成为自己的知识与思想方法.因此,教师在探究教学中要经常组织引导学生进行思维过程的重新整理,将知识纳入自己的建构体系,以深入进行探究或延伸.

具体的整理思路可从以下几个方面入手:①这个题我是怎样解出来的？解题的思路是怎样的？关键之处何在？②已给出的解法是不是最佳选择？是不是还有另一条路可走？③所有不同的思路有无共性？这种共性意味着什么？④通过解这个题目我有什么收获(在知识上、技巧上、思维策略上等)？有什么教训？⑤这个问题可不可以进行变式、引申或推广？等等.

3.5 科学进行课堂评价

3.5.1 评价的含义

评价是指对一件事或人物进行判断、分析后的结论.

课堂教学评价是师生交流的一种重要方式,贯穿于课堂教学活动的始终.准确、及时、积极的评价对教学活动起着重要的导向和激励作用,它会使教学过程更趋完善,能更高效地促进学生的发展.

3.5.2 课堂教学评价的原则

1. 激励性原则

评价的目的是促进学生的健康成长.在课堂教学中,教师要关注学生的可持续发展,关注学生的独立个性和健全人格,要学会欣赏学生.评价要以鼓励为主.通过评价,要能够增强学生的自尊心、自信心,激发学生发展的主动性与自觉性,鼓励他们不断上进.要看到学生的努力,重在评价过程.

2.发展性原则

激励不等于一味地表扬,更不是无原则的表扬,而是要通过评价指出努力的方向,促进学生的发展.教师在课堂教学评价中,应该客观地指出学生的长处和存在的缺点,要让学生知道哪是好的,哪是不好的;哪是对的,哪是错的,错在何处.要关注课堂中生成的细节,及时提醒学生,有效地帮助学生纠正错误.课堂评价要从关注短效到关注长效,尤其关注在学习过程中对学生习惯的培养,以及主动开动脑筋利用多种策略、方法解决问题的能力的培养.

教师要用发展的观点和标准来评价学生,要看到学生正处在成长发展的过程中,他们每个人都有着巨大的发展潜力,现在的丑小鸭都可能变成以后的白天鹅.对学生进行评价时,切忌用僵化、固定的眼光来看待他们,要看到他们的努力,看到他们的进步和变化,要及时肯定他们的进步.在评价标准的掌握上,要有一定的相对性.

3.适时性原则

科学把握评价时机,用好及时评价和延时评价.

学生进步、成功时,要及时地加以肯定,让学生感受到来自教师的赞赏.如果学生有了进步,教师只是心里高兴,不善于表达,或者生怕赞扬之后学生会骄傲自满,不愿表达,这样会使学生觉得教师对自己的进步不关心,自己白努力了.时间一长,会挫伤学生的上进心,使学生逐渐失去进步的动力.

学生失意(失败)时,采取延时评价,给学生反思改进的时间和机会,鼓励学生学会在逆境中正确看待自己,从失败中自我反省,学会品尝失败中留下的"成功结晶".

4.客观性原则

教师的评价要出于真心,要真诚,要客观,要实事求是,要让学生易于接受.特别是不要脱离学生实际,做出不切实际的高评价.比如有的学生平时表现较差,学习上反应较迟钝,如果老师对他们的表现进行过高的评价,大力地表扬他们,那么他们反而会接受不了.因为一个学生的行为表现很难在短时间之内转变过来,所以老师应一步步来,要让学生感觉到,他获得的表扬,不是老师随口应付的,而是对自己成绩和努力的客观肯定.

5.多元性原则

多元性原则主要包括内容多元、标准多元、主体多元.

评价内容要多元.关注结果,更关注过程和态度情感以及价值观.要构建起课堂教学比较完整的目标体系,由知识本位、学科本位转向以学生的发展为本,体现对人的生命存在及其发展的整体关怀.课堂教学中,教师对学生的评价要将知识与技能、过程与方法、情感态度与价值观的评价有机地结合起来,实现评价内容的多元化.

评价标准要多元.评价要关注个体差异,实施个性化评价.根据美国著名教育家霍华德·加德纳的多元智能理论,一个人同时拥有八种智能,即言语智能、逻辑-数学智能、空间智能、肢体-动觉智能、音乐智能、人际智能、内省智能、自然观察智能.人的八种智能之间没有优劣之分、轻重之别、好坏之差,它们之间只是领域不同,都各有所长.因此,课堂教学评价,对于不同智能的高低表现,不能简单概括地予以肯定或否定,而要密切关注非智力因素的发展,给予有针对性的积极评价,从而保护并促进不同智能级别的学生都能愉快学习、喜欢数学、健康发展,让学生在不同的数学领域里展示自己的优势和成绩,记录下自己的进步,增强学好数学的信心.

评价主体要多元. 将教师评价、学生互评、学生自评等多种方式有机结合,建立立体化的评价体系. 教学评价一般不能只局限于老师对学生的评价,还应包含学生与学生之间的评价以及学生的自我评价. 评价不只是老师一个人的事,应适当地让学生参与进来,比如学生回答完一个问题之后,其他学生及时鼓掌,使其产生被重视的感觉. 有时,学生之间的相互了解可能比老师对学生的了解更深入更透彻,老师不能唱独角戏,要想方设法让学生参与进来,让他们来评价他人,或做自我评价.

6. 艺术性原则

教育是一门艺术,评价更是一门艺术. 要着眼于育人,科学艺术地实施课堂评价,以最大限度地激发学生积极性,促进他们自我发展的内在动机,从而提高育人的质量.

用个性化的语词来代替普遍化的语词. 无论学生做得多么好,教师总是用"好"或"不错"等习惯语,这会使学生得不到心理上的满足. 教师在选择赞扬的语词时,要富有思想性,真正做到关注每一个学生.

用肯定的语言代替否定的语言. 肯定的语言明显地告诉学生应该怎么做,而否定的语言则只告诉学生不应该怎么做,却无法表达出应该怎么做的要求. 如当学生遇到困难时,有的学生会产生害怕心理,用"勇敢些""放松些"等语词比用"不要胆小""不要紧张"等语词更有激励和提高学生自信心的作用.

7. 适学性原则

教育的对象是学生,评价的目的是促进学生的成长,故评价要考虑学生的感受,充分考虑是否能够促进学生的发展. 要关注学生,用学生喜欢的方式和方法实施评价. 表扬要贴近学生的心理,表扬学生需要的,表扬学生在乎的,这样的表扬式评价才会真正起到有效的作用.

3.6 板书设计"九性"

板书是师生在教学中利用视觉交流信息的主要沟通形式. 板书技能是教师教学能力的综合体现,是现代教师的基本技能之一. 实践表明:课堂教学板书直接影响教学信息的传递及师生的沟通和交流,从而在一定程度上决定着教学效果. 数学课堂教学中的板书要体现以下"九性".

1. 计划性

教师在课堂教学之前,应对本节课的课堂板书有一个总体的设计,主要包括:确定要板书的文字、图表和符号及其表述形式;合理设计板书结构,努力做到使板书既实用,又美观,使板书成为数学课堂一道优美的风景线,给学生以视觉享受. 有经验的老师,有时一节课下来,其板书,就是一件完美的艺术品. 这应成为每一位数学教师的毕生追求.

2. 规范性

课堂教学的重要任务之一是传递知识信息,其基本要求是科学、准确. 板书作为一种基本的信息传递方式,首先应做到科学、规范,以保证学生所接收信息的科学性. 具体来讲,要注意以下几个方面. ①文字书写要规范,杜绝不规范的简化字. ②字母、符号使用正确,如角的符号不能写成"<",标题使用层次清楚、科学.③作图规范,如画几何图形,尽可能用尺规作图,画直角坐标系时要标注 x,y 轴和坐标原点 O.④用语规范科学,由函数 $y=\sin x$ 的图象经变换得到函数 $y=\sin 3x$ 的图象的规范过程应为:纵坐标不变,将横坐标变为原来的 $\frac{1}{3}$(学生常常容易漏掉"纵坐标不变").⑤解题格式规范,过程详略得当,关键步骤完整,如立体几何计算题三个步骤"作、证、算"缺一不可.

3. 启发性

板书不单纯是静态的信息传递,更是师生互动交流的重要媒介,通过匠心独具的板书,启发学生思维,使学生积极投入探究活动中去,是板书的重要功能之一.如:推导等差数列的通项公式的过程中,由定义得到"后项-前项=公差 d"是解决问题的关键,为了引导学生得出累加法,教师可按如下格式板书上述事实(图 3.2).再启发学生,从上述各式,能否得出用 a_1, d 表示的通项 a_n.教学实践表明,由于上述板书具有极强的启发性,多数学生都能由此得出累加法.

图 3.2

4. 逻辑性

严密的逻辑性是数学区别于其他学科的重要特点之一.掌握数学知识的内在联系,是学好数学的重要前提.数学课堂教学中的板书不应是零星知识点的简单罗列,而应尽可能显示出知识之间的内在联系,以帮助学生构建完整的认知结构,提高学习效果.如:解含参数的不等式 $ax^2+bx+c>0(<0)$ 时,需考虑 a 是否为 0,还要考虑方程 $ax^2+bx+c=0$ 是否有实根,若方程 $ax^2+bx+c=0$ 有实根,还要考虑两根的大小关系,情况比较复杂,其中一些逻辑关系,学生常常难以自觉理解,因而成为学习的难点.为帮助学生厘清知识间的逻辑关系,克服学习难点,教师可作如下板书(图 3.3).

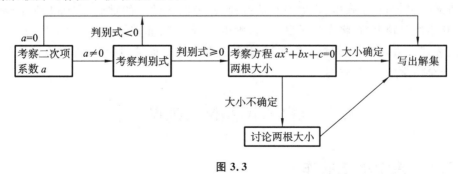

图 3.3

5. 简洁性

课堂教学中的板书既要注意传递信息的完整性和规范性,又要提高效率,以提高课堂教学的效率.为此,在保证信息完整、规范的基础上,应尽可能地减少书写内容,要做到以下几个方面.①只板书关键字词.如单调增函数的定义只需板书如下几个关键词:定义域的某个子区间,任意 $x_1<x_2$,则 $f(x_1)<f(x_2)$.②对所板书内容进行合理加工重组.如两条异面直线所成的角,课本上是这样定义的:直线 a,b 是两条异面直线,经过空间任意一点 O,作直线 $a'//a$,$b'//b$,我们把直线 a',b' 所成的锐角(或直角),叫做异面直线 a,b 所成的角.课堂教学中可以整合为如下的叙述:经过空间任意一点所作的两条异面直线的平行线所成的锐角(或直角),叫做异面直线所成的角.以节约板书时间.③合理使用符号语言和图形语言,节约文字书写时间.如立体几何中,线面平行的判定定理可用符号简洁地表示为: $a\not\subset\alpha,b\subset\alpha,a//b\Rightarrow a//\alpha$.

6. 选择性

板书应突出重点,该写则写,不该写坚决不写.一般来说,下列内容应作为板书的重点:①重要概念的表述及其注解;②重要公式、定理、法则的表述及其推导过程;③典型例题的关键步骤;④重要的规律方法的概括和总结;⑤其他有特殊目的的素材.

7. 艺术性

教学实践表明,富有艺术性的板书,可以唤起学生内心的美的感受,形成积极愉悦的情感体验,提高学习兴趣,促进学习效果.因此,数学课堂的板书,要尽可能地突出艺术性,主要表现在:①合理安排板书结构,追求板书的结构美;②字体书写、图形绘制工整美观,大小适中,富有表现力;③注意使用彩色粉笔,合理搭配色彩;④用特殊符号如"△△,_____"等表示重要性.

8. 人文性

课堂教学不仅是传递知识的过程,更是师生情感沟通、生命交融的场所.新课程标准要求,课堂教学中,关注学生的发展,关注学生的感受,一切为了学生的发展.具体到板书,要做到:书写工整,忌潦草;书写不要太小,要合理安排疏密;书写位置合适,尽可能居中,不要写得太靠上,也不要写得太靠下,要尽可能使学生看得清楚、看得舒服.同时,板书时,应边说边写,板书时要与学生有必要的交流,忌长时间背对学生板书.

9. 互动性

课堂教学说到底,是师生、生生的互动过程,作为课堂教学的重要环节,板书也要体现互动性.教师不能只顾书写,将学生丢到一边,学生无所事事.正确的做法应是,边说边写(如概念的规范表述)、边问边写(如板书解题过程时,提问学生下面该写什么、怎样表述)、边听边写(让个别或全体学生说,教师写).

3.7 课堂小结的原则和方法

3.7.1 课堂小结的作用

课堂小结是课堂教学的重要组成部分.通过小结,可以帮助学生整理、归纳当堂所学知识和方法,完善认知结构,提高学习质量.

3.7.2 课堂小结的原则与方法

1. 结构性原则

小结具有反馈强化,帮助学生构建合理认知结构的功能.小结时,要特别注意引导学生回顾知识的发生发展过程,厘清相关知识的内在联系.如学习直线方程的四种特殊形式后的小结中,要通过四种形式方程的建立过程,弄清相互关系:四种形式中,点斜式是最基本的;取直线与 y 轴的交点代入点斜式,可得到斜截式(可以说斜截式是点斜式的特殊情形);已知直线上两点坐标,可求出直线斜率,代入点斜式,可得到两点式(可以说两点式是点斜式的特殊情形);取直线与坐标轴的两个交点,代入两点式,可得到截距式(可以说截距式是两点式的特殊情形).必要时还可绘制四种方程的关系图,强化知识结构.

2. 简洁性原则

课堂小结的目的是整理知识体系,完善认知结构.其不可缺少,也不能用时过长.要用尽可能简洁的语言,勾勒一节课的要点.提倡用数字式小结.如直线的倾斜角和斜率一节,可用一种思想(数形结合思想)、两个概念(直线的倾斜角和斜率)、三点注意(第一,任何直线都有倾斜角;第二,直线倾斜角的范围是 $[0,\pi)$;第三,并非任意直线都有斜率,只有直线不垂直于 x 轴时,才有斜率,且 $k=\tan\alpha$)来概括.

3. 全面性原则

小结应在突出重点的前提下,尽可能全面,既要关注具体知识的掌握和技能的形成,又要关注研究问题的过程,引导学生从中掌握研究问题的方法,还要特别注意学生在课堂中的情感态度、价值观的表现,对学生在课堂中所付出的努力和取得的成绩进行肯定.

4. 拓展性原则

新课程标准,提倡学生带着问题进教室,带着更多的问题出教室.数学课堂教学小结不能只是课堂教学内容的简单重复,而应在课堂教学内容的基础上有所拓展.要特别注意提出新问题,为后续的学习埋下伏笔,以真正将学生的思维引向课外.如等比数列第一课时主要学习等比数列的概念和通项公式,通过学习,要求学生会判断证明一个数列是否为等比数列,并会根据条件求出等比数列的通项公式.课堂小结时,教师在引导学生回顾知识和方法的基础上,可提出如下拓展性问题,供学生课外研究解决:已知数列 $\{a_n\}$ 满足 $a_1=1, a_{n+1}=2a_n+1$,求数列 $\{a_n\}$ 的通项公式.

5. 互动性原则

学生是课堂教学的主体,课堂小结不应是教师的一言堂.小结时,也要注意发挥学生的主体作用,给学生以充分的表现发言机会.如可以采取教师提出问题,学生讨论回答的形式,也可以采取师生共同讨论的方式,还可以让学生说说学习后的收获与困惑.总之,小结的形式应多样化.

6. 反思性原则

新课程标准,提倡反思性的学习.课堂教学小结要重视引导学生审视自己的学习行为,反思知识和方法的掌握情况,找出不懂的地方,及时通过自己思考、与同学讨论、请教老师、查阅资料等手段加以解决;要指导学生反思自己的学习态度和学习方法,将优点发扬光大,尽力调整学习过程中的偏差.

7. 针对性原则

课堂小结要全面,不是不分重点、面面俱到,而应始终围绕教学目标的达成,要特别明确教学目标中规定的任务.为此,可以有意识地揭示教学目标,让学生自己检查完成教学目标规定的任务的情况.如通过椭圆及其标准方程第一课时的学习,教师可向学生揭示如下学习目标:会正确叙述椭圆的概念,理解概念中的关键词;会建立直角坐标系,推导椭圆的标准方程;会根据题设条件,运用待定系数法,求出椭圆的标准方程.

8. 实效性原则

新课程标准提倡有效教学,课堂小结也应重视实效.一切具体的小结的方法和手段,都应为完成教学目标服务.不要搞花架子,要通过尽可能有效的措施,检查学生的发展情况,帮助学生达成教学目标.

3.8 怎样设计作业

布置课外作业,是教学活动的重要环节.学生通过完成课外作业,巩固掌握所学知识和方法,发展数学能力.课外作业质量的高低,直接影响上述目标的达成.课外作业的设计应遵循如下八个原则.

1. 针对性原则

课外作业应针对学生实际和教学重难点.题目难度要为大多数学生所能接受,题目数量要适中.题目设计应围绕教材重点知识和方法,注意代表性和典型性.要特别清楚哪些内容学生掌握较好,哪些内容学生掌握不好,哪些内容是学生容易遗忘和混淆的,与这些内容相关的知识方法应该是设计课外作业的基本出发点.

2. 层次性原则

新课程标准强调重视学生的差异,根据学生的差异,进行不同的教学.课外作业设计作为教学的重要环节,理应体现这一基本理念.可以考虑布置必做题和选做题.必做题要紧扣课堂内容,围绕"三基"的落实,要求每一个学生都完成;选做题是在课堂内容基础上的发展,需要较高的能力,供学有余力的学生完成,应鼓励尽可能多的同学努力完成.如,针对"等差数列的前 n 项和"第一课时可设计如下课外作业:

必做题:教材 P118 练习 1,2,3;习题 3.3 2(3)(4).

选做题:已知数列 $\{a_n\}$ 的前 n 项和为 $S_n = 25n - 2n^2$.

(1)求证:数列 $\{a_n\}$ 为等差数列.(2)求数列 $\{|a_n|\}$ 的前 n 项和 T_n.

3. 思维性原则

数学是思维的体操.数学问题的生命力在于其思维价值.课外作业除应有一定量的基础训练外,还必须特别注重问题的思维价值.问题的解答不能仅仅停留在对教师教学内容的模仿,应能考查学生的独立思考能力.为此,可在问题的形式上做些探索.如通过设计开放性问题、探究性问题来提高问题的思维性.如,学习了"算术平均数与几何平均数关系定理"第一课时后,除常规题目外,还可以设计如下的开放性问题:请由 $a+b=1(a>0,b>0)$ 尽可能多地导出与 a,b 有关的不等关系.

4. 多样性原则

数学课外作业在突出抓好"三基"落实的基础上,应尽可能体现多样性.从作业的形式看,完成习题、阅读自学指定的材料、上网查阅有关资料、撰写数学小论文、命制一套数学试卷、制作立体几何模型等都可以作为课外作业.

5. 发展性原则

数学课外作业的设计不能局限于对课堂上教师教学内容的简单模仿,应设计一定量的问题,要求学生对所学知识和方法进行合理的迁移,综合运用学过的各种知识和方法予以解决.如学习"等比数列通项公式"第一课时后,除围绕课堂所学知识和方法设计问题外,还可以设计如下的需要变形转化求通项公式的问题:已知数列 $\{a_n\}$ 满足 $a_1=1, a_{n+1}=2a_n+1$,求数列 $\{a_n\}$ 的通项公式.

6. 应用性原则

发展学生的数学应用意识,是新课程标准倡导的基本理念之一.数学课外作业中,除了必要的数学推理、论证、演算问题外,还应设计一定量的应用性问题,尤其是要注重用所学知识解决实际生活中的问题.如:学习解三角形后,可设计测量不能直接到达的建筑物的高度问题;学习数列后,可设计购房贷款还款问题;学习线性规划后,可设计诸如用料最省、利润最大等最优化问题(具体例子略).

7. 研究性原则

研究性学习是新课程标准下的重要的学习方式.学生完成数学作业的过程,应是一个具有研究成分的过程.要有意识地设计研究性问题,给学生以充分的时间,给予适当的指导,使其在完成作业的过程中,经历探究发现的过程,逐步学会进行科学研究.如:学习了二元算术平均数与几何平均数关系定理后,可布置研究题:研究三元算术平均数与几何平均数的关系,并给出证明(对这一问题,教学大纲不要求学生掌握,但学有余力的学生若能对此问题进行认真研究,不仅可以体验研究的乐趣,培养研究的能力,也可以对二元算术平均数与几何平均数关系定理有进一步的认识).

8. 创新性原则

培养创新性人才,是时代赋予教育的重大使命,创新性人才的培养要落实到日常教学的各个环节中.课外作业中,除有一定量的常规问题外,还应特别注意问题的创新性.创新性的含义包括两个方面:题目解法应有创新空间,有创新价值;题目形式要体现创新,除常规题外,要特别重视开放题、探究性问题的设计和应用.

3.9 优化课堂教学语言

3.9.1 数学课堂教学语言的类型

数学课堂教学语言,按表现形式分,主要有有声语言(口头语言)和无声语言(肢体语言).按其功能分,主要有:激励性语言,如"相信你能做得更好";启发性语言,如"看到这个课题你想到什么";反思性语言,如"通过研究这个问题,你有什么启发";赏识性语言,如"你真有胆量,不简单".

3.9.2 数学课堂教学语言的重要性

"数学教学也就是数学语言的教学."(斯托利亚尔语).

"教师的语言修养,在极大程度上决定着学生在课堂上脑力劳动的效率."(苏霍姆林斯基语).

理论和实践都充分表明,课堂教学语言是影响学生学习状态的重要因素,生动形象的教学语言能极大地调动学生的学习积极性,从而提高教学效果.怎样优化数学课堂教学语言呢?

3.9.3 优化数学课堂教学语言的方法

1. 饱含情感,以情动人

"教,始乎情."情感是高效课堂教学的基础.只有师生情绪高涨的课堂,才可能是高效的课堂.要营造情绪高涨的课堂氛围,教师的教学语言首先应具有情感性.

(1)数学教师的教学语言中,应该饱含对学生的热爱之情.师爱是一种无私、博大的爱,道德的力量及教师崇高的形象,是教师打开学生心扉的关键.情之所至,顽石为开.数学教师在课堂教学中若能倾注对学生的热爱、关心、理解,便能激发起学生爱数学的火花.

(2)数学教师的课堂语言,还需要浸透对数学知识本身的炽热之情.数学教师对数学知识有热爱之情,在课堂上,就会像一个人讲到自己喜爱的东西时,表现出那种津津乐道、情表于言的兴奋状态,会禁不住运用自己认为最美的句子和有趣的妙语,去揭示数学的抽象概念和深奥的道理,从而使数学课堂语言日趋生动、优美和流畅.

如,学习"双曲线的简单几何性质"一课时,教师可设计如下富有激情的导语引入新课.(先通过大屏幕展示双曲线在日常生活、科学技术等方面广泛应用的图片)"在我们日常生活的角角落落,双曲线都扮演着重要的角色,并且成为美的使者与化身,今天,就让我们一起走进双曲线的世界,来认识一下双曲线的一些优美的性质."

2. 巧用修辞,丰富表达

恰当运用比喻、拟人、夸张等修辞手法,丰富语言表达,使语言更生动.

比喻,就是打比方,即用具体、形象、通俗浅显的道理,来说明比较复杂、抽象的事物或深奥难懂的道理.在教学过程中灵活巧妙地应用生动形象的比喻,不仅能把数学中枯燥乏味的知识趣味化、抽象的概念具体化、深奥的道理浅显化,而且能激发学生学习数学的极大兴趣.如:有的教师在讲解集合的表示法时,把列举法、描述法分别比喻为"陈列样品""贴说明书";

讲数学归纳法时,把两大步骤比喻为"奠基"和"递推";讲"指数方程和对数方程解法"时,把"换元法"简单地比喻成"打包";将 $a_n=a_m+(n-m)d$ 称为等差数列通项公式 $a_n=a_1+(n-1)d$ 的"升级版",都收到了很好的效果.

拟人,即把事物人格化,将事物赋予人的行为特点,生动形象地表达出作者之情.如有的教师在讲双曲线的渐近线的应用时,以"渐近线的自述"为题,以渐近线第一人称介绍渐近线的性质,大大地消除了学生对数学的距离感.

夸张,即为了达到某种表达效果,对事物的形象、特征、作用、程度等方面着意扩大或缩小的方法.数学课堂教学中适当运用夸张手法,可强化对学生的感官刺激,吸引学生的注意力.如一位教师在讲解"阶乘"的概念时说:"100!,这个结果大得惊人哟,所以我们使用'!'.""数的阶乘"这个概念,从意义到算法,学生记忆深刻,终生不忘.

此外,自编朗朗上口的口诀和打油诗,也是学生很感兴趣的语言表达方式.如有的教师针对圆锥曲线是高中数学的难点,方法特殊,计算量大,许多同学都头疼的特点,教完这部分后,给学生总结了如下小诗一首,效果很好.

> 圆锥曲线不可怕,我说几点你记下;
> 定义性质要熟练,图象随手都能画.
> 渐近线和焦半径,关键时候别忘了;
> 轨迹方程三步走,回头一看别犯傻.
> 交于两点用韦达,细心运算要到家;
> 中点斜率用"点差",还要记得验"Δ".
> 最值问题要转化,数形结合效果佳;
> 勤思多练成绩优,学习进步笑哈哈.

3. 适时变化,调节注意

多变的语调是语言生动的重要条件,语调包含速度、重音、升降、停顿四大要素.速度指语言表达的快慢.重音是根据表情达意的需要,在某个字、词、词组或某句话上加大音量,起突出、区别、强调的作用.升降是指语调的高低抑扬,可表达丰富的感情.停顿是句子当中、句子之间、层次之间、段落之间的间歇.停顿把一句话分成了几个小片段,每一个小片段就是一个节拍群,将节拍群调整好,语言就会富有鲜明的节奏感.正确综合运用语调的诸要素,可以使语言抑扬顿挫、起伏跌宕,具有一种和谐悦耳动听的语音美.

数学教师应根据教学需要来设计语调的变化.当讲到难点时,教师可放慢语速,用疑问的语气提出问题,以引起学生的注意和思考.当讲到重点时,可加重语气或组织一连串的排比句,从不同侧面、不同层次来加以描述.当讲到关键时,突然减小音量、"轻声慢语"有时能收到意想不到的效果.如讲解"映射"概念"设 A 和 B 是两个集合,如果按照某种对应关系 f,对于集合 A 中的任何一个元素 a,在集合 B 中都存在唯一对应的一个元素 b,那么,这样的对应叫做集合 A 到集合 B 的映射"时,对其中的"任何一个""都存在""唯一"等关键词可加重语气,拉长声音,放慢速度,以吸引学生注意.

4. 虚拟细节,绘声绘色

叙述,是数学教学语言的最基本表达方式.在平淡的叙述中,巧妙地加入虚拟的细节,可使要叙述的事实更逼真、更形象、更吸引人.如,讲解"等比数列的前 n 项和"时,许多教师都会讲到皇帝奖励国际象棋的发明者的故事,作为课题的引入.如何使这个故事更吸引人呢?教师可在叙事中加入一些虚拟的细节.

锡拉是古代印度的皇帝,锡塔是传说中的六十四格国际象棋的发明者.皇帝要奖励锡塔的发明,金银财宝,由他自己任意选择.锡塔说:"民以食为天,我就要些麦子吧,万望陛下恩准."皇帝心想:这个傻瓜,放着贵重的金银珠宝不要,仅要些不值钱的麦子,我岂有不准之理!于是,说道:"好吧,随便你要多少吧!"锡塔说:"只要在六十四格棋盘上,第一格放一粒,第二格放两粒,第三格放四粒,第四格放八粒,以后每一格放的麦粒数都是前一格麦粒数的两倍,给到六十四格里应有的麦粒数就行了."皇帝听完,哈哈大笑:"这个要求也太低了!"立即吩咐侍卫官按锡塔的要求,计算出麦粒数,马上兑现,可等计算完毕,皇帝却大吃一惊……

5.身体语言,锦上添花

数学课堂中教师除了传统的课堂教学语言外,恰当运用身体语言,可收到事半功倍之效果.所谓身体语言,就是人们用面部表情和身体动作来表达情感的一种无声语言.恰当地运用它,不仅能淋漓尽致地表达自己的思想感情,也可使受话的人更加心领神会.

身体语言具有形象性,有助于学生接受.在教学中,鲜明地、恰如其分地运用身体语言,能使抽象的东西具体化,使学生得到最直观、最形象、最真切的感受,有助于集中学生的注意力,也便于学生理解和接受知识.例如,对于幂函数、指数函数、对数函数、三角函数等几种常见函数,在教学中,教师可以形象地用食指在空中画出两条互相垂直的直线表示直角坐标系的坐标轴,然后勾出函数图形的走势,引导学生记起其图象,那么相应的函数性质便会生动地展现在学生的头脑中,使学生不用死记硬背,很快收到事半功倍的效果.

身体语言具有暗示性,有助于调节学生的注意力.如,课堂上,个别学生精力分散、讲小话、搞小动作,教师用专注的目光、平静的表情,愠而不怒,虽然只有瞬间,却被学生读懂、理解,它胜过尖刻的语言,能灵活地调节课堂气氛,应付教学中的局部变故.

3.10 课堂教学中的幽默感

3.10.1 幽默感的重要性

苏联著名教育家斯维洛夫指出:"教育家最主要的,也是第一位的助手是幽默."苏联著名的教育家苏霍姆林斯基也指出:"如果教师缺乏幽默感,就会筑起一道师生互不理解的高墙:教师不能理解儿童,儿童也不理解教师."幽默是一种智慧,它常常给人带来欢乐.幽默在课堂教学中的主要表现为:教师讲课生动形象,机智诙谐,妙语连珠,动人心弦.一个生动形象的比喻,犹如画龙点睛,给学生开启智慧之门;一个恰如其分的幽默,如饮一杯清新的甘泉,让人浅斟细酌,回味无穷;一个富有哲理的警句,给学生以启迪和警醒.在这种课堂氛围中,学生心情舒畅,变被动接受为主动思考,真正把课堂当成精神乐园.那么,数学教师如何在课堂教学中提升幽默感呢?

3.10.2 幽默感的特征

幽默感具有"亲切感"和"出人意料"两个基本特征.所谓亲切感是指幽默感是一种特殊的

情绪表现,它是以亲切感为基础的,对人性化萌态的关照效果.所谓出人意料是指事件(笑话、身体运动、语言)之所以是幽默的,是因为它与我们的期待不一致,并引起瞬间的认知努力以解决感知到的失谐,一旦失谐得到解决,此情境便被感知为幽默.

3.10.3 幽默感在数学课堂教学中的应用

根据幽默感的基本特征,我们在课堂教学中可以通过笑话、故事、身体运动、语言等方面的亲切感及出人意料来提升幽默感,提升课堂吸引力.

1. 通过科学艺术的课堂教学语言,增强幽默感

(1)妙用比喻.

一般可以通过巧妙的比喻、朗朗上口的口诀等多种途径使数学课堂教学语言更显幽默风趣.如:有的老师在讲"指数方程和对数方程解法"时,把"换元法"简单地比喻成"打包";在应用等差数列通项公式 $a_n=a_1+(n-1)d$ 解决等差数列问题时,不失时机地启发讲解了公式 $a_n=a_m+(n-m)d$,并把它称为通项公式的"升级版";在讲解与函数 $y=x+\frac{k}{x}(k>0)$ 有关的问题时,根据该函数的图象与体育品牌"耐克"的商标形状很相似的特点,将形如 $y=x+\frac{k}{x}(k>0)$ 的函数称为"耐克"函数等,都收到了很好的效果.又如,在函数的学习中,学生经常忘记研究定义域,为了让学生理解为什么必须优先考虑定义域,可把求定义域比喻成扫地雷.试想地雷不扫就有生命危险,做题时扫地雷就成了非常重要的一步.再如,等差数列有一个性质,若数列 $\{a_n\}$ 为等差数列,其前 n 项和为 S_n,那么 $S_n,S_{2n}-S_n,S_{3n}-S_{2n}$ 也是等差数列.学生运用这一结论时,经常错用为"S_n,S_{2n},S_{3n} 成等差数列".为帮助学生避免错误,我们可以把这个性质比喻成一个"切面包性质":有一条长长的面包放在我们面前,现在我们要把它等长度(项数)切开,那么切后的每一块面包的长度(项数)都是相等的,它们的各项之和分别是 $S_n,S_{2n}-S_n,S_{3n}-S_{2n}$,这是一个新的等差数列.这个性质也可以称为"切面包性质".

(2)善用拟人.

拟人手法的最大效果是拉近心理距离,增加亲切感.

如,讲零向量时,可用零向量自述为切入点,用富有情感和亲切感的表达方式进行讲解和讲授.又如,在讲解排列数公式 $A_n^m=n(n-1)(n-2)\cdots(n-m+1)$ 的推导时,可把这个问题形象化成"抢座位",然后引领学生开动脑筋玩一场有趣的游戏,最后排列数公式在学生的笑声中被推导出来,当然也就能被牢固掌握.再如,许多学生对根的存在性定理总是不理解,于是可以给学生举这么一个例子:现在你拿一根绳子,当然是连续不断的,一头在 x 轴的上方,一头在 x 轴的下方,那么这条绳子肯定与 x 轴有交点.具体有几个交点呢?这就要看这条绳子的心情了.心情好时多扭几下,多几个交点;心情不好时就不扭了,直接上来或下去,就只有一个交点.

(3)引用"潮语"等学生熟悉的语言.

教师要特别善于学习,站到青少年的角度去思考问题,用他们喜闻乐见的形式去表达.如,活用广告语,"但大家好才是真的好"!引用流行语,对一个学习努力、表现突出的同学,说"YYDS".引用学生在其他科目的学习中熟悉的语句,如解题思路遇阻,可引用学生熟悉的英

语听力试听语言:"原来不是路到了尽头,而是该转弯了.路在脚下,更在心中;心随路转,心路常宽.学会转弯也是人生的一大智慧,因为挫折往往是转折,危机往往是转机."鼓励学生及时转换思路,迎难而上,解决问题.

(4)自编打油诗.

数学老师都知道,圆锥曲线是高中数学的难点,方法特殊,计算量大,许多同学都头疼.一位老师在一节圆锥曲线复习课的最后,给学生总结出打油诗(见前文),很好地激发了学生的兴趣,收到了良好的效果.

(5)来点冷幽默,一语双关.

一位数学老师上课时常习惯于对走神的学生说:"注意! 我要……了."一天,正讲解方程式,他发现又有同学精神不集中,于是拍案道:"注意,我要变形了!"众生精神为之一振,数十双眼睛炯炯有神地盯着他……

(6)开点有温度的玩笑.

学生回答问题时,有时候正确,有时候错误,教师要给予恰当的科学的评价.当他们回答正确的时候,可以来一句"你这么厉害,你家里人知道吗?"不但可以令他们捧腹大笑,还能够令回答问题的同学得到激励.当他们回答不准确的时候,可以让他们自行找同伴帮忙解答,在得到同伴的正确答案后说一句"你是猴子请来的救兵吗?"如此一来,不仅缓解了未回答出问题的学生的挫败情绪,还增进了同学之间的感情,同时也令他们对这些问题有了更深刻的理解,令数学课堂变得生动有趣,在轻松欢乐的氛围当中,提升了教学效率和学习成效.

2. 恰当运用肢体语言

数学教学中的肢体语言可以吸引学生的眼球.有研究资料表明,在信息的传递中说一句话,词语只表达了7%的内容,声音占38%,余下的55%则来自说话者的姿态、表情和动作.这些肢体语言,比如,面含微笑,用亲切的目光扫视教室的每一个角落,营造轻松和谐的教学氛围;面容舒展,用期待的目光注视每一个学生的眼睛;神色凝重,用严肃的眼神注视课堂上行为失序的学生;轻轻点头,给学生更多的鼓励与信任,都可以收到良好的效果.

教师要善于运用夸张、有趣的肢体语言,化解危机,化解尴尬,活跃氛围,提高学生学习积极性.教师的肢体语言要丰富多彩,表情随着问题的变化而变化.例如当遇到棘手的问题时,教师故意扮个鬼脸,表现惊诧;当问题柳暗花明时,可以爽朗一笑,声音激昂.

3. 引入幽默故事、经典诗词、典故,提升幽默感

(1)引入幽默小故事.

如一位老师讲解导数时,介绍了如下幽默小故事,对帮助学生理解"可导"概念起到不小的作用.有一位国外的教授(搞数学研究的)到我们学校访问,住在学校外宾招待所,他要走的时候,我问他对我们学校的印象如何,他说:"你们学校的招待所太差了,以后再也不敢住了!"我急忙问其原因,教授说道:"那吃饭的碗,碗口处处不可导,这哪是给人用的?"我听了,大笑,这教授比喻得还真形象!虽说是笑话,但是能加深学生对连续、可导概念的理解.

(2)引用古诗词和经典名言.

如,学生面对困难时,不是说教鼓励,而是引用《游褒禅山记》中的句子:"夫夷以近,则游者众;险以远,则至者少.而世之奇伟、瑰怪,非常之观,常在于险远,而人之所罕至焉,故非有志者不能至也."

教学基本不等式求最值时,有时需要合并化简,有时需要拆开,以达到可以凑出定值之目的,此时可以引用古文学中的名言"天下大势,分久必合,合久必分"来说明解题时合理变形的重要性.

当然,教师要明白幽默的语言只是我们教学的一个工具,它的作用是服务于教学,所以老师们千万不要为了追求幽默,博得学生一笑而故意东拉西扯,哗众取宠,最终偏离教学重点和难点.其次,要注意幽默语言的表达方式,老师不同于相声演员,不能故意编好剧本、抖包袱、插科打诨.教师的幽默应该是高雅的,轻松却不轻佻,辛辣但不刻薄,开怀大笑但不放浪形骸,诙谐中有深意,情理中有哲理.教师教学语言的幽默应具有深刻智慧,让学生在笑声中领悟教师的语言所蕴含的丰富知识和数学思想.

3.11 实现"深入浅出"的策略

3.11.1 深入浅出的含义

深入浅出是指文章或讲话内容深刻,语言文字却浅显易懂.

抽象性是数学学科的基本特点.由于其抽象性,数学成为一些学生感到困难、感到害怕的学科.如何帮助学生克服数学的抽象性带来的学习困难,是一个非常值得探讨的问题.

3.11.2 深入浅出的策略

1. 具体化策略

具体化策略将抽象的数学知识和数学问题具体化.举例子是实现具体化的常用途径.

如,求证:若对常数 m 和任意实数 x,等式 $f(x+m)=\dfrac{1+f(x)}{1-f(x)}$ 成立,则 $f(x)$ 为周期函数.

分析:注意到关系式 $f(x+m)=\dfrac{1+f(x)}{1-f(x)}$ 的结构与 $\tan(x+\dfrac{\pi}{4})=\dfrac{1+\tan x}{1-\tan x}$ 的结构类似,由此猜想 $f(x)=\tan x$ 是 $f(x)$ 的一个原型,又 $f(x)=\tan x$ 的周期为 π,恰为 $\dfrac{\pi}{4}$ 的 4 倍,故可以猜想 $f(x)$ 以 $4m$ 为周期.易证:$f(x+4m)=-\dfrac{1}{f(x+2m)}=f(x)$,可见 $f(x)$ 的确是以 $4m$ 为周期的周期函数.

2. 直观化策略

直观化常用的方法是引入代数表示的几何直观解释和借助实际模型理解抽象的几何关系.

引入代数表示的几何直观解释.数和形是数学研究的两个基本问题,数和形密不可分,数中有形,形中有数.充分借助数形结合,可以变抽象为直观.比如,学习基本不等式 $\sqrt{ab}\leqslant\dfrac{a+b}{2}$ ($a>0,b>0$)时,可以以长度为 $a+b$ 的线段为斜边作直角三角形,则斜边上的中线长为 $\dfrac{a+b}{2}$,

斜边上的高为$\sqrt{ab}$,由平面几何知识易得$\sqrt{ab}\leqslant\dfrac{a+b}{2}$.

借助实际模型理解抽象的几何关系.有些概念和知识本身的抽象性,会给学生的理解带来困难.为帮助学生克服困难,教师可以提供与之相关的直观模型,引导学生观察分析,强化理解.以立体几何学习为例,学生由于缺乏必要的空间想象能力,难以很好地理解空间各种位置关系.为降低抽象性,帮助学生克服理解障碍,教师可充分借助几何模型实物,讲解有关知识.如学习"两条异面直线所成的角"这一核心概念时,教师可充分借助正方体直观模型,让学生观察模型,找出12条棱中的异面直线,并说出彼此所成的角.此外,教师可以鼓励学生制作各种立体几何模型,还可以引导学生充分借助身边的实物思考问题,如用手中的笔当直线,用书当平面等.

3. 本质化策略

大道至简,越是本质的东西越是简单.数学课堂教学中,教师要善于通过讲解或有效引导,激发学生思考,帮助学生透过现象认识数学知识的本质.

通过揭示问题解决中的核心思想方法,实现本质化.中学数学的内容,追本溯源,都有本质的精简性、思想的朴实性,本源上都是自然且直观的.因此,把数学教得平易近人、精简实用应是数学教师的基本追求.如,推导等差数列$\{a_n\}$前n项和公式的核心思想是,用等差数列的性质"等差数列$\{a_n\}$中,当$m+n=p+q$时,$a_m+a_n=a_p+a_q$",将不同数求和化归为相同数求和,从数量关系上看是利用了"平均数"概念.进一步地,如果从等差数列的概念和通项公式出发,由于$S_n=na_1+d[1+2+\cdots+(n-1)]$,问题可化归为求$1+2+\cdots+(n-1)$.

通过讲道理实现本质化.数学教学既要讲推理,还要讲道理.要通过在学生自主探究基础上的有效讲解,使学生不仅知道数学知识的形式化的表达,并且把握数学知识的本质.

如:三角函数$y=A\sin(\omega x+\varphi)$的图象变换,是历届学生学习的难点.尤其从函数$y=A\sin\omega x$的图象变换为函数$y=A\sin(\omega x+\varphi)$的图象时,学生常对为什么是平移$\left|\dfrac{\varphi}{\omega}\right|$个单位而不是$|\varphi|$个单位不理解.任凭教师怎么强调,学生仍是照错不误.为什么呢?根源在于学生没有真正理解其中的道理.实际上,要突破这一难点,教师只需做如下简单讲解,使学生明白其中的道理:设平移前图象上点的横坐标为x_0,平移后图象上对应点的横坐标为x',由于这两点的纵坐标相等,不妨令$\omega x_0=\omega x'+\varphi$,则$x'=x_0-\dfrac{\varphi}{\omega}$,即平移前后对应点横坐标相差$\left|\dfrac{\varphi}{\omega}\right|$个单位.明白这一道理,这一难点自然突破.

再如:充要条件的学习中,必要条件的判断是学生的学习难点.调查表明:造成学生学习困难的原因,是学生不明白为什么"若$A\Rightarrow B$,则B是A的必要条件".要帮助学生理解这一难点,只需说明根据互为逆否命题的等价关系,"$A\Rightarrow B$"与"非$B\Rightarrow$非A"等价,即若"$A\Rightarrow B$"成立,一定有"非$B\Rightarrow$非A"成立,即无B就一定无A,因而B对A来讲不可缺少,即B对A来讲是必要的.

通过教师讲解揭示知识和方法的本质.数学教学中,教师要善于通过画龙点睛式的归纳提炼,向学生揭示知识和方法的本质,帮助学生提升认识的深度.如:函数的本质是对应;导数的本质是瞬时变化率;求动点轨迹的实质是求出动点横坐标与纵坐标的关系;求圆锥曲线中参数范围问题的本质方法只有不等式法和函数法,二者又可以进行转化,具有密切的联系.

4. 通俗化策略

课堂教学中的信息传递,大部分是通过教师的语言进行的.所以,实现数学课堂教学的深入浅出,必然需要从优化课堂语言入手.通过通俗的、学生易于接受的教学语言,可以达到深入浅出之目的,进而提升学生的学习效果.恰当运用比喻、拟人、夸张等修辞手法,丰富语言表达,使语言更生动.

5. 生活化策略

数学源于生活,回归生活.因而,联系学生生活实际,是实现数学教学深入浅出,促进学生对数学知识的理解的有效途径.如:对高一刚进校的同学讲集合的列举法时,可要求他们将他们班的任课教师的姓名一一列举出来;讲交集概念时要求他们说说演艺圈的多栖明星;讲函数的增减性时与他们的登山经历相联系;讲函数应用时介绍股市 K 线图、心电图;讲统计时让学生们调查学校食堂学生的用餐情况,等等.

6. 简单化策略

复杂源于简单.对于综合程度较高的问题,脱离学生的最近发展区,是造成学生学习困难的原因之一.对于此类原因造成的学生学习难点,可以通过设计从学生最近发展区起步的若干层层递进的问题,引导学生逐个思考解决这些问题,达到对原问题的解决,从而突破学习难点.

如,三角函数学习中,将 $a\sin x+b\cos x$ 化为 $A\sin(\omega x+\varphi)$ 的形式是学生的学习难点.为突破这一难点,可设计如下递进的阶梯问题,引导学生逐步解决,最终掌握一般情形的变形方法.

问题 1:求证 $\cos x+\sqrt{3}\sin x=2\sin(x+\dfrac{\pi}{6})$.

问题 2:将 $\dfrac{\sqrt{2}}{2}\sin x+\dfrac{\sqrt{2}}{2}\cos x$ 化为 $A\sin(\omega x+\varphi)$ 的形式.

问题 3:将 $\sin x+\cos x$ 化为 $A\sin(\omega x+\varphi)$ 的形式[有了问题 2 作基础,学生不难想到 $\sin x+\cos x=\sqrt{2}(\dfrac{\sqrt{2}}{2}\sin x+\dfrac{\sqrt{2}}{2}\cos x)$].

问题 4:将 $a\sin x+b\cos x$ 化为 $A\sin(\omega x+\varphi)$ 的形式[可由问题 3 的解答过程,引导学生作 $a\sin x+b\cos x=t(\dfrac{a}{t}\sin x+\dfrac{b}{t}\cos x)$ 的变形,为将此式化为 $A\sin(\omega x+\varphi)$ 的形式,只要使 $\dfrac{a}{t}=\cos\varphi$,$\dfrac{b}{t}=\sin\varphi$ 即可,于是就有 $\dfrac{a^2}{t^2}+\dfrac{b^2}{t^2}=\cos^2\varphi+\sin^2\varphi=1$,从而 $t^2=a^2+b^2$.取 $t=\sqrt{a^2+b^2}$ 得 $a\sin x+b\cos x=\sqrt{a^2+b^2}(\dfrac{a}{\sqrt{a^2+b^2}}\sin x+\dfrac{b}{\sqrt{a^2+b^2}}\cos x)=\sqrt{a^2+b^2}\sin(x+\varphi)$,其中 $\cos\varphi=\dfrac{a}{\sqrt{a^2+b^2}}$,$\sin\varphi=\dfrac{b}{\sqrt{a^2+b^2}}$].

7. 结构化策略

联系即结构.揭示知识之间的内在联系,通过彼此联系,促进理解,可实现深入浅出的教学.如,"两角和与差三角函数"部分的特点是公式多而杂,许多学生在学习中,觉得知识杂乱、无条理,感到十分困难.实际上,该部分尽管公式多,但都联系紧密,教学中,若能引导学生认识这些公式的内在联系,分清主次,则可大大减轻记忆负担,克服学习困难.具体来讲,可向学生做如下说明:该部分所有公式中,$C_{\alpha+\beta}$是基本公式;在$C_{\alpha+\beta}$中将β换成$-\beta$可得$C_{\alpha-\beta}$;应用$\sin\alpha=\cos(\frac{\pi}{2}-\alpha)$,由$C_{\alpha+\beta}$,$C_{\alpha-\beta}$分别可推得$S_{\alpha\pm\beta}$;由同角三角函数基本关系可推得$T_{\alpha\pm\beta}$……

3.12 怎样使数学课富有逻辑

3.12.1 逻辑的基本含义

所谓逻辑,是指思维的规律和规则.所谓数学课堂有逻辑,是指数学课堂教学得遵循一些基本的规律和规则.

培养思维能力是数学教学的重要任务之一,逻辑思维能力是最重要的思维能力.要想在课堂教学中培养学生的逻辑思维能力,首先得要求数学课堂是有逻辑的.

3.12.2 上有逻辑的数学课的策略方法

1. 教材处理有逻辑

教材处理有逻辑,包括两个方面的含义.

一是整体地理解和处理核心知识.数学中的一些知识点、概念和思想方法,在教材编排中是逐步渗透、逐步发展完善的.具体实施教学时,需要整体把握教材.如概念教学,要注意将概念置于整个中学课程体系中,要前思后想,要前后联系,要梳理它在不同学段之间的联系.以曲线的切线教学为例,平面曲线的切线教学经历了三个阶段:①初中定义圆的切线方程;②圆锥曲线的切线方程;③通过曲线的切线引入导数的定义,再反过来通过导数求曲线的切线.这三个过程是一种由浅入深、由低到高的循序渐进的过程,是一个有机的整体,教学中要予以整体把握.

二是按学生学习能力和认知结构进行教材处理.学情是一切教学的出发点,教材处理要充分尊重学情,对教材进行大胆加工(取舍与改变顺序),以期最大限度地适应学生实际.如,对教材中的一些较难的知识点或习题,可以通过分解为若干简单知识点或简单小题的方法,降低难度,化解学生的学习难点.

如,已知抛物线$y^2=2px(p>0)$,过焦点的直线与抛物线交于A,B两点,经过点A和抛物线顶点的直线交准线于点Q,求证:$BQ//x$轴.该习题难度较大,教学中可将问题做如下分解,引导学生逐步解决后,即可获得原问题的解决.

问题1:已知抛物线$y^2=2px(p>0)$,过焦点的直线与抛物线交于A,B两点,它们的纵坐标分别是y_1,y_2求证:$y_1y_2=-p^2$.

问题2:已知抛物线$y^2=2px(p>0)$,过通径A,B的端点B作$BQ//x$轴,交准线于Q点,求证:A,O,Q三点共线.

问题3:已知抛物线$y^2=2px(p>0)$,过焦点弦AB的端点B作$BQ/\!/x$轴,交准线于Q点,求证:A,O,Q三点共线.

2.课题引入有逻辑

课题引入有逻辑,包括两个方面的含义.

一是讲清楚"为什么学"的问题,激发学生的好奇心和求知欲.如引入"导数在不等式中的应用"这一课题时,要讲清楚为什么可以用导数研究不等式.事实上,导数的正负影响函数的单调性,由函数的单调性研究函数的极值和最值,极值和最值本身是一组不等的概念,故借助导数方法研究不等式问题是一件自然而然的事情,并不突兀.

再如,高中平面向量的引入.为什么要学习向量?为什么物理学中的矢量有三要素,而平面向量只有两要素?其逻辑在于数学是物理的抽象,具体物理背景需要明确力的作用点,而抽象的数学不关心这一点.

二是从学生的最近发展区设计问题,引入新知.在学生的最近发展区提出一个学生运用以前的知识无法解决的问题,进而引出新内容,是教学的常用方法.如,条件概率的引入.

问题1:现有标号分别为1,2的两个坛子,1号坛子里装有5个白球、2个黑球,2号坛子里装有4个白球、3个黑球.甲、乙两人分别从1号坛子和2号坛子里随机摸出一个球.记"甲摸出黑球"为事件A,"乙摸出黑球"为事件B.①分别求$P(A),P(B)$.②可以直接由$P(A)$,$P(B)$求出$P(AB)$吗?为什么?〔学生思考回答,教师指出"当且仅当事件A,B相互独立时,才有$P(AB)=P(A)P(B)$.所谓事件相互独立,直观上就是一件事情发生与否,不影响另一件事情发生的概率".〕

问题2:现有一个坛子,里面装有6个白球、3个黑球,甲、乙先后分别从坛子里随机摸出一个球.记"甲摸出黑球"为事件A,"乙摸出黑球"为事件B.事件A,B相互独立吗?$P(AB)=P(A)P(B)$吗?(从直觉上判断等式不成立即可)

教师:两个事件不独立时,两个事件同时发生的概率不等于它们各自发生的概率之积!这个时候,又该如何计算两个事件同时发生的概率呢?带着这个问题,我们一起来学习新的知识:条件概率.

3.课堂演绎有逻辑

课堂演绎应该是自然的,体现教学内容的内在逻辑联系,层层递进,一环扣一环,自然生成,自然发展,而不是人为规定.课堂演绎有逻辑,包括两个方面的含义.

一是把握课堂的整体结构,注重一般观念的渗透.所谓一般观念,是能够统领学科知识和方法的核心观念.渗透一般观念,是培养学生思维能力和分析问题、解决问题能力的需要.如,函数是高中数学的核心知识,既要关注具体知识的教学,更要注意渗透研究函数性质的一般观念和方法.再如,通过异面直线所成角的教学,讲清楚为什么规定异面直线所成角的范围为$\left(0,\frac{\pi}{2}\right]$有助于学生理解数学概念规定的简洁性和唯一性要求.

二是设计好前后过渡.可通过揭示上一环节教学内容与下一环节教学内容的内在联系,实现教学环节的自然过渡.如:可用如下过渡语实现从二项式定理到二项式系数的性质的过渡.

我们已经学习了二项式定理,知道了任意两数a,b的和的n次方的展开式$(a+b)^n=C_n^0a^n$

$+C_n^1 a^{n-1}b^1 + C_n^2 a^{n-2}b^2 + \cdots + C_n^r a^{n-r}b^r + \cdots + C_n^n b^n$,利用这一定理可以解决任意两数和的 n 次方的展开问题. 将定理中的具有一般意义的字母 a,b 赋予特定的值,可以得到一些十分有价值的结果. 比如:令 $a=1,b=1$,由二项式定理可得:$C_n^0 + C_n^1 + C_n^2 + \cdots + C_n^r + \cdots + C_n^n = 2^n$. 这说明,一个二项展开式中各项系数和为 2^n,这是二项式系数的一个重要性质. 你还能将字母 a,b 赋予其他的具体的值,得到二项式系数的其他性质吗?

4. 问题设计有逻辑

问题设计有逻辑,包括两个方面的含义.

一是引导学生洞察提出问题的可解性. 为什么可以提出"在三角形中,已知 a,b,C 求 c"这一问题? 根源在于由"SAS"可唯一确定三角形,故可求可确定. 为什么要用 $P(AB),P(A)$ 表示条件概率? 其一,用已知概率表示未知概率;其二,不受样本空间的限制.

二是设置层层递进的问题串,促进新知的发现和理解. 如,对极值概念的理解,可设计如下问题串,引导学生在思考中理解极值概念.

问题 1:一个函数,可能有多少个极小值点? 极大值点呢?

问题 2:极大值一定大于极小值吗?

问题 3:导数为 0 的点一定是极值点吗?

问题 4:一个点为函数的极大(小)值点,要具备哪些条件?

问题 5:求函数的极值的一般步骤有哪些?

5. 知识教学有逻辑

知识教学有逻辑,包括三个方面的含义:不仅教是什么,更要教从哪里来;不仅要教是什么,更要教为什么;不仅教零碎的知识,更教知识之间的联系.

一是不仅教是什么,更要教从哪里来. 要通过新知发现的教学,教会学生探究、类比、归纳、演绎、对比等思考方法,使学生不仅获得新知识,更学会思考和解决问题. 如:进行"双曲线的简单几何性质"教学时,可在师生共同回顾椭圆 $\frac{x^2}{a^2} + \frac{y^2}{b^2} = 1$ 的几何性质的研究方法和步骤的基础上,引导学生类比研究双曲线的相应的几何性质.

二是不仅要教是什么,更要教为什么. 学生学习,要强调不仅知其然,还要知其所以然. 数学教学要讲道理,要让学生不仅知道是什么,更要让学生知道为什么. 特别是对教材中规定知识的教学,教师容易"一带而过",导致教学简单化,不利于学生理性思维能力的培养. 此方面的问题,应引起教师注意. 如,教学排列、组合时,教材介绍阶乘的概念后,提到"0! =1"这种规定,其实也是有道理的. 最简单的解释是:我们知道 $A_n^m = \frac{n!}{(n-m)!}$,为使该式在 $n=m$ 时仍然成立,我们就得约定 0! =1.

三是不仅教零碎的知识,更教知识之间的联系. 既要一个一个知识点地教,更要在发现知识的内在联系中教.

如,普通高中数学教科书(人教社 2019 版)选择性必修第二册的几个不等式,$1-\frac{1}{x} \leq \ln x$ $(x>0)$(P94),$x-1 \geq \ln x (x>0)$(P94 练习 2),$e^x > 1 + x (x \neq 0)$[P99 第 12 题(1)]分散在教材的不同地方,教学时可以把它们放在一起学习. 实际上,借助简单代换,这几个不等式是可以互相推出的.

6. 问题解决有逻辑

问题解决有逻辑,包括两个方面的含义.

一是紧扣问题解决的逻辑起点——核心概念.为什么可以用基本不等式求函数最值?为什么要强调"一正""二定""三相等"?这都是最值定义的自然要求.从函数最值概念理解,用不等式求最值是再自然不过的事情了.

二是通过实施转化,凸显问题解决的演绎逻辑.由等差数列的求和公式推导的内在本质:通过化不同加数为相同加数,将不同加数的求和问题转化成相同加数的求和问题,使得加法可实施、可操作.等比数列怎么办?

如,面对问题:若数列$\{a_n\}$满足$a_1=1, a_n+a_{n+1}=\left(\dfrac{1}{4}\right)^n (n\in \mathbf{N}^*)$,设$S_n=a_1+4a_2+4^2a_3+\cdots+4^{n-1}a_n$,类比课本中推导等比数列前$n$项和公式的方法,求$5S_n-4^na_n$.

实测表明,这道题对学生来讲,是一道难题!为什么呢?原因就在于学生对错位相减法的道理的理解不深刻!

怎样解决呢?实际上,我们只要想一想错位相减法的道理,通过在S_n表达式两边同时乘以等比数列的公比(或其倒数),将不可求和的式子转化为可以求和的式子,从而得解,就不难得到如下解法:

$$S_n=a_1+4a_2+4^2a_3+\cdots+4^{n-1}a_n, \quad (1)$$
$$4S_n=4a_1+4^2a_2+4^3a_3+\cdots+4^na_n, \quad (2)$$

(1)+(2)得

$$5S_n=a_1+4(a_1+a_2)+4^2(a_2+a_3)+\cdots+4^{n-1}(a_{n-1}+a_n)+4^na_n,$$

由已知得$4^n(a_n+a_{n+1})=1$,故

$$5S_n=a_1+1+1+\cdots+1+4^na_n, (共有 n-1 个 1)$$

又已知$a_1=1$,所以$5S_n-4^na_n=n$.

7. 小结归纳有逻辑

教学小结,不能仅仅停留在具体知识的复述上,而应从知识、方法到思想,层层进阶,形成结构,逐级升华,不断优化学生的思维.

如三角函数二倍角余弦公式的教学小结.

知识:一个公式,两种形式.

方法:正用展开,逆用合并,变用升幂、降幂.

思想:本质是转化——化复杂为简单,化高为低,化多为少,化未知为已知,体现了解决问题的最本源思维,对培育学生的抽象概括素养,增进学生对知识本质的认识,有不可估量的作用.

3.13 学习动机的激发

3.13.1 学习动机的含义

学习动机是指引发与维持学生的学习行为,并使之指向一定学业目标的一种动力倾向.

它包含学习需要和学习期待两个成分,根据不同标准可以划分为不同类别.不同心理学家从不同角度对学习动机进行了阐释,主要包括强化理论、归因理论、需要层次理论、成就动机理论、自我价值理论、自我效能感理论等.激发和培养学习动机的策略主要有采用启发式教学、控制动机水平、给予恰当评定、维护学习动机、正确处理竞争与合作等.

3.13.2 激发学生学习动机的方法

1. **通过数学之用激发学习动机**

实践表明:"使学生认识到所学知识是有用的"是激发学生学习动机最有效的办法.随着现代科技和社会的发展,数学的触角已伸到自然科学、社会科学和日常生活的角角落落,使"人人学有用的数学"成为可能.通过数学之用激发学习动机要做到:尽量用生活实例创设情境;努力寻找数学知识在现实生活中的模型;科学编制应用题;大力开展研究性学习;走出去,用数学知识解决现实问题等.

数学来源于生活,生活充满着数学.数学教学中,应重视引导学生从生活实例中感悟数学方法,培养学生运用所学的知识解决实际问题的能力.如在教学了等比数列求和问题后,让学生调查解决分期付款问题;学习完分期付款中的有关计算后,安排学生到房产公司及银行收集相关资料,进行数据分析,通过详尽列式计算解析还贷过程中的每一个步骤,了解购房者在还贷过程中的账目细则,以及房产公司和银行在其中的赢利情况,从而对此实际生活中的常见经济事件有进一步的数学上的正确认识.学习了导数后,引导学生探究为什么易拉罐做成圆柱形而不做成其他形状.学习概率后,让学生计算各种彩票的中奖概率,让学生研究抽签先后是否公平.学习双曲线定义和方程后,引导学生解决确定爆炸点问题.学生在具体问题的解答中,领悟了数学方法,认识了数学的巨大应用价值,其学习数学的热情必然更加高涨.

2. **通过数学之美激发学习动机**

凡是美的事物,都会使人产生愉悦的心理感受,从而使效率大增.数学作为一门独特的学科,有着许多独特的、引人入胜的美,如对称美、简洁美、和谐美、逻辑美等.数学课堂教学中,教师如能善于挖掘数学美,并及时引导学生欣赏数学美、品析数学美、应用数学美,则可使数学课堂在冷静中散发着趣味的芳香,让数学课堂令学生神往与陶醉.如在学习直线方程的两点式 $\dfrac{y-y_1}{y_2-y_1}=\dfrac{x-x_1}{x_2-x_1}$、截距式 $\dfrac{x}{a}+\dfrac{y}{b}=1$,以及椭圆的标准方程 $\dfrac{x^2}{a^2}+\dfrac{y^2}{b^2}=1(a>b>0)$ 和双曲线的标准方程 $\dfrac{x^2}{a^2}-\dfrac{y^2}{b^2}=1(a>0,b>0)$ 时,引导学生体会数学的和谐美、对称美、简洁美.

数学之美,无处不在,只要我们做有心人,就一定会使我们的数学课堂充满美,从而使课堂充满趣味.

3. **通过明确学习目标激发学习动机**

目标是预期的学习结果.教学目标是设计教学过程、选择教学方法和安排师生活动方式的依据,是测量与评价教学结果的依据.清晰而具体化的目标能有效地指导学生的数学学习.课堂教学中,学生注意力不够集中,常常是目标不明确所致,因此及时明确学习目标,就成为提高学生注意力的重要途径.教师可以在课堂教学开始时,先向学生揭示本节课的学习目标

(包括共性的和个性的),让学生根据自己的实际情况,设计自己的个性的学习目标.这样带着目标和任务去学习,学生的注意力就会得到极大的提高.也可以在课堂小结时,进一步强调要达到的学习目标.

如,学习独立重复试验与二项分布可适时揭示如下目标.

(1)能正确判断重复随机试验是否为独立随机试验;

(2)通过几个具体实例归纳概括出二项分布的模型,并能运用其判断具体的概率分布是否为二项分布;

(3)在得出二项分布模型的过程中,体会从特殊到一般的归纳方法.

上述目标指向学生的学习结果,用清晰的语言表述学生在学习后会进行哪些判断,会做哪些事,掌握哪些技能,或会分析、解决什么问题等,十分有助于激发学生的学习动机.

4. 通过创造成功机会激发学习动机

苏霍姆林斯基说:"请记住,成功的乐趣是一种内在的情绪力量,它可以促进时时学习的愿望.请你记住,无论如何,不要使这种内在力量消失,缺乏这种力量,教育上的任何措施都是无济于事的."其实,每个学生都渴望成功,成就感又会提升学生的学习兴趣和动机.

数学教师要善于创造学生成功的条件,要让每一个学生都获得成功的机会,并且及时给予肯定.教师在课堂提问中要善于因材施教,关注学生的不同层次,让不同的学生回答不同的问题;精心设计不同层次的习题,供学生选择完成.总之,要尽量使学生在成功的体验中增强学习的兴趣,成为学习的主人.

5. 通过精心创设情境激发学习动机

只有当学习内容对学生具有潜在意义且学生具有有意义学习心向时,有意义学习才能发生.如何使学生对即将开始的新课具有有意义学习心向呢?要尽可能通过具体丰富的实例或巧妙的问题创设引人入胜的教学情境,使学生认识到即将开始学习的新知识在数学发展或日常生活中的重要性,或者新课的学习是数学发展的必然需要.如,学习数系的扩充由一元二次方程的根的存在性入手,讲圆锥曲线从展示生活中的丰富多彩的圆锥曲线的美和应用入手,讲三角函数由匀速圆周运动入手,讲概率论由街头赌博故事入手等,都能很好地激发学生的学习动机.

6. 通过渗透数学历史激发学习动机

《普通高中数学课程标准(实验)》指出:"数学是人类文化的重要组成部分.数学课程应适当反映数学的历史、应用和发展趋势,数学对推动社会发展的作用".数学课堂教学中,恰当地融入一些数学的历史,可使学生认识到数学发展的轨迹,体会到数学家克服困难的科学精神,从而自觉地以数学家为榜样,强化个人的学习动机.

如:通过介绍我国古代数学的巨大成就和当今在一些方面的落后,使学生认识到"国家兴亡,我的责任";通过介绍数学家锲而不舍、投入科学的献身精神,使学生明白任何成功的背后,都凝聚着艰辛和汗水;通过介绍数学在生产、生活及现代科技发展中的巨大作用,使学生认识到数学应用无处不在.

7. 通过开展竞赛活动激发学习动机

青少年争强好胜,不甘落后.利用这一心理特点,课堂教学中适时组织个人与个人、小组与小组的竞赛,可以提高学生的注意力.如数列概念教学中,由数列的前若干项,写出数列的一个通项公式,是学生要掌握的重要内容,这种问题运算量小,思维量大,为提高教学效率,可以由教师先出示以下由数列的前四项找通项公式的问题——① $1,3,5,7$;② $-\frac{1}{1\times 2},\frac{1}{2\times 3},-\frac{1}{3\times 4},\frac{1}{4\times 5}$;③ $\frac{1}{2},-\frac{4}{9},\frac{3}{8},-\frac{8}{25}$,开展比一比,看谁找得最快的竞赛.

再如,习题课教学中,可让学生以小组为单位,研究讨论综合问题的解法,比一比,看哪个小组最先解决,看哪个小组的解法最多,看哪个小组的解法最漂亮.

8. 通过提出挑战问题激发学习动机

问题是实施数学课堂教学的中介.实践表明,问题的难易程度直接影响学生的注意力:问题太易,学生不费吹灰之力就可以轻松解决,会使其思维倦怠,降低注意力;问题太难,学生望尘莫及,会使其心理感受巨大的挫折,同样会降低其注意力.正确的做法是:让学生踮起脚尖可以摘到桃子——提出对学生有一定挑战,而学生经过自己或小组努力可以解决的问题,让学生经历自主探索和合作交流,体验问题的解决过程,发现自身潜力,增强自信心,提高注意力.

3.14 提高学习兴趣

3.14.1 兴趣的基本含义

兴趣是认识某种事物或从事某种活动的心理倾向,它是以认识和探索外界事物的需要为基础的,是推动人认识事物、探索真理的重要动机.兴趣包括人的爱好,当人的兴趣不是指向对某种对象的认知,而是指向某种活动的时候,人的兴趣便成为人的爱好了.兴趣和爱好都和人的积极情感相联系,培养良好的兴趣和爱好是推动人努力学习、积极工作的有效途径.

3.14.2 兴趣的重要性

"兴趣是最好的老师".教学实践表明,对所学学科感兴趣的程度直接决定学生学习这一门课的效果,只有当学生对所学学科充满兴趣时,他才会克服重重困难,乐此不疲,将学习视为一种享受,从而取得满意的学习效果.课堂是学生学习最重要的时空间,一门课的教学效果如何,直接取决于学生在课堂上对该科目的兴趣大小.因而,可以说,激发学生的学习兴趣应成为课堂教学中教师各项工作的出发点和归宿.

3.14.3 激发学生学习兴趣的常用方法

1. 引发需要法

通过创设愤悱情境,激发学生的求知欲望.如:引进对数概念之前,先让学生回忆学过的各种运算,讨论这些运算之间的互逆关系.对于 $a^b=N(a>0,a\neq 1)$,当学生总结出开方运算是乘方运算的逆运算时,引导他们注意到,已知幂 N 和底数 a,求指数 b 的运算是否可作为乘方的逆运算呢？这样既整理了已经学过的各种运算的关系，又发现了目前还缺少一种运算，怎么定义这种运算呢？这时学生心理上处于一种"欲求而尚未得"的愤悱状态，教师利用这个时机，引入对数的概念及其运算法则，会收到很好的效果．

2．设美赏美法

学过数学的人，常常会感到数学具有某种魅力，能吸引人，常常会出现愈学愈爱学，对题目越做越想做的情境，有的人甚至到了欲罢不能的地步，这正是由于数学自身存在着"美"，惹人喜爱，令人神往．事实上，数学具有几何图形的对称美、数学结构的寓意美、数学逻辑的推理美和数学习题的演算美．数学之美，能唤起学生学习数学的好奇心，并逐步感受美、欣赏美、鉴别美、创造美，从而激发对数学学习的兴趣．因而，课堂教学中要结合教材展示数学美，引导学生欣赏数学美．

3．体验成功法

教育心理学的研究和教育实践都证明：学生在数学学习中不断地取得成功，会带来内心无比快乐和自豪的感觉，从而产生对学习的亲切感，这有助于激发学生进一步学习数学的兴趣．因此，数学课堂教学中要给予学生充分的表现机会，关注他们在学习活动中的闪光点，并给予及时、诚恳、恰如其分的鼓励和表扬．

4．联系实际法

结合所学内容，联系数学在社会生活中的应用，也能激发学生学习数学的兴趣．如：用数学结论解决地砖图案问题；用数学知识解决无盖容器容积的最值问题；用数学思想解释摸彩游戏的中奖率；用数学方法计算购房贷款每年应偿还的金额数．

5．融会贯通法

数学知识是一个有机的整体，其各部分之间有着诸多的内在联系，引导学生在学习中将学过的知识纵横联系起来，互相沟通，适度引申，有助于保持其对数学学习的兴趣．

如，已知 $a\cos\alpha+b\sin\alpha=c, a\cos\beta+b\sin\beta=c$，其中 $\alpha-\beta\neq 2k\pi, k\in \mathbf{Z}$．

求证：$\dfrac{a}{\cos\dfrac{\alpha+\beta}{2}}=\dfrac{b}{\sin\dfrac{\alpha+\beta}{2}}=\dfrac{c}{\cos\dfrac{\alpha-\beta}{2}}$．

乍看此题，是一道三角条件等式的证明题，证明中免不了烦琐的代换且不易成功．学生若能根据所给条件，认真观察分析，会发现点$(\cos\alpha,\sin\alpha)$和点$(\cos\beta,\sin\beta)$在直线 $ax+by=c$ 上，而由直线的两点式方程，又得到该直线的另一个方程为：$\dfrac{y-\sin\alpha}{\sin\alpha-\sin\beta}=\dfrac{x-\cos\alpha}{\cos\alpha-\cos\beta}$．容易想到同一条直线的两个方程的对应系数成比例，进一步化简便可得到结论．这种证法，融三角、直线、方程等知识于一体，思路简洁、清晰、灵活，可使学生体会到解题的趣味，从而提高学习兴趣．

6．挑战问题法

根据学生实际，提出对学生而言具有挑战性的问题，引导学生探讨解决，可充分挖掘其潜能，激发其学习积极性．如，讲了函数极限的定义，可设计如下的开放性问题，供学生思考解答．

写出符合下列条件的函数:
(1)当 $x \to \infty$ 时,函数的极限是 1;
(2)当 $x \to -\infty$ 时,函数的极限存在,但当 $x \to +\infty$ 时,该函数的极限不存在;
(3)当 $x \to -\infty$ 时,函数的极限存在,且 $x \to +\infty$ 时,极限也存在,但 $x \to \infty$ 时,极限不存在.

7. 数学史料法

实践表明:丰富的数学史料,有助于激发学生对数学学习的情感,从而产生学习数学的兴趣.教学中可结合教学内容介绍相关的史料,以激发学生的学习兴趣.如:可结合二项式定理的学习介绍杨辉及杨辉三角形,介绍我国古代数学的巨大成就;结合极限与导数的学习,介绍牛顿和莱布尼茨在微积分的创建中的杰出贡献.

8. 巧思妙解法

"数学是思维的体操",处处闪耀着人类的智慧之光,许多问题的思考和解法,令人拍案叫绝.课堂教学中经常有意识地介绍一些巧思妙解,可优化学生的思维,极大地调动学生的学习积极性.

9. 数学实验法

数学实验是指为了探究数学知识、发现数学结论或假设而进行的某种操作、试验或思维活动.如:在"逻辑联结词"教学中,对"或""且""非"和"真值表"的理解引入物理中的串联、并联实验电路,学生学得轻松并能深刻理解概念、牢固掌握知识,同时有助于培养学生数学学习的兴趣和科学探索精神.

10. 突出过程法

教学实践表明:课堂教学中突出知识发生、发展过程,并且让学生深入参与其中是提高学生学习兴趣的好办法.

例如:在"直线与平面所成的角的概念"的教学中,如果教师只是直接告诉学生"平面的一条斜线和它在平面上的射影所成的锐角,叫做这条直线和这个平面所成的角",然后要求学生记住该概念,再配以一定量的习题供练习巩固,那么,学生由于不清楚"为什么要定义这么一个'角'",不明白"为什么要这样定义这个'角'",在整个学习过程中,就像一架学习的机器,只是被动记忆、模仿,心理上就会产生烦躁和焦虑,毫无兴趣和快乐可言.

但如果按下面的教法设计,教师首先创设情境,向学生提出一系列问题:
(1)给定的一条直线与一个平面斜交时,如何准确刻画直线与平面的位置关系?
(2)如何找到刻画这一位置关系的量?
(3)能否将这种关系用直线和直线的位置关系描述?
(4)平面内与直线相关的哪条直线是确定的?

经过师生的共同探究,最后得出"直线与平面所成的角"的定义,并由学生用自己的语言表述出来.学生由于亲自参与了这一概念的形成过程,作为认知活动的主体受到尊重,感受到了数学概念的简洁与严谨美,体验到了"学习的主人"的欢乐,自然会学习热情高涨,对知识的理解更为深刻、记忆更为牢固,从而极大地激发学习数学的兴趣.

11. 媒体辅助法

多媒体具有集声、光、色、电于一体,对人的感官产生多方刺激的作用,通过多媒体,呈现优美画面,给人以视觉享受,可增强学生的愉悦感,提高学习热情. 如学习圆锥曲线时,可充分借助多媒体展示平面以不同角度截圆锥所得截面的不同形状.

12. 教法交替法

课堂上,要根据教材和学生实际,以及各个教学环节的需要,采用灵活多样的教学方法,比如使用观察、实验、谈话、讲解、问答、练习等方法,使学生不断感受新的"刺激",从而达到激发其学习兴趣之目的.

13. 精心设疑法

著名教育家苏霍姆林斯基说:"惊讶感情——是寻求知识的强大源泉."精心创设质疑情境,可有效地激发学生的学习热情.

例如,在学习对数函数时,可先出示如下新奇问题,让学生探究问题出在哪里.

求证:$2>3$.

证明:$\because (\frac{1}{2})^2 > (\frac{1}{2})^3$,

$\therefore \lg(\frac{1}{2})^2 > \lg(\frac{1}{2})^3$,

$\therefore 2\lg\frac{1}{2} > 3\lg\frac{1}{2}$,

$\therefore 2 > 3$.

14. 满足需要法

实践表明,学生对于自己关心的问题(如学习中的重点、难点、疑点)更感兴趣,因此课堂教学中要关注学生的需求,想学生之所想,讲学生之所想,针对学生要求,满足学生需求,增强教学的针对性,提高教学效果.

15. 角色换位法

学生在学习中的主体作用,体现在认知活动的主动参与上. 课堂教学中对课本中的部分习题和较简单的内容,可以让学生讲,由于每一个学生的讲课风格不同,学生都用好奇且欣赏的眼光去听课,可充分调动学生的学习积极性和主动性. 此外,还可以让学生自己动手编制考试题,同学之间交换完成.

3.15 提高学生注意力

3.15.1 注意力的含义

"注意"是一个古老而又永恒的话题. 俄国教育家乌申斯基曾精辟地指出:"'注意'是我们心灵的唯一门户,意识中的一切,必然都要经过它才能进来."注意是指人的心理活动对外界一定事物的指向和集中. 具有注意的能力称为注意力.

3.15.2 提高学生注意力的方法

数学教学是师生双边活动的过程.学生是课堂学习的主体.数学课堂教学的效果如何,从根本上说,取决于学生在课堂上能否将自己的注意力尽可能集中在参与教学活动上.实际上,许多课堂教学效果之所以低下,学生的注意力不够集中,是重要原因.学生注意力不集中,既有学生自身的原因,更与教师直接相关.为提高课堂教学的效果,教师首先应采取切实措施,增强课堂对学生的吸引力,使学生尽可能将注意力集中在课堂上.那么,课堂教学中,如何提高学生的注意力呢?

1. 明确目标法

目标是方向,目标是动力.生活实践表明:无论做什么事,目标都是十分重要的.课堂教学中,学生注意力不够集中,常常是目标不明确所致,因此及时明确学习目标,就成为提高学生注意力的重要途径.教师可以在课堂教学开始时,先向学生揭示本节课的学习目标(包括共性的和个性的),让学生根据自己的实际情况,设计自己的个性的学习目标.这样带着目标和任务去学习,学生的注意力就会得到极大的提高.也可以在课堂小结时,进一步强调要达到的学习目标.

2. 放手参与法

在许多情况下,学生注意力不集中,教师负有很大的责任.许多教师在课堂教学中作风不够民主,教学观念陈旧,常常是教师一言堂,该学生完成的事情,教师都包办代替了.如此情况下,学生只能被动接受,有时甚至是无所事事,怎么可能集中注意力呢?因此,要提高学生的注意力,教师一定要真正树立学生是学习的主体的意识,充分尊重学生的主体地位,该学生完成的事情(如概念的抽象、归纳过程,问题的探究解决过程)一定要放手交给学生去完成.

3. 激发动机法

不少学生课堂上注意力不集中,常常是因为缺乏远大的理想,对数学学习的重要性缺乏认识.面对这种情况,教师可以通过采取有效措施,激发学生的学习动机,来改善学生的注意力.如,通过介绍我国古代数学的巨大成就和当今在一些方面的落后,使学生认识到"国家兴亡,我的责任";通过介绍数学家锲而不舍、投入科学的献身精神,使学生明白任何成功的背后,都凝聚着艰辛和汗水;通过介绍数学在生产、生活及现代科技发展中的巨大作用,使学生认识到数学应用无处不在.

4. 体验成功法

心理学研究表明:成就感是保持一个人进取心的重要保证.课堂教学中成就感是保持学生注意力的重要保证.因此,课堂教学中,要关注学生的差异,针对不同的个体,施以不同的教育,提出不同的任务,给予不同的评价,使每一个学生都能在自己原有水平的基础上,获得进步,收获成功,体验喜悦,从而提高参与教学活动的积极性和注意力.

5. 变换教法法

心理学研究表明,人若长期面对一成不变的环境,极易产生心理疲劳,降低注意力;而适当改变环境,可保持人的新鲜感,有助于注意力的保持.教学方法是教师和学生之间沟通对话的重要媒介.实践表明,通过多种教学方法(如讲授法、自学阅读法、小组讨论法、自主探究法、动手实验法等)的交替使用,可以有效调节学生的注意力,提高课堂教学的效果.

6. 挑战问题法

问题是实施数学课堂教学的中介.实践表明,问题的难易程度直接影响学生的注意力:问题太易,学生不费吹灰之力,可以轻松解决,会使其思维倦怠,降低注意力;问题太难,学生望尘莫及,会使其心理感受巨大的挫折,同样会降低其注意力.正确的做法是:让学生踮起脚尖可以摘到桃子——提出对学生有一定挑战,而学生经过自己或小组努力可以解决的问题,让学生经历自主探索和合作交流,体验问题的解决过程,发现自身潜力,增强自信心,提高注意力.

7. 关注需要法

每个人都有着强烈的受尊重的心理需要,当这种心理需要得到满足时,人就会神情愉悦,情绪高涨,注意力集中,做事效率高.因此,教师在备课过程中,应做好换位思考,站到学生的角度思考教材处理和教法设计,要特别思考:学生在这一部分学习中可能有哪些困惑?有哪些期望?课堂教学中,教师要做细心的观察者,要善于观察每一个学生在课堂上的表情和动作,揣摩学生的即时需要,及时通过有效的方法(如表扬、提醒、个别辅导、再讲一遍等)满足学生的需要.

8. 借助媒体法

多媒体具有集声、光、电、色于一体,生动、直观、形象的特点,课堂教学中恰当地使用多媒体辅助教学,可以为学生提供赏心悦目的教学情境,有效地改善学生的注意力.

如:可以借助现代信息技术展示函数 $y=A\sin(\omega x+\varphi)$ 的图象随参数 A,ω,φ 的变化规律,从而认识参数 A,ω,φ 在函数 $y=A\sin(\omega x+\varphi)$ 中的作用,提高学习效果.

9. 开展竞赛法

青少年争强好胜,不甘落后.利用这一心理特点,课堂教学中适时组织个人与个人、小组与小组的竞赛,可以提高学生的注意力.如,习题课教学中,可让学生以小组为单位,研究讨论综合问题的解法,比一比,看哪个小组最先解决,看哪个小组的解法最多,看哪个小组的解法最漂亮.

10. 暗示提醒法

课堂教学中,总有少数学生由于这样或那样的原因,无论教师采取上述哪种办法,对他都不奏效,难以使其注意力集中.面对这样的学生,怎么办呢?笔者认为,可以采取暗示提醒法.可以通过眼神提醒,可以走到这位同学的身边,轻轻地敲敲他的桌子,也可以用诸如"现在全班同学注意力都很集中,只有一个同学还在想自己的事,请这位同学将你思想的野马赶紧拉到课堂上"等暗示性的语言提醒学生集中注意力.

3.16 渗透德育

3.16.1 立德树人是学科教学的根本目标

简而言之,学科的教学目标可概括为知识目标、能力目标、情感目标.这里的情感目标,实际上就是我们平时所说的德育目标.学科教学中,实现德育目标,其基本手段是在教学过程中进行渗透.

3.16.2 数学课堂教学中渗透德育的方法

方法一:在数学史的学习和了解中,学习数学家锲而不舍、追求真理的科学精神.

数学的发展历史,凝聚着一代又一代数学工作者,尤其是数学家的辛勤劳动和智慧.数学教学中,要充分利用各种机会,向学生介绍数学家发现、探索数学真理的艰辛过程,由此让学生体会学习数学家锲而不舍、追求真理的科学精神.如结合微积分的教学介绍微积分的发展历史以及牛顿、莱布尼茨为微积分的创建所做的不懈的努力.再如,结合数论的学习,介绍陈景润为了探索哥德巴赫猜想,在不到 6 平方米的狭小空间里,以惊人的毅力,所做出的努力.

方法二:在困难问题解决中,培养不怕困难、勇于挑战的坚强意志.

由于数学具有抽象性、逻辑性,学生普遍感到困难,因而许多意志力薄弱的学生对数学采取一种先怕而后放弃的态度.实际上,正是数学的这一特点,使它成为对学生进行意志品质教育的好素材.日常教学中,要通过具体事例让学生懂得:科学的道路上,没有平坦的大道,只有不懈的攀登者才有希望到达光辉的顶点.要有意识地设置困难情境(如提出挑战性的问题),鼓励学生通过自主探究、同伴互助去突破困难情境,体验成功感,从而不断进步.

方法三:在问题解答的表述中,培养严谨、规范的良好习惯.

严密的逻辑性是数学区别于其他学科的重要特点之一.解题是数学的重要活动,在问题解答的表述中,教师应向学生做好示范(如书写规范、推理有据,不想当然),并要求学生效仿.

方法四:在具体问题的解法优化的探讨过程中,培养学生永不满足的进取精神.

学习数学的人都知道,由于思考角度的不同,同一数学题常常会有多种解题思路,这些解题思路各有千秋,但必有一种最简单.解题教学中,要引导并鼓励学生在对问题解法多角度思维的基础上,寻求最优解法.通过经常的对问题的解法优化的探讨过程,培养学生永不满足的进取精神.

方法五:在数学知识的实际应用中,培养应用意识,激发学好数学的动机.

广泛的应用性是数学的重要特征.尤其是在当代社会,数学应用的触角已经伸到社会生活、自然科学、人文科学等的角角落落.在数学教学中,要通过向学生介绍数学的广泛用途,引导学生用所学数学知识解决身边的实际问题,培养应用意识,激发学好数学的动机.

方法六:在合作交流中,学会与他人共处,培养团队精神.

联合国教科文组织在一份报告中提出"四个学会",其中之一就是"学会共处".现代社会的发展表明:团队精神、合作意识是现代人必备的基本素质.这些素质从何而来?数学教学责无旁贷:教学中教师要精心设计问题,引导学生合作交流完成,让学生在合作中体会集体的力量,自觉培养团队精神和合作意识.

方法七:在数学美的发现和欣赏中,提高品位,激发学生热爱生活的感情.

数学是美的学科,具有逻辑美、抽象美、简洁美、奇异美、对称美等重要特点.数学教学中,引导学生发现美、欣赏美,可以提高学生的美育修养,激发对数学的热爱.在此基础上,还可以引导学生发现生活中的美好事物,引导学生用欣赏的眼光、感激的心情看待生活中的人和事,培养对生活的热情,做一个热爱生活的人.

方法八:在数学思维中,体会辩证唯物主义,体验一分为二的思想,引导学生客观地看世界.

数学具有严谨性,又蕴含着许多的哲理,在数学教学中,要充分挖掘这些哲理,引导学生体会、内化,丰富内心世界,做一个"有思想"的人.如将解题思路的探求与《孙子兵法》联系;在问题的分类讨论中体会"一分为二"的思想.

方法九:在对中国数学成就的介绍中,激发学生热爱民族、热爱祖国的情感和民族自豪感.

无论在古代,还是在当代,中华民族都在数学的各种活动中展示了这个民族的聪明才智,让学生了解这样的具体事例,可大大激发他们热爱祖国、热爱民族的积极情感.如:结合勾股定理、杨辉三角的学习,介绍我国古代数学的巨大成就及其对人类发展进步所做的贡献;关注社会时事,介绍我国当代数学家和数学工作者的成就,如我国数学家在解决庞加莱猜想的证明中的贡献、我国中学生在国际奥林匹克竞赛中的优异成绩.

3.17 怎样突出教学重点

3.17.1 教学重点的含义

所谓教学重点,是指学生必须掌握的基础知识与基本技能,是基本概念、基本规律及由内容所反映的思想方法,也可以称之为学科教学的核心知识.它是居于核心地位,有助于其他知识理解和灵活运用的素材.

3.17.2 突出教学重点的方法

1. 突出过程法

讲清来龙去脉,使学生不仅知其然,更知其所以然,核心知识、重点问题、重点方法要舍得花时间.

案例1:条件概率概念的教学.

条件概率是概率中的重要概念,教学中要予以足够重视,突出其与古典概型、两个事件同时发生的概率的联系.教学中可按如下设计实施教学,引导学生弄清楚条件概率与已学知识的联系,达到突出重点之目的.

问题1:现有标号分别为1,2的两个坛子,1号坛子里装有5个白球、2个黑球,2号坛子里装有4个白球、3个黑球.甲、乙两人分别从1号坛子和2号坛子里随机摸出一个球.记"甲摸出黑球"为事件 A,"乙摸出黑球"为事件 B.①分别求 $P(A)$,$P(B)$.②可以直接由 $P(A)$,$P(B)$ 求出 $P(AB)$ 吗?为什么?[学生思考回答,教师指出"当且仅当事件 A,B 相互独立时,才有 $P(AB)=P(A)P(B)$. 所谓事件相互独立,直观上就是一件事情发生与否,不影响另一件事情发生的概率".]

问题 2:现有一个坛子,里面装有 6 个白球、3 个黑球,甲、乙先后分别从坛子里随机摸出一个球. 记"甲摸出黑球"为事件 A,"乙摸出黑球"为事件 B. 事件 A,B 相互独立吗?$P(AB)=P(A)P(B)$ 吗?(从直觉上判断等式不成立即可)

教师:两个事件不独立时,两个事件同时发生的概率不等于它们各自发生的概率之积!这个时候,又该如何计算两个事件同时发生的概率呢?带着这个问题,我们一起来学习新的知识:条件概率.

问题 3:某个班级有 45 名学生,其中男生、女生的人数及团员的人数如表 3.2 所示.

表 3.2 （单位:人）

	团员	非团员	合计
男生	16	9	25
女生	14	6	20
合计	30	15	45

在班级里随机选择一人做代表.
(1)选到男生的概率是多少?
(2)如果已知选到的是团员,那么选到的是男生的概率是多少?

(学生思考后回答结果,并简要说明理由,不做格式上的严格要求;分析道理后,再出示规范的解题过程.)

板书:$P(B|A)$ 可看成以 A 为样本空间,事件 B 发生的概率. 原样本空间中的事件 B 在新的样本空间中就是积事件 AB.

问题 4:假定生男孩和生女孩是等可能性的,现考虑有两个小孩的家庭. 随机选择一个家庭,那么:①该家庭中两个小孩都是女孩的概率是多大?②如果已经知道这个家庭有女孩,那么两个小孩都是女孩的概率又是多大?

(学生思考后,仿问题 1 给出解答,教师简单点评.)

问题 5:总结解决以上问题的经验,你能给出在古典概型背景下,求"在事件 A 发生的条件下,事件 B 发生的概率"的一般算法吗?

[师生讨论后板书:$P(B|A)=\dfrac{n(AB)}{n(A)}$.]

问题 6:在古典概型背景下,你能用 $P(AB)$,$P(A)$ 表示 $P(B|A)$ 吗?

[师生讨论后板书:$P(B|A)=\dfrac{P(AB)}{P(A)}$.]

教师讲解并板书条件概率的定义:一般地,设 A,B 为两个随机事件,且 $P(A)>0$,我们称 $P(B|A)=\dfrac{P(AB)}{P(A)}$ 为在事件 A 发生的条件下,事件 B 发生的条件概率.

问题 7:已知 $P(B|A)$ 和 $P(A)$,可以求 $P(AB)$ 吗?

板书:概率的乘法公式 $P(AB)=P(A)P(B|A)$.

案例2:代点相减法的"发现".

已知椭圆$\frac{x^2}{9}+\frac{y^2}{4}=1$,点$P(1,1)$为椭圆内一点,直线$l$与椭圆交于两点$A,B$,且点$P$是线段$AB$的中点,求直线$l$的方程.

面对上述问题,多数数学教师会向学生介绍"代点相减法",这是必要的!但也有不少老师仅停留在直接向学生介绍的层面上,对这一方法的来龙去脉未予理会或虽知道要讲来龙去脉,但不知从何讲起.实际上,只需想一想解析几何的特色是将几何问题坐标化,解答上述问题时,设出交点的坐标,目标是出现中点坐标和斜率表达式,并不关注具体的坐标是什么,这样才有设而不求!

2. 变式教学法

围绕重点,实施变式教学,从不同角度认识重点知识和方法.为了获得概念的本质属性,可以注重提供特例、正例、反例或充分利用原型对概念进行变式教学,通过变式加深对概念的本质属性的理解.

案例3:异面直线概念教学.

得出异面直线定义以后,设置以下的变式判断,从而较完整地建构异面直线的概念.

①不相交和不平行的直线称为异面直线;
②空间两条不相交直线是异面直线;
③分别在两个不同平面内的两条直线是异面直线;
④不同在一个平面内的两条直线是异面直线.

3. 重点板书法

对重点知识和方法,进行简明扼要、突出知识之间内在联系的板书,可吸引学生注意,便于学生理解和记笔记,不失为一种突出教学重点的好方法.

案例4:含参数一元二次型不等式的解法.

解含参数的不等式$ax^2+bx+c>0(<0)$时,需考虑a是否为0,还要考虑方程$ax^2+bx+c=0$是否有实根,若方程$ax^2+bx+c=0$有实根,还要考虑两根的大小关系,情况比较复杂,其中一些逻辑关系,学生常常难以自觉理解.为帮助学生厘清知识间的逻辑关系,突出教学重点,克服学习难点,教师可作如下板书(图3.4).

4. 充分训练法

数学知识的巩固和技能的获得,必须靠必要的训练.故,围绕教学重点,多组织学生亲自参与的体验式训练,可突出教学重点.如,运用基本不等式求最值中的合理变形既是难点也是重点,可通过设计如下题组,给学生充分的训练时间,达到突出重点之目的.

案例5:基本不等式求最值中的合理变形.

(1)求$y=2x+\frac{8}{x^2}(x>0)$的最小值.

(2)求$y=\frac{\sin x}{2}+\frac{2}{\sin x}\left(0<x\leqslant\frac{\pi}{2}\right)$的最小值.

(3)求$y=\frac{x}{\sqrt{x-1}}(x>1)$的最小值.

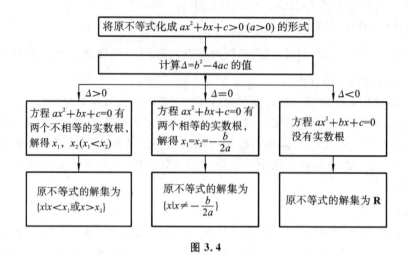

图 3.4

(4)已知 $x<\dfrac{5}{4}$,求函数 $f(x)=4x-2+\dfrac{1}{4x-5}$ 的最大值.

(5)求 $y=\dfrac{x^2+7x+10}{x+1}(x\neq -1)$ 的值域.

(6)求函数 $y=\sqrt{2x-1}+\sqrt{5-2x}(\dfrac{1}{2}<x<\dfrac{5}{2})$ 的最大值.

(7)已知 $a>0,b>0,a+2b=1$,求 $t=\dfrac{1}{a}+\dfrac{1}{b}$ 的最小值.

5.必要重复法

"重要的话说三遍",学习心理学表明,学习需要必要的重复,有时候有些问题,只讲一遍、只说一遍是远远不够的,还需要进行多次必要的重复.如核心知识教学,可在新知获得阶段,由学生参与发现,发现新知后,鼓励学生用自己的话表达;在课堂结束前的小结环节,让学生复述重点知识,这些都是突出重点的有效方法.如,二项式定理,引导学生自主推导;巩固运用阶段,每一道题都要让学生分析公式中的 a 和 b,然后把展开通项复述一遍,再具体解题,结课小结时再让学生回顾复述公式.

当然,突出教学重点的方法绝对不止以上五种,比如改变语音语调、调整表达节奏、特别提醒等,都可以起到突出教学重点之功效.只要我们认清重点,开动脑筋,就一定可以找到更多的突出重点的方法,取得更好的教学效果.

3.18 突破教学难点

3.18.1 教学难点的含义

所谓教学难点,是指学生感到难以理解或接受的内容.造成学生数学学习困难常见的原因有:知识本身抽象、复杂,难以理解(如极限的概念);事实材料多而杂,容易混淆,不便记忆

(如三角公式);学生相应的能力较薄弱(如学习立体几何时空间想象能力不足)等.数学教学的重要任务之一就是,根据具体教学内容的特点和学生实际,准确确定学生学习中的难点,采取有效措施,帮助学生消除学习中的困难.因而可以说,学生的学习难点即是教师的教学难点.

3.18.2 突破教学难点的方法

1. 揭示本质

新课程标准明确要求,数学教学既要讲推理,更要讲道理.要通过在学生自主探究基础上的有效讲解,使学生不仅知道数学知识的形式化的表达,更把握数学知识的本质.

如:三角函数 $y=A\sin(\omega x+\varphi)$ 的图象变换,是历届学生学习的难点.尤其是从函数 $y=A\sin\omega x$ 的图象变换为函数 $y=A\sin(\omega x+\varphi)$ 的图象时,学生常对为什么是平移 $\left|\dfrac{\varphi}{\omega}\right|$ 个单位而不是 $|\varphi|$ 个单位不理解.任凭教师怎么强调,学生仍是照错不误.为什么呢?根源在于学生没有真正理解其中的道理.实际上,要突破这一难点,教师只需做如下简单讲解,使学生明白其中的道理:设平移前图象上点的横坐标为 x_0,平移后图象上对应点的横坐标为 x',由于这两点的纵坐标相等,不妨令 $\omega x_0=\omega x'+\varphi$,则 $x'=x_0-\dfrac{\varphi}{\omega}$,即平移前后对应点横坐标相差 $\left|\dfrac{\varphi}{\omega}\right|$ 个单位.明白这一道理,这一难点自然突破.

再如:充要条件的学习中,必要条件的判断是学生的学习难点.调查表明:造成学生学习困难的原因,是学生不明白为什么"若 $A\Rightarrow B$,则 B 是 A 的必要条件".要帮助学生理解这一难点,只需说明根据互为逆否命题的等价关系,"$A\Rightarrow B$"与"非 $B\Rightarrow$ 非 A"等价,即若"$A\Rightarrow B$"成立,一定有"非 $B\Rightarrow$ 非 A"成立,即无 B 就一定无 A,因而 B 对 A 来讲不可缺少,即 B 对 A 来讲是必要的.

2. 正难则反

对正面解释理解较为困难的问题,通过举反例、反证法等逆向思维方法,予以说明.

如:问题"已知函数 $y=\lg(x^2+ax+1)$ 的值域为 $\mathbf{R}$,求实数 a 的范围",学生受类似问题"已知函数 $y=\lg(x^2+ax+1)$ 的定义域为 $\mathbf{R}$,求实数 a 的范围"的影响,总是认为 a 应满足条件 $a^2-4\times 1\times 1<0$(实际上应满足条件 $a^2-4\times 1\times 1\geqslant 0$),任凭教师怎样苦口婆心地解释,有些学生就是不能理解.这时,教师可以转换讲解角度,举出反例 $a=0$(满足 $a^2-4\times 1\times 1<0$),验证其不能使原函数值域为 $\mathbf{R}$,说明由 $a^2-4\times 1\times 1<0$ 求 a 的范围方法错误,然后再从正面分析正确解答.

3. 分散渗透

通过多次在课堂教学中涉及与教学难点相关的问题,将教学难点分散,逐步实现突破.

如:求动点的轨迹方程,是高中解析几何教学的重点和难点.为突破这一难点,教师可以采取如下逐步渗透、分散难点的处理方式.在直线方程概念的教学中,引导学生正确理解直线方程概念,明确地向学生指出直线方程的点斜式的推导的理论依据是直线方程的概念(提出求曲线方程的基本方法:直接法);设计求直线方程问题时,除用待定系数法外,还要有意识地设计用直线方程的概念求方程的具体问题,以帮助学生初步建立求动点的轨迹方程的关键是求动点坐标所满足的方程的印象.在曲线方程概念的教学中,重点使学生掌握直接法和相关点法求轨迹方程.在圆的方程的教学中,通过根据圆的定义求轨迹方程,使学生明确定义法也是求轨迹方程的重要方法;结合圆的参数方程,介绍参数法求轨迹方程.至此,求轨迹方程的四种基本方法——直接法、定义法、相关点法和参数法等学生均已接触.紧接着,在圆锥曲线的教学中,再结合具体知识的学习,设计具体的求轨迹问题,引导学生用所学方法解决.实践表明,通过上述将教学难点分散,逐步渗透的方法,可以较好地帮助学生掌握求动点的轨迹方程这一教学难点.

4. 联系实际

数学知识是实际生活中诸多现象的抽象,由于其省去了知识的现实背景,为学生的理解带来难度.教学中,如能联系学生的生活实际,帮助学生理解有关数学知识,可起到很好的作用.

如:在数学归纳法的学习中,学生常常由于对数学归纳法的原理理解不到位,应用归纳法证明问题时步骤不完整.为帮助学生突破这一教学难点,教师可以结合学生熟悉的一排自行车顺次倒地的例子引导学生体会掌握数学归纳法的原理:只有当第一辆自行车倒地,且从第一辆自行车开始,每一辆自行车倒地后都可以碰倒下一辆自行车时,才能保证全部的自行车倒地.

再如:恒成立问题是学生学习的难点.许多学生初次接触 $a<f(x)$ 恒成立,求 a 的范围问题时,不能自觉将问题转化为 $a<f(x)_{\min}$.这时,教师可以引导学生思考如下实际问题:要说明某次考试全班成绩都不低于某一分数,是否需要将全班每个人的成绩与之比较?学生容易想到:不需要,只需知道全班的最低分不低于这一分数即可.由此学生容易得到:由 $a<f(x)$ 恒成立,求 a 的范围问题中,只需比较 a 与 $f(x)_{\min}$,即可轻松突破这一难点.

5. 借助直观

数学是研究空间关系和数量关系的学科.数与形的紧密结合是数学的重要特点,也是学习数学的重要方法.借助直观理解有关数学知识也是突破教学难点的有效方法.

如:立体几何的学习中,学生由于缺乏必要的空间想象能力,对理解空间各种位置关系常常感到困难.为此,立体几何教学中教师可充分借助几何模型实物,讲解有关知识,还可以鼓励学生制作各种立体几何模型.此外,教师还可以引导学生充分借助身边的实物思考问题,如用手中的笔当直线,用书当平面等.

再如:代数知识的学习中,也可以充分借助几何直观突破教学难点.如,二次函数的区间最值问题,是学生普遍感到困难的一类问题.为帮助学生突破这一难点,解这类问题时,可首先引导学生画出符合题意的函数的图象,再通过对图象的观察得到问题的解答.

6. 巧设阶梯

问题的综合程度高,脱离学生的最近发展区,是造成学生学习困难的原因之一.对于此类原因造成的学生学习难点,可以通过设计从学生最近发展区起步的若干层层递进的问题,引导学生逐个思考解决这些问题,达到对原问题的解决,从而突破学习难点.

如:三角函数学习中,将函数 $a\sin x+b\cos x$ 化为 $A\sin(\omega x+\varphi)$ 的形式是学生的学习难点.

为突破这一难点,可设计如下递进的阶梯问题,引导学生逐步解决,最终掌握一般情形的变形方法.

问题 1:求证 $\cos x+\sqrt{3}\sin x=2\sin\left(x+\dfrac{\pi}{6}\right)$.

问题 2:将 $\dfrac{\sqrt{2}}{2}\sin x+\dfrac{\sqrt{2}}{2}\cos x$ 化为 $A\sin(\omega x+\varphi)$ 的形式.

问题 3:将 $\sin x+\cos x$ 化为 $A\sin(\omega x+\varphi)$ 的形式[有了问题 2 作基础,学生不难想到 $\sin x+\cos x=\sqrt{2}(\dfrac{\sqrt{2}}{2}\sin x+\dfrac{\sqrt{2}}{2}\cos x)$].

问题 4:将 $a\sin x+b\cos x$ 化为 $A\sin(\omega x+\varphi)$ 的形式[可由问题 3 的解答过程,引导学生 $a\sin x+b\cos x=t(\dfrac{a}{t}\sin x+\dfrac{b}{t}\cos x)$,为将此式化为 $A\sin(\omega x+\varphi)$ 的形式,只要使 $\dfrac{a}{t}=\cos\varphi,\dfrac{b}{t}=\sin\varphi$ 即可,于是就有 $\dfrac{a^2}{t^2}+\dfrac{b^2}{t^2}=\cos^2\varphi+\sin^2\varphi=1$,从而 $t^2=a^2+b^2$. 取 $t=\sqrt{a^2+b^2}$ 得 $a\sin x+b\cos x=\sqrt{a^2+b^2}(\dfrac{a}{\sqrt{a^2+b^2}}\sin x+\dfrac{b}{\sqrt{a^2+b^2}}\cos x)=\sqrt{a^2+b^2}\sin(x+\varphi)$,其中 $\cos\varphi=\dfrac{a}{\sqrt{a^2+b^2}},\sin\varphi=\dfrac{b}{\sqrt{a^2+b^2}}$].

7. 揭示联系

通过挖掘认识相关知识的联系强化理解,减轻记忆负担,突破难点.

如"两角和与差三角函数"部分的特点是公式多而杂,许多学生在学习中,觉得知识杂乱、无条理,感到十分困难. 实际上,该部分尽管公式多,但都联系紧密. 教学中,若能引导学生认识这些公式的内在联系,分清主次,则可大大减轻记忆负担,克服学习困难. 具体来讲,可向学生做如下说明:该部分所有公式中,$C_{\alpha+\beta}$ 是最基本的公式;在 $C_{\alpha+\beta}$ 中将 β 换成 $-\beta$ 可得 $C_{\alpha-\beta}$;应用 $\sin\alpha=\cos\left(\dfrac{\pi}{2}-\alpha\right)$,由 $C_{\alpha+\beta},C_{\alpha-\beta}$ 分别可推得 $S_{\alpha\pm\beta}$;由同角三角函数基本关系可推得 $T_{\alpha\pm\beta}$……

3.19 揭示本质

3.19.1 何谓本质

本质就是对事物的性质、特点以及发生、发展产生影响的事物本身固有的属性. 本质是事物最初的样子. 数学知识的内涵就是数学知识的本质.

3.19.2 数学课堂教学要突出本质

新课程标准指出,"四基"是学生形成和发展核心素养的有效载体. 强调"四基",就是要把握数学知识的本质,在数学教学活动中,让学生在掌握知识与技能的同时理解知识的本质,感悟所蕴含的基本数学思想,积累数学思维和实践的基本活动经验,在此基础上促进学生形成和发展数学核心素养.课堂是形成和发展学生核心素养的主阵地,理应突出教学内容的本质.

3.19.3 突出什么本质

讲清学科(模块)的本质.如:解析几何的本质是几何问题代数化;统计的本质是用样本估计总体;概率的本质是随机现象中的规律性.

挖掘知识的本质.知识的本质即其内涵,是去掉各种形式表达以后剩下的最核心的东西.比如:函数概念中,对应关系是本质,要把对应关系彻底讲清楚;充分条件和必要条件的实质是命题真假的判断;离散型随机变量的期望的实质是加权平均数;导数的实质是变化率;辅助角公式的实质是两角和与差正余弦公式的逆用.

理解方法的本质.讲解题方法,不能就题论题,不能只看到方法表面上起到的作用,更要弄清楚这种方法为什么能起到这样的作用.如,倒序相加法,本质是将不同加数的求和问题转化成相同加数的求和问题.再如,用导数求解函数问题,有时需要用到"二次求导",为什么要进行二次求导呢?这就要知道使用这种方法的实质是为了确定$f'(x)$的符号(为了确定其符号,需要研究其作为一个函数的性质,这样再次求导就是必然了).

重视本质的方法.数学中的通性通法,如换元、消元、引入参数等普遍适用的数学思想方法都是本质的方法.

看透问题的本质.有些问题表述生涩,难以理解,只需做好不同形式语言之间的转化即可化抽象为具体,化难为易.如,求动点的轨迹方程一类问题的实质是找到动点坐标所满足的等量关系.解析几何定点、定值问题的本质与参数无关,因而都可以采取特殊引路,一般论证的处理方法.

3.19.4 如何突出本质

1.在揭示知识问题背景中突出本质

任何事物都有其发生发展过程,也都有其源头,本质就藏在源头中.数学教学中,要善于从源头上分析问题,揭示新知.如,导数的学习不要急于讲导数的定义和计算,要把导数的背景(平均速度到瞬时速度、割线斜率到切线斜率的演变)讲透,有了实际背景,理解导数的定义就有了基础.

2.在从具体到抽象,逐步建构知识中突出本质

本质藏在现象中,数学教学过程要善于借助过程教学去粗取精,透过现象看本质.

案例:函数单调性的教学过程.

问题1:观察函数$y=x^2$的图象,描述其自左向右的变化趋势.这种变化趋势如何用自变量和函数值的大小关系刻画?

问题2:上述现象如何用符号语言予以刻画?

问题3:对于一般函数,其单调性又该如何定义?

通过上述问题的解决,学生经历两次抽象过程:一次是自然语言到符号语言的抽象;一次是特殊函数到一般函数的抽象.通过这样的两次抽象,学生不难体会到函数单调性的本质.

3. 在整体设计、整体处理中突出本质

碎片化的教学内容,无法把数学的本质表述清楚,更无法体现数学学科核心素养.无论是教材的编写还是教学的设计,都可以考虑改变传统的设计思路,不是就每一节课对每一个知识点进行设计,而是把一些具有逻辑联系的知识点放在一起进行整体设计.可以把这样的整体称为单元或主题,而且这些内容前后照应进行教学设计,就可以在关注知识与技能的同时思考知识和技能所蕴含的数学本质、体现的数学思想,最终实现学生形成和发展数学学科核心素养的目标.

4. 注重数学思想方法的教学,通过数学思想方法引领知识和方法本质的掌握

数学思想方法是关于知识的知识,揭示学科本质.求函数值域、最值的本质方法是单调性法,所谓其他方法只不过是通过转化与化归,为应用单调性法创造条件.分类讨论思想的本质是"化整为零,积零为整",从而增加了题设条件的解题策略.

5. 通过教师讲解,引导学生体悟,突出本质

讲授法是一种最基本而重要的教学方法,有些问题,当学生无法自主发现其本质时,教师可以通过直接讲解的方式,指导学生认识知识本质. 如:曲线切线的本质是割线的极限位置,直线与曲线公共点的个数不是切线的本质特征;从 n 个不同元素中取 k 个元素的组合本质是,含 n 个不同元素的集合的 k 元子集;等差数列求和的倒序相加法的本质是将不同加数求和转化为相同加数求和,从而可以通过有限的计算解决无限的问题.

3.20 培养学生的理性思维能力

3.20.1 理性思维的含义

培养学生的思维能力,是数学教学的核心任务.理性思维能力是最重要的思维能力.所谓理性思维,是一种有明确的思维方向,有充分的思维依据,能对事物或问题进行观察、比较、分析、综合、抽象与概括的思维.

3.20.2 培养学生理性思维的方法

在核心素养立意下,如何培养学生的理性思维是数学教学的重大课题之一.可以尝试在"是什么"和"为什么"的思辨中培养学生的理性思维.

1. 是什么

理性思维表现在善于追问、洞察事物的本质.理性思维要求善于进行抽象概括,去粗取精,挖掘知识之间的内在联系,透过联系抓住本质,透过现象看到本质.在具体教学中,可通过"让学生充分参与,在参与中感悟体会本质"和"讲授法,直接告知学生"等途径指导学生弄清"是什么".

(1) 认识知识的本质.

知识的本质即其内涵,是去掉各种形式以后剩下的最核心的东西.

如，函数概念的本质是对应，因而 $s=f(t),y=f(x)$ 是同一个函数，与选择什么字母表示变量无关.解析式是表示对应关系的一种方式，但并非每一个函数关系都可以用解析式表示.函数解析式的本质是：研究一个量在对应法则的作用下，变成怎样的一个结果（仍用这个量表示）.因而遇到 $f(x+1)=x^2+1$，容易理解其解析式不是 x^2+1，需要经过换元或配凑后，再确定解析式.函数定义域的本质是自变量的取值范围，因而遇到诸如"已知函数 $f(2x-1)$ 的定义域，求 $f(x+1)$ 的定义域"之类的问题，首先要弄清在各个函数中自变量是谁，弄清了这一点，问题就不难解决了！

再如，充分条件和必要条件的实质是命题真假的判断.离散型随机变量的期望的实质是加权平均数.导数的实质是变化率.辅助角公式的实质是两角和与差正余弦公式的逆用.椭圆、双曲线标准方程的一般形式的实质是只含 x,y 的二元二次方程，且系数不同.弦长公式 $|AB|=\sqrt{1+k^2}|x_1-x_2|=\sqrt{1+\left(\frac{1}{k}\right)^2}|y_1-y_2|$ 的实质是两点之间距离的斜率诠释，其并非局限于求弦长，直线上任意两点间的距离均可以用它表示，而且在公式中，四个基本量（长度、斜率、两个点的横坐标或纵坐标）中，知三求一.

(2)洞察方法的本质.

解题教学，不能就题论题，不能只看到某种方法所起的作用，更要弄清楚这种方法为什么能起到这样的作用.洞察方法的本质，可以加深对方法的理解，提高灵活运用知识和方法解决问题的能力.

如，求函数值域的本质是求因变量的取值范围.抓住这一本质，所有求函数值域的具体方法，都可以归为两大类.第一类：由自变量范围和对应法则，顺推值域.在具体解题时，配方、换元、用基本不等式、部分分式法、画图助解、借助函数的单调性、导数法等，只不过是进行顺推的具体手段而已.第二类：建立关于因变量的不等式，通过解不等式求得其范围.在这一思路下，判别式法、反解法等只不过是具体的操作手段而已.

2.为什么

理性思维表现在不盲从，审慎理性地思考，遇事多问几个为什么.

(1)为什么要学习当前的内容？

"只有当学习内容对学生具有潜在意义且学生具有有意义学习心向时，有意义学习才能发生."（奥苏伯尔语）提高学生学习积极性的关键是让学生认识到所学知识的必要性.引入新课时，教师要讲清楚为什么学习这一部分内容，这一部分知识有什么用等基本问题，以激发学生的思维积极性.

如，学习函数时，为什么在初中变量说的基础上还要定义集合说；学习了角度制后，为什么还要学习弧度制；有了物理学中的矢量，为什么还要学习数学中的向量等，都是需要向学生讲清楚的问题.

(2)为什么这样定义或规定？

为了使数学体系更加完善或考虑到学生的接受能力的实际，教材中对于一些知识点采取"规定"的方式进行呈现.这些规定有没有道理？答案是肯定的！这也是许多教师潜心探讨教材中"规定"知识教学的动力所在.数学教师不能只满足于告诉学生"这是规定"，还要适时、适度向学生揭示这些合理约定的道理所在.如：为什么规定 $0!=1$，为什么规定零向量方向是任意的,为什么不介绍零向量与非零向量的垂直关系等,都值得探讨.

再如,通过如下问题引导学生由样本数据的均值得出随机变量的均值的概念,理解离散型随机变量均值定义的合理性.

问题 1:求 1,1,1,1,2,2,2,3,3,4 的均值.

列出 $\dfrac{1\times 4+2\times 3+3\times 2+4\times 1}{10}=1\times\dfrac{4}{10}+2\times\dfrac{3}{10}+3\times\dfrac{2}{10}+4\times\dfrac{1}{10}$.

问题 2:如何用概率的视角解释上述算式中的 $\dfrac{4}{10},\dfrac{3}{10},\dfrac{2}{10},\dfrac{1}{10}$?

问题 3:类比上述均值的算法,已知随机变量的分布列,你能否得到其均值的算法?

(3)为什么可以提出这个问题?

善于提出问题,比解决问题本身更重要.提出问题,要弄清楚其合理性和可行性,引导学生不仅解决问题,更善于发现问题背后的逻辑所在.

为什么可以提出"在三角形中,已知 a,b,C,求 c"这一问题?根源在于由"SAS"可唯一确定三角形,故可求可确定.

为什么要用 $P(AB),P(A)$ 表示条件概率?其一,用已知概率表示未知概率;其二,不受样本空间的限制.

(4)为什么可以这样思考?

理性思维表现在思维的"有序和有据".所谓有序,是指把握思维的规律,有明确的方向和程序.所谓有据,是指每一步思考都有根据,而不是主观想象.解决问题后,教师要引导学生学会自我反思和整理,在自我反思中学会思考,培养理性思维能力.

如,代点相减法如何想到?

已知椭圆 $\dfrac{x^2}{9}+\dfrac{y^2}{4}=1$,点 $P(1,1)$ 为椭圆内一点,直线 l 与椭圆交于两点 A,B,且点 P 是线段 AB 的中点,求直线 l 的方程.

面对上述问题,多数数学教师会向学生介绍"代点相减法",这是必要的!但也有不少老师仅停留在直接向学生介绍的层面上,对这一方法的来龙去脉未予理会或虽知道要讲来龙去脉,但不知从何讲起.实际上,只需想一想解析几何的特色是将几何问题坐标化,解答上述问题时,设出交点的坐标,目标是出现中点坐标和斜率表达式,并不关注具体的坐标是什么,这样才有设而不求!

再如,关于变更主元法. $x^2+ax>2x+a+1$ 在 $a\in[-1,1]$ 上恒成立,求 x 的取值范围.

上述问题,经常被教师作为向学生介绍"变更主元法"的例子.笔者认为:变更主元,这一名字就让人感觉不自然!为什么呢?"王侯将相,宁有种乎!"谁说 x 一定是所谓的"主元"了!实际上,所谓"主元""次元"不过是主观所为!只要仔细读一下题目,就不难发现:本题是 a 在指定范围内变化,求 x 的取值范围问题.最自然的想法是将 a 视为自变量,于是就自然产生了将式子进行整理的思路,整理成关于 a 的不等式恒成立问题.其解法水到渠成!

解:问题即关于 a 的不等式 $(x-1)a+x^2-2x-1>0$ 在 $a\in[-1,1]$ 时恒成立,记
$$f(a)=(x-1)a+x^2-2x-1,$$
则应有

$$\begin{cases} f(-1)=(1-x)+x^2-2x-1>0 \\ f(1)=(x-1)+x^2-2x-1>0 \end{cases},$$

解之得
$$x<-1 \text{ 或 } x>3.$$

(5)为什么不能这样?

面对典型易错问题时,问为什么不能这样,错在哪里,以此辨析知识,牢固掌握知识,避免不必要的错误.如函数 $y=\lg(x^2-ax+2)$ 值域为 $\mathbf{R}$,为什么与判别式大于或等于零不等价,为什么求解极值只有导数为 0 不行,都是值得思考的问题.

3.21 数学课堂教学怎样联系实际

3.21.1 数学课堂教学要注重联系实际

毫无疑问,生活实际是数学赖以产生和发展的源泉,也是学生理解数学的重要载体.数学的发展既有内在的动力,又有外在的动力.在高中数学的教学中,要注重数学的不同分支和不同内容之间的联系、数学与日常生活的联系、数学与其他学科的联系.

3.21.2 联系实际的具体方法

1. 通过丰富的实例创设数学问题情境,激发学生的学习动机

新课程标准明确指出:"教师要创设适当的问题情境,鼓励学生发现数学的规律和问题解决的途径,使他们经历知识形成的过程."好的情境可以很大限度地激活学生思维,促使其以积极主动的状态投入新知的学习.实践表明,紧密联系学生的生活实际,创设贴近学生生活实际的教学情境,可达到激发学生学习动机的目的.

如,学习正弦定理、余弦定理提出问题:不到达河流对岸,能否测出对岸的电视塔的高度?学习导数,提出生活中的气球膨胀率和高台跳水问题.

再如,在学习"二项式定理"的起始课上,可以通过如下的对话创设问题情境:

教师:今天是星期一,30 天后的那一天是星期几?怎么算?

学生:星期三,将问题转化为"求 30 被 7 除余数是多少"的问题.

教师:再过 8^{100} 天后的那一天是星期几?怎么算?

学生:将问题转化为"求 8^{100} 被 7 除余数是多少"的问题.

教师:更一般地,我们可以研究"$(7+1)^{100}$ 被 7 除余数是多少"的问题,就是研究展开式是什么.在学过本节内容后就不难求解了.

又如,学习等比数列求和公式可以先提出贷款购房还款问题,告诉学生学习完等比数列求和公式后,本题就十分容易解决了.

2. 从生活实例中寻找数学原型,促进数学理解

生活处处有数学,数学来源于实际,在数学课堂教学中,教师应有意识地结合生活实例,引导学生从日常生活的实例,寻找数学原型,促进数学知识的理解.

如,函数教学中,教师提供或学生自行举出生活中的各种函数的实例.学习圆锥曲线时,通过多媒体展示日常生活中由圆锥曲线构成的物体.学习不等式 $\frac{a}{b}<\frac{a+m}{b+m}$ 时联系建筑学实际:按建筑学规定,民用住宅的窗户的面积(相当于 a)必须小于该住宅的地板面积(相当于 b),当前者与后者的比值越大时,住宅的采光条件就越优.同时增加相等的窗户面积和地板面积(相当于 m),住宅的采光条件就更佳.还可以联系"在糖水里加入糖,糖水会更甜"的实际帮助学生理解这一不等式.用两个人建立恋人关系理解"曲线的方程"和"方程的曲线"的概念.结合日常生活中固定一扇门的条件理解"不在同一条直线上的三点确定一个平面".

3. 从还原实际背景出发,寻找数学问题的解决方案

数学来源于实际,许多数学问题都有其深刻的实际背景.教学时,有意识地揭示问题的实际背景,有助于提高学生的学习兴趣,培养学生的应用意识.

如,立体几何关于平面基本性质的命题,均可以通过引导学生联系生活实际抽象得到.

再如,讲解数学归纳法的原理从自行车倒地或学生熟悉的多米诺骨牌游戏入手,或用实例"有一列学生,第一个是高三年级一班的,以后每一个都与前一个同班,你能得出什么结论?"

4. 应用数学知识解决实际问题,培养学生的应用意识

数学来源于生活,生活充满着数学.我们在数学教学中,应重视引导学生从生活实例中感悟数学方法,培养学生运用所学的知识解决实际问题的能力.

如,教学等比数列求和问题后,让学生调查解决分期付款问题;学习完分期付款中的有关计算后,安排学生自发出外至房产公司及银行收集相关资料,进行数据分析,通过详尽列式计算(利用高一数列知识及解方程知识)解析还贷过程中的每一个步骤,了解购房者在还贷过程中的账目细则,以及房产公司和银行在其中的赢利情况,从而对此实际生活中的常见经济事件有进一步的数学上的正确认识.学习了导数后,引导学生探究为什么易拉罐做成圆柱形而不做成其他形状.学习概率后,让学生计算各种彩票的中奖概率,让学生研究抽签先后是否公平.学习双曲线定义和方程后,引导学生解决确定爆炸点问题.学生在具体问题的解答中,领悟了数学方法,认识了数学的巨大应用价值,其学习数学的热情必然更加高涨.

3.22 数学教学要讲清道理

3.22.1 为什么数学教学要讲道理

1. 讲道理是体现数学学科特点的需要

数学学科区别于其他学科的重要特点之一,是其严密的逻辑性.这种严密的逻辑性,要求教师在教学中不仅关注"是什么",更要引导学生弄清楚"为什么".正如人教版新课标教材《主编寄语》所说:"数学概念、数学方法与数学思想的起源与发展都是自然的.如果有人感到某个概念不自然,是强加于人的,那么只要想一想它的背景,它的形成过程,它的应用,以及它与其他概念的联系,你就会发现它实际上是水到渠成、浑然天成的产物,不仅合情合理,甚至很有人情味."

2. 讲道理是实现数学教育功能的需要

新课程标准明确指出：数学是研究空间形式和数量关系的科学，是刻画自然规律和社会规律的科学语言和有效工具.数学科学是自然科学、技术科学等科学的基础，并在经济科学、社会科学、人文科学的发展中发挥越来越大的作用.数学的应用越来越广泛，正在不断地渗透到社会生活的方方面面，它与计算机技术的结合在许多方面直接为社会创造价值，推动着社会生产力的发展.数学在形成人类理性思维和促进个人智力发展的过程中发挥着独特的、不可替代的作用.数学是人类文化的重要组成部分，数学素质是公民所必须具备的一种基本素质.基于这样的功能，数学教学必须要讲道理.

3. 讲道理是促进学生正确理解新知、正确运用新知的需要

如：直线的参数方程可以比较简洁地处理直线与圆锥曲线相交带来的有关线段长度问题. 如：直线 $\begin{cases} x=-2+t, \\ y=-4+t \end{cases}$ 与曲线 $y^2=4x$ 相交于点 M, N，求 $|MN|$. 学生常常在没有弄清直线参数方程求解此类问题的道理时，出现如下错误解法：

将 $\begin{cases} x=-2+t, \\ y=-4+t \end{cases}$ 代入 $y^2=4x$，得

$$t^2-12t+24=0,$$

设点 M, N 对应参数分别为 t_1, t_2，由于直线经过抛物线 $y^2=4x$ 外的定点 $(-2, -4)$，则 $|MN|=|t_1-t_2|=4\sqrt{3}$.

4. 讲道理是提高学生能力的需要

知其然，知其所以然，才能灵活运用.解题能力是数学的重要能力，只会依葫芦画瓢，不求甚解，生搬硬套题型的教学无益于学生能力的提高.要切实提高学生能力，面对具体问题时，教师必须重视并善于揭示解题思路的产生、发现过程，使学生不仅知其然，还知其所以然.

如，面对问题：若数列 $\{a_n\}$ 满足 $a_1=1, a_n+a_{n+1}=\left(\dfrac{1}{4}\right)^n (n\in \mathbf{N}^*)$，设 $S_n=a_1+4a_2+4^2a_3+\cdots+4^{n-1}a_n$，类比课本中推导等比数列前 n 项和公式的方法，求 $5S_n-4^na_n$.

实测表明，这道题对学生来讲，是一道难题！为什么呢？原因就在于学生对错位相减法的道理的理解不深刻！

怎样解决呢？实际上，我们只需想一想错位相减法的道理：通过在 S_n 表达式两边同时乘以等比数列的公比（或其倒数），将不可求和的式子转化为可以求和的式子，从而得解，就不难得到如下解法：

$$S_n=a_1+4a_2+4^2a_3+\cdots+4^{n-1}a_n, \quad (1)$$

$$4S_n=4a_1+4^2a_2+4^3a_3+\cdots+4^na_n, \quad (2)$$

(1)+(2)得

$$5S_n=a_1+4(a_1+a_2)+4^2(a_2+a_3)+\cdots+4^{n-1}(a_{n-1}+a_n)+4^na_n,$$

由已知得 $4^n(a_n+a_{n+1})=1$，故

$$5S_n=a_1+1+1+\cdots+1+4^na_n, （共有 n-1 个 1）$$

所以 $5S_n-4^na_n=n$.

3.22.2 哪些教学环节要讲道理

1. 新课引入要讲道理

"只有当学习内容对学生具有潜在意义且学生具有有意义学习心向时,有意义学习才能发生".(奥苏伯尔语)提高学生学习积极性的关键是让学生认识到所学知识的必要性. 如,学习参数方程时,通过问题"一架救援飞机在离地面 500 m 高处以 100 m/s 的速度作水平直线飞行,为使投放的救援物资准确落于灾区指定的地面(不计空气阻力),飞行员应如何确定投放时机?"说明有些问题中,面对动点 $M(x,y)$,直接建立 x,y 的关系并不容易入手,而选取合适的中间变量则容易找到 x,y 与中间变量的关系,以此来揭示学习参数方程的必要性.

2. 概念的定义要讲道理

概念是建构数学大厦的基石. 科学、简洁是定义数学概念的基本要求. 数学教学中,要通过创设情境、观察、分析比较认识概念定义的合理性. 如:讲异面直线所成的角的概念,要讲清取两条相交直线所成的锐角或直角作为异面直线所成的角的道理.

3. 新知的命名要讲道理

"万事皆有源",数学知识的命名,都有其背景和道理. 教学中及时揭示这些知识命名的背景和道理,不仅可以帮助学生更好地理解新知,还可以不断培养他们的理性精神. 如为什么将刻画 $-\alpha, \pi\pm\alpha, \frac{\pi}{2}\pm\alpha, \frac{3\pi}{2}\pm\alpha$ 与 α 的三角函数的关系的一组公式称为诱导公式,为什么将逆时针旋转成的角叫正角,为什么将瞬时变化率称为导数,为什么将"如果 $\vec{e_1}, \vec{e_2}$ 是平面内两个不共线的向量,那么对这一平面内任一向量 $\vec{a}$,有且只有一对实数 λ_1, λ_2,使 $\vec{a}=\lambda_1\vec{e_1}+\lambda_2\vec{e_2}$"称为平面向量基本定理等,都是有道理可讲的.

4. 教材中的合理约定要讲道理

为了使数学体系更加完善或考虑到学生的接受能力的实际,教材中对于一些知识点采取"规定"的方式进行呈现. 这些规定有没有道理?答案是肯定的!这也是许多教师潜心探讨教材中"规定"知识教学的动力所在. 数学教师不能只满足于告诉学生"这是规定",还要适时、适度向学生揭示这些合理约定的道理所在. 如:为什么规定 $0!=1$,为什么规定零向量方向是任意的,为什么不介绍零向量与非零向量的垂直关系等,都值得探讨.

5. 重要结论的理解要讲道理

数学教学既要讲推理,更要讲道理. 要通过在学生自主探究基础上的有效讲解,使学生不仅知道数学知识的形式化的表达,更把握数学知识的本质. 尤其是对一些重要结论,更要求学生想明白其道理. 唯有如此,学生才能正确理解,灵活运用.

6. 问题的处理方式要讲道理

如,为什么要把角放在直角坐标系中研究;为什么在单位圆中定义三角函数;推导椭圆标准方程时,为何设 $|F_1F_2|=2c$,定值为 $2a$ 等,都是教学中不能回避的问题.

7. 解题思路的发现要讲道理

教会学生思维,是数学教学的核心功能之一.解题教学是训练学生思维的基本平台.解题教学中,教师不仅要告诉学生怎么做,更要引导学生思考清楚为什么这么做.唯有如此,才能将思维能力的培养真正落到实处.

如:问题"$x^2+ax>2x+a+1$在$a\in[-1,1]$上恒成立,求x的取值范围"常被教师作为"变更主元法"的例子向学生介绍.这一点,毋庸置疑!但现实是:教师只顾着"大肆"宣扬这一方法的奇妙,但对其道理思考、揭示得还很不够(笔者曾就此问题问过不少同行,多数同行属上述情况),导致学生知其然不知其所以然,听懂了但不会用!实际上,只要仔细读一下题目,就不难发现:本题是a在指定范围内变化,求x的取值范围问题.最自然的想法是将a视为自变量,于是就自然产生了将式子进行整理,整理成关于a的不等式恒成立问题.其解法水到渠成!

3.22.3 如何讲道理

1. 通过引发认知冲突讲道理

如,学习复数,先让学生回顾数的发展历史,认识到数的发展是数学内部的需要,再通过一元二次方程是否有实根,引出学习复数的必要性.再如,讲解任意角,先复习初中关于角的定义,提出问题:将时钟拨快2小时,分针转过多少度?拨慢2小时呢?从而使新旧知识出现认知冲突,进而揭示对角的概念进行推广的必要性.

2. 通过严格证明和精确计算讲道理

证明是数学最基本的方法,证明是学习数学讲道理的最有力的手段! 如,对于函数的对称性,有如下结论:若对于定义域内的任意x,都有$f(a+x)=f(a-x)$,则函数$y=f(x)$的图象关于直线$x=a$对称.要深刻理解这一结论,可以引导学生用对称性的定义予以证明.

3. 通过等价转化讲道理

转化是解决数学问题的重要策略.数学教学中,对于一些难以理解的问题和命题,等价转化为学生易于理解的形式,是提高学生学习效果的经验之谈.

如:充要条件的学习中,必要条件的判断是学生的学习难点.调查表明:造成学生学习困难的原因,是学生不明白为什么"若$A\Rightarrow B$,则B是A的必要条件".要帮助学生理解这一难点,只需说明根据互为逆否命题的等价关系,"$A\Rightarrow B$"与"非$B\Rightarrow$非A"等价,即若"$A\Rightarrow B$"成立,一定有"非$B\Rightarrow$非A"成立,即无B就一定无A,因而B对A来讲不可缺少,即B对A来讲是必要的.

4. 通过与已知相关知识类比,认识合理性讲道理

类比是重要的合情推理手段,是发现新结论的有效方法.新知教学中,重视通过新旧知识的联系引导学生类比得出新知,不仅可以教会学生发现问题的方法,更可以促进学生对新知的理解.如,可类比向量的加减运算得出复数的加减运算法则,类比多项式的乘法得到复数的乘法法则,类比根式的分母有理化得出复数的除法运算法则.

5. 通过对比讲道理

有比较才有鉴别,通过比较,道理不言自明.教学中要善于通过知识之间、方法之间的差

异和区别揭示道理. 如,教材中推导等差数列的求和用到倒序求和法,这是一种重要的求和方法,蕴含着丰富的数学思想,教学中教师要及时揭示其道理. 可以先提出问题:为什么倒序求和法可以顺利解决等差数列求和问题呢? 再引导学生思考比较,不难发现:正是通过倒序相加,将不同加数的求和问题转化为相同加数的求和问题,使问题得以顺利解决. 再如,已知抛物线 $y^2=2px(p>0)$ 的焦点为 F,经过点 F 作直线交抛物线于 A,B 两点,设 $A(x_1,y_1)$,$B(x_2,y_2)$. 求证:y_1y_2 为定值. 可通过用直线方程的两种形式 $y=k\left(x-\dfrac{p}{2}\right)$,$x=my+\dfrac{p}{2}$ 解题的过程的对比,讲清已知直线经过 x 轴上的定点,一般可设 $x=my+a$ 的道理.

6. 通过渗透数学学科的一些基本规则,如定义的普适性、结果的一致性、表述的简洁性等讲道理

如,规定异面直线所成角的范围为 $\left(0,\dfrac{\pi}{2}\right]$ 是数学追求简洁性的需要. 规定指数函数解析式 $y=a^x$ 中 $a>0$,$a\neq 1$ 是运算结果存在且唯一的需要.

再如,面对问题:已知椭圆 $\dfrac{x^2}{9}+\dfrac{y^2}{4}=1$,点 $P(1,1)$ 为椭圆内一点,直线 l 与椭圆交于两点 A,B,且点 P 是线段 AB 的中点,求直线 l 的方程. 多数数学教师会向学生介绍"代点相减法",这是必要的! 但也有不少老师仅停留在直接向学生介绍的层面上,对这一方法的来龙去脉未予理会或虽知道要讲来龙去脉,但不知从何讲起. 实际上,只要想一想解析几何的特色是将几何问题坐标化,解答上述问题时,设出交点的坐标,目标是出现中点坐标和斜率表达式,并不关注具体的坐标是什么,此法就不难想到!

7. 通过联系生活实际讲道理

数学知识是实际生活诸多现象的抽象,由于其省去了知识的现实背景,为学生的理解带来难度. 教学中,如能联系学生的生活实际,帮助学生理解有关数学知识,可起到很好的作用.

如:在数学归纳法的学习中,学生常常由于对数学归纳法的原理理解不到位,应用归纳法证明问题时步骤不完整. 为帮助学生突破这一教学难点,教师可以结合学生熟悉的一排自行车顺次倒地的例子引导学生体会掌握数学归纳法的原理:只有当第一辆自行车倒地,且从第一辆自行车开始,每一辆自行车倒地后都可以碰倒下一辆自行车时,才能保证全部的自行车倒地.

再如:恒成立问题是学生学习的难点. 许多学生初次接触 $a<f(x)$ 恒成立,求 a 的范围问题时,不能自觉将问题转化为 $a<f(x)_{\min}$. 这时,教师可以引导学生思考如下实际问题:要说明某次考试全班成绩都不低于某一分数,是否需要将全班每个人的成绩与之比较? 学生容易想到:不需要,只需知道全班的最低分不低于这一分数即可. 由此学生容易得到:由 $a<f(x)$ 恒成立,求 a 的范围问题中,只需比较 a 与 $f(x)_{\min}$,即可轻松突破这一难点.

8. 通过亲身体验讲道理

如,对于为什么要学习极坐标系,如果教师空洞说教,学生势必一头雾水. 教学中可通过引导学生用极坐标表示圆心在极点、半径为 r 的圆即为 $\rho=r$,十分简洁美观,理解极坐标表示的简洁性. 通过用极坐标处理圆锥曲线背景下平面内的点与极点(坐标原点)的距离问题,体会用极坐标处理某些问题的独特性,进一步体会学习极坐标的目的和任务.

9. 通过分析逆推讲道理

分析法是由问题出发,寻找使结论成立的充分条件.合理使用分析法,有助于寻找解决问题的思路,探究思路产生的背景和道理.解题教学中思路的发现常可通过分析法予以解释.如:

已知函数 $f(x)=ax+\dfrac{b}{x}+c(a>0)$ 的图象在点 $(1,f(1))$ 处的切线方程为 $y=x-1$.

(Ⅰ)用 a 表示 b,c;

(Ⅱ)若 $f(x)\geqslant \ln x$ 在 $[1,+\infty)$ 上恒成立,求 a 的取值范围;

(Ⅲ)证明:$1+\dfrac{1}{2}+\dfrac{1}{3}+\cdots+\dfrac{1}{n}>\ln(n+1)+\dfrac{n}{2(n+1)}(n\geqslant 1)$.(湖北 2011 年高考题)

先来看第(Ⅲ)问的解答:由(Ⅰ)(Ⅱ)可知,$f(x)=ax+\dfrac{a-1}{x}+1-2a$,且当 $a\geqslant\dfrac{1}{2}$ 时,$f(x)\geqslant \ln x(x\geqslant 1)$.令 $a=\dfrac{1}{2}$,有 $f(x)=\dfrac{1}{2}\left(x-\dfrac{1}{x}\right)\geqslant \ln x(x\geqslant 1)$.令 $x=\dfrac{k+1}{k}$,有 $\ln(k+1)-\ln k\leqslant\dfrac{1}{2}\left(\dfrac{1}{k}+\dfrac{1}{k+1}\right)$,$k=1,2,3,\cdots n$.将上述 n 个不等式依次相加并整理得(Ⅲ).以上解答无疑是正确、清楚的,但是过程中的"令 $a=\dfrac{1}{2}$""令 $x=\dfrac{k+1}{k}$"还是令人费解,学生听得明白,但不会独立做.老师应如何引导学生呢?事实上我们可以用分析法来探求第(Ⅲ)问的证明思路.首先令 $S_n=1+\dfrac{1}{2}+\dfrac{1}{3}+\cdots+\dfrac{1}{n}$,它可以看成数列 $a_n=\dfrac{1}{n}$ 的前 n 项的和;再令 $T_n=\ln(n+1)+\dfrac{n}{2(n+1)}$,它可以看成数列 $b_n=T_n-T_{n-1}=\ln\left(1+\dfrac{1}{n}\right)+\dfrac{1}{2}\left(\dfrac{1}{n}-\dfrac{1}{n+1}\right)$ 的前 n 项和,故要证 $S_n>T_n$,只需证 $a_n>b_n$,即 $\dfrac{1}{2}\left(\dfrac{1}{n}+\dfrac{1}{n+1}\right)>\ln\left(1+\dfrac{1}{n}\right)$.结合第(Ⅱ)问结论的结构形式,可以令 $x=1+\dfrac{1}{n}$,则只需证 $\dfrac{1}{2}\left(x-\dfrac{1}{x}\right)>\ln x$.再利用第(Ⅱ)问的结论,只需令 $a=\dfrac{1}{2}$ 即可,从而不等式得证.分析的过程不仅可以解释为什么要有"两个令",同时也可以猜透命题者的本意,追寻题目命制的背景.

课堂教学中,面对学生的精妙解法,教师要善于追问,还原其思维过程,讲清思路探求的道理,渗透学法指导,使学生不断提高思维能力和解决问题的能力.

总之,数学教学要讲道理.数学教师要努力使数学课堂处处散发着理性的光辉,数学课应为培养学生的理性精神作出贡献.

3.23 数学教学的起点

"第一性原理"源于古希腊哲学家亚里士多德提出的一个哲学观点:"每个系统中存在一个最基本的命题,它不能被违背或删除."其基本含义是"回归事物最基本的条件,将其拆分成各要素进行解构分析,从而找到实现目标最优路径的方法".以下是在"第一性原理"指导下数学课堂教学需把握的若干起点.

1. 学科教学的起点——立德树人

教育的终极目标是育人,作为教育活动重要组成部分的学科教学,也必须以育人为首要任务.要提高数学教学的立意,防止将学科教学弱化为知识点教学,更不能窄化为解题教学.特别是要用好教材资源,落实育人目标.

学习选择性必修三第六章"计数原理"时,可充分结合数学探究"杨辉三角的性质及应用"向学生介绍中国古代数学的辉煌成就,树立民族自信心和自豪感,培育爱国主义情感.

学习必修一第三章"函数"时,教师要结合教材中提供的"复兴号"高铁、空气质量指数、某城镇居民恩格尔系数等实际例子,拓展补充中国在实现中华民族伟大复兴征程上所取得的一项又一项惠及老百姓的实际成果,体会作为一个中国人的幸福感,增强社会责任感.

2. 教学目标的起点——培养思维

学科课堂教学的目的不仅仅是传授知识,更是培养能力,特别是思维能力.思维能力是各种能力的核心,数学课堂教学要重视思维培养,做好示范,加强引导,激发启迪,给予学生思考和展示的机会,及时肯定学生的思维闪光点.特别要重视逻辑思维(理性思维)、批判性思维和创造性思维等高阶思维的培养.

(关于理性思维的培养策略详见 3.20 培养学生的理性思维能力)

3. 教学设计的起点——学情

学情即与学生的学习相关的各种要素的总和,主要包括学生生理心理状况、学生个性及其发展状态以及学生的学习动机、学习兴趣、学习内容、学习方式、学习时间、学习效果、生活环境等.

学情是实施教学的基础和前提,是教师确定教与学目标的出发点和立足点.教学的关键是看学生获得了什么,而不是教师讲了什么.要注重学生的感受,要充分发挥学生的主体能动性.课堂教学要基于学情,在学生的最近发展区设计问题,展开问题.教学中不仅要重视教师怎么想,更要重视学生怎么想,为此,有必要做好学情调查.课堂教学中要让学生多说,暴露其思维过程,然后教师予以指导或强化,或纠正或优化,不断使学生学会思维.

一般可以通过理论学习法(通过学习一些发展心理学的简单知识了解不同年龄阶段的学生的心智特点)、自然观察法、档案材料法、命题检测法、个别访谈法、提问法、倾听法、问卷调查法、大数据法等途径掌握学情.

4. 引入新课的起点——必要性

引入新课是课堂教学的重要一环,好的引入,可以迅速引起学生注意,激活学生思维,为课堂有效、高效提供重要保障.引入新课要关注必要性和可行性.

"只有当学习内容对学生具有潜在意义且学生具有有意义学习心向时,有意义学习才能发生."(奥苏伯尔语)提高学生学习积极性的关键是让学生认识到所学知识的必要性.引入新课时,教师要讲清楚为什么学习这一部分内容,这一部分知识有什么用等基本问题,以激发学生的思维积极性.

必要性,即要解决"为什么要学"的问题.既可以通过实际问题的需要引入,也可以通过数学知识体系完善的需要引入.如,一名数学教师教学计数原理时,结合近期武汉市推出以 W 开头的车牌号,提出为什么要设置新的开头.再如,函数教学可先复习初中函数定义,再举出几个具体例子,请学生判断是不是函数.按照初中学习的知识,学生会感到困惑,进而顺势提出新课题——集合观点的函数定义.

5. 提出问题的起点——具有价值,可以研究

问题产生于需要,要有其研究价值.如,为什么要研究余弦定理?从可行性看,已知两边一夹角,三角形是唯一确定的;从必要性看,很多实际问题可归结为这个模型.因此,余弦定理有其研究的必要性和可行性.

6. 发现新知的起点——现有知识

要重视对旧知识的复习和回顾,在旧知识基础上,通过类比、引申、拓展等发现新知识.在现有知识基础上,一般可采取类比法、引申法、特殊化法、逆向思维法等发现新知.(详见3.3指导学生获取新知)

7. 问题解决的起点——核心知识,学科思想

核心概念和学科思想方法是构建数学大厦的基石,是解决具体问题的最有力工具.要高度重视核心概念和思想方法的教学,引导学生深刻领会核心概念的内涵和外延,体会学科思想方法;指导学生善于借助核心概念和学科思想方法,解决具体问题.

如,2021年我国高考一卷第8题,就充分体现了核心概念在解决具体问题中的作用:

有6个相同的球,分别标有数字1,2,3,4,5,6,从中有放回地随机取两次,每次取1个球.甲表示事件"第一次取出的球的数字是1",乙表示事件"第二次取出的球的数字是2",丙表示事件"两次取出的球的数字之和是8",丁表示事件"两次取出的球的数字之和是7",则(   ).

  A. 甲与丙相互独立　　　　　B. 甲与丁相互独立

  C. 乙与丙相互独立　　　　　D. 丙与丁相互独立

又如,为什么可以用判别式法求某一类分式函数的最值?为什么可以用基本不等式求函数最值?可以分别借助函数概念和函数最值概念予以解释和理解.

再如,关于 x 的不等式 $x^2+ax>2x+a+1$ 在 $a\in[-1,1]$ 上恒成立,求 x 的取值范围.

分析:若将 $x^2+ax>2x+a+1$ 视为以 x 为未知数,会感到无从下手.若转换思维角度,将 a 视为主元,则问题转化为关于 a 的不等式 $(x-1)a+x^2-2x-1>0$ 在 $a\in[-1,1]$ 时恒成立,问题轻松获解!

"授人以鱼,不如授人以渔".关注思维起点,培养学生的起点思维,正是授人以渔的有效途径.期待所有学生都能在老师们的指导下,学会思考.

3.24 让数学课堂更自然

关于好课的标准,仁者见仁,智者见智,众说纷纭.但有一点是共同的,那就是:好课应该是真实的课,好课应该是自然的课.要打造好课,首先,应着力打造自然的课堂.

1. 新课的引入要自然

"数学概念、数学方法与数学思想的起源与发展都是自然的.如果有人感到某个概念不自然,是强加于人的,那么只要想一想它的背景,它的形成过程,它的应用,以及它与其他概念的

联系,你就会发现它实际上是水到渠成、浑然天成的产物,不仅合情合理,甚至很有人情味."(人教版新课标教材《主编寄语》)

引入新课是数学课堂教学的重要环节,其基本要求是:通过设置恰当的问题情境,迅速激活学生思维,使学生以积极主动的状态投入新课的学习.

研究和实践表明:只有当学习内容对学生具有潜在意义且学生具有有意义学习心向时,有意义学习才能发生.如何使学生对即将开始的新课具有有意义学习心向呢?要尽可能通过具体丰富的实例或巧妙的问题,使学生认识到即将开始学习的新知识在数学发展或日常生活中的重要性,或者新课的学习是数学发展的必然需要.如:学习数系的扩充由一元二次方程的根的存在性入手,讲圆锥曲线从展示生活中的丰富多彩的圆锥曲线的美和应用入手,讲三角函数由匀速圆周运动入手,讲概率论由街头赌博故事入手等,都是很好的引入方式.

2. 问题的提出要自然

问题是数学的心脏,问题是开启学生思维之门的钥匙.好的问题,应该体现关注知识的内在联系;好的问题,应该顺应学生的认知心理;好的问题,应该是自然而然产生的;好的问题,最好应该是学生自己提出的.应特别注重在新旧知识的联结点处设置问题,创设问题情境.如,学习双曲线的简单几何性质前,学生已学习了椭圆的简单几何性质,初步掌握了通过曲线方程研究曲线性质的基本思想方法.教学双曲线的简单几何性质时,可先引导学生回顾如下问题:我们是从哪些方面研究椭圆的简单几何性质的?这些性质分别是怎样研究的?分别得出了怎样的结论?

3. 问题的解决要自然

数学教学最大的功能应是:培养、提高学生的思维能力以及分析问题、解决问题的能力.要达到这一功能,教师必须善于启发、引导学生通过自主探究获得解决问题的思路和方法.实际上,绝大多数数学问题的解决,都有章可循!课堂教学中,教师要尊重学生思维,立足基础知识和基本思想方法,引导学生自然而然地得到解决问题的方法和措施.要坚决杜绝人为色彩过于浓厚的变戏法似的让学生无法领会的所谓技巧!

4. 新知的发现要自然

实际需要和数学知识的内部联系,促成了数学学科的不断发展."温故而知新",数学新知常藏在旧知之中!数学教学中,教师要特别善于引导学生透过旧知发现新知,让新知来得自然些!如,椭圆的第二定义"平面内,到一个定点的距离与到一条定直线的距离之比是一个常数 $e(0<e<1)$ 的动点的轨迹是椭圆",在解决有关椭圆的离心率和最值问题时有广泛的应用,受到了中学师生的普遍重视.但该定义在教材中,只是以一个例题的形式出现,虽然通过建立直角坐标系,建立轨迹方程并化简,可看到这样的点的轨迹确实是椭圆,对此学生并不难接受,但喜欢动脑筋的学生就会纳闷:怎么想到这样定义椭圆?这个定义与课本介绍的另一定义"平面内到两个定点 F_1,F_2 的距离的和等于常数(大于 $|F_1F_2|$)的点的轨迹叫做椭圆"(我们这里称之为第一定义)有何关系?课堂教学中,如果教师对这些疑问视而不见、不理不睬,则与新课程标准所倡导的三维目标背道而驰,使学生只见树木,不见森林,掩盖了数学发现过程中火热的思考,割裂了知识的内在联系.

实际上,这两个定义,关系密切.请看由第一定义推导椭圆标准方程的过程:以椭圆的两

焦点 F_1,F_2 所在直线为 x 轴,以线段 F_1F_2 的中垂线为 y 轴,建立直角坐标系(图略).设 $M(x,y)$ 为椭圆上任一点,椭圆的焦距为 $2c$,那么 F_1,F_2 的坐标分别为 $F_1(-c,0),F_2(c,0)$.又设 $M(x,y)$ 与 F_1,F_2 的距离之和为 $2a$,根据定义可得

$$\sqrt{(x+c)^2+y^2}+\sqrt{(x-c)^2+y^2}=2a,$$

将这个方程移项

$$\sqrt{(x+c)^2+y^2}=2a-\sqrt{(x-c)^2+y^2},$$

平方并整理得

$$a^2-cx=a\sqrt{(x-c)^2+y^2}, \quad (\bigstar)$$

若将($\bigstar$)再次平方整理即得椭圆标准方程.

若对($\bigstar$)进行如下变形

$$\frac{\sqrt{(x-c)^2+y^2}}{\frac{a^2}{c}-x}=\frac{c}{a},$$

仔细看一下,这不正说明:点 $M(x,y)$ 到定点 $F_2(c,0)$ 的距离与到定直线 $x=\frac{a^2}{c}$ 的距离之比是常数 $\frac{c}{a}$ 吗?此时,提出椭圆的第二定义水到渠成,学生经历了知识的发现探究过程,认识了知识的联系,突出了知识的本来面目,必将取得良好的效果.

5.思想方法的渗透要自然

数学思想和方法是数学知识在更高层次的抽象和概括,具有高度的概括性、隶属性、层次性、迁移性等特点.数学教学中,要特别注重对基本的数学思想方法的挖掘和渗透,使学生真正做到既用具体方法解决问题,又用相应思想统摄思维、引领思考.在直白和渗透的关系上要更加注重潜移默化的渗透.尽可能让学生在解决问题的过程中掌握,在潜移默化中体会.

如,数列一章有丰富的数学思想方法,为引导学生体会、掌握、运用这些思想方法,可以通过提出如下各类问题,放手让学生探究、交流,讨论其解决关键和经验,进而师生共同讨论,上升到数学思想的高度,用以指导数列学习.

类型一:通过观察数列的前若干项,写出数列的一个通项公式.(渗透由特殊到一般的归纳思想)

类型二:处理等差数列和等比数列问题时,通过已知条件建立方程(组)解出 $a_1,d(q)$.(渗透方程思想)

类型三:借助函数单调性研究数列增减性,借助二次函数图象和性质处理等差数列的前 n 项和的最值问题.(渗透函数的思想)

类型四:求等比数列的前 n 项和时,对公比 q 是否等于 1 进行讨论.(渗透分类讨论思想)

类型五:已知 $a_{n+1}=pa_n+q(p,q$ 为常数$)$,求 a_n.可将已知关系式变形为 $a_{n+1}+\frac{q}{p-1}=p\left(a_n+\frac{q}{p-1}\right)$,借助等比数列的知识先求出 $a_n+\frac{q}{p-1}$,再求出 a_n.(渗透转化思想)

6.教学环节的过渡要自然

一节好课,应该是符合学生认知规律的课;一节好课,应该是层次清晰、结构合理的课.要

做到层次清晰、结构合理,教学诸环节的过渡和转换很关键.可以通过设计承上启下式的过渡语实现教学环节的自然过渡.如:可用如下过渡语实现从二项式定理到二项式系数的性质的过渡.

我们已经学习了二项式定理,知道了任意两数 a,b 的和的 n 次方的展开式 $(a+b)^n = C_n^0 a^n + C_n^1 a^{n-1} b^1 + C_n^2 a^{n-2} b^2 + \cdots + C_n^r a^{n-r} b^r + \cdots + C_n^n b^n$,利用这一定理可以完成任意两数和的 n 次方的展开问题.将定理中的具有一般意义的字母 a,b 赋予特定的值,可以得到一些十分有价值的结果.比如:令 $a=1,b=1$,由二项式定理可得:$C_n^0 + C_n^1 + C_n^2 + C_n^3 + \cdots + C_n^n = 2^n$.这说明,一个二项展开式中各二项式系数和为 2^n,这是二项式系数的一个重要性质.你还能将字母 a,b 赋予其他的具体的值,得到二项式系数的其他性质吗?

上述过渡语,既复习了二项式定理,又揭示了由二项式定理探究二项式系数的性质的基本方法,具有承上启下的功能,效果较好.

7. 激励评价要自然

评价是数学课堂教学的重要手段,评价具有甄别与选拔功能、激励与发展功能.新课程理念下,尤其强调发挥评价的激励与发展功能.教学实践中,多数一线教师,也充分认识到评价的激励作用,于是千方百计对学生的活动进行慷慨的肯定.应该说这种现象有其积极意义,但我们也必须清醒地看到,当前课堂评价中确实存在做作、不自然的情形.主要表现有:不加分析,滥用激励,即无论学生如何回答,回答是否偏离教学要求,教师都一味地说好;用语肉麻,虚情假意,即对学生一点小的表现,动辄表达"你太棒了!""你一定会成为数学大师!""你真是太聪明了!"令人感到极不自然;空洞无物,大话套话.科学合理的课堂评价应做到:充满真情实感,客观具体,言之有物,不仅肯定学生之前的态度和所取得的成绩,也要通过评价,指导学生树立更高的追求,得到更好的结果,切实使评价成为学生成长、成才的助推器.

第4章 数学知识和数学思想的教学

4.1 概念教学的基本程序

根据学生获得数学概念的不同心理分析,概念教学常有两种途径:概念形成、概念同化.

1. 概念形成

概念形成是从大量具体例子出发,以归纳方式概括出一类事物的本质属性,从而获得概念.其基本程序是:

(1)观察概念的不同正面实例.

(2)分析各实例的属性,综合出各实例的共同属性.

(3)抽象出各实例的共同本质属性.

(4)比较正反实例,确认本质属性,排除非本质属性.

(5)概括出概念的定义.把本质属性从具体实例中抽象出来,推广到一切同类事物,并给出概念的定义.

(6)用相关的形式符号表示概念.

(7)具体运用概念.通过举出概念的实例或在一类已知事物中辨认出概念的实例或运用概念解数学题等各种方式实际应用概念,使学生完成由抽象到具体的认知活动,自觉地把所学概念及时纳入相应的概念体系中去,使有关概念融会贯通,形成整体结构.

2. 概念同化

概念同化是利用学生认知结构中原有概念和知识经验,以定义的方式直接向学生揭示概念的本质属性,从而使学生获得概念.其基本程序是:

(1)观察概念的定义、名称和符号,揭示概念的本质属性.

(2)对概念进行特殊分类.

(3)把新旧概念系统化,把新概念同化到原有认知结构中.

(4)辨认比较正反实例,确认新概念的本质属性,使新概念与原有有关概念精确分化.

(5)具体应用概念.通过各种形式运用概念,使学生进一步加深对新概念的理解,完成由抽象到具体的认识过程,使有关概念融会贯通,形成整体结构.

在中学数学教学中,更多采用"概念形成"教学模式,以下是采用"概念形成"方式进行的"子集"概念的教学设计.

(1)创设情境,引入课题.

两个实数之间可以比较大小,类比实数关系,两个集合之间有哪些关系呢?

(2)观察比较,分析共性.

【思考】观察下面两个例子,类比实数之间的大小关系,你能发现下面两个集合之间的元素有什么关系吗?

①$A=\{1,2,3\}$,$B=\{1,2,3,4,5\}$;

②C 为华科附中高一(2)班全体女生组成的集合,D 为这个班全体学生组成的集合.

可以发现,在①中,集合 A 的任何一个元素都是集合 B 的元素.这时我们说集合 A 包含于集合 B,或集合 B 包含集合 A.②中的集合 C 与集合 D 也有这种关系.

(3)抽象分析,给出定义.

文字语言:一般地,对于两个集合 A,B,如果集合 A 中任意一个元素都是集合 B 中的元素,就称集合 A 为集合 B 的子集(subset),记作 $A\subseteq B$(或 $B\supseteq A$),读作"A 包含于 B"(或"B 包含 A").

符号语言:对任意的 $x\in A$,都有 $x\in B$,则 $A\subseteq B$.

(4)内涵外延,重点说明.

①集合相等:如果集合 A 的任何一个元素都是集合 B 的元素,同时集合 B 的任何一个元素都是集合 A 的元素,那么集合 A 与集合 B 相等,记作 $A=B$.也就是说,若 $A\subseteq B$,且 $B\subseteq A$,则 $A=B$.

②真子集:如果集合 $A\subseteq B$,但存在元素 $x\in B$,且 $x\notin A$,就称集合 A 是集合 B 的真子集(proper subset),记作 $A\subsetneqq B$(或 $B\supsetneqq A$).

请用图形语言解释真子集.

③空集:一般地,我们把不含任何元素的集合叫做空集(empty set),记为 $\varnothing$.

规定:空集是任何集合的子集,是任何非空集合的真子集.(你能解释其合理性吗?)

(5)解决问题,巩固提升.

例1.写出集合 $\{a,b\}$ 的所有子集,并指出哪些是它的真子集.

拓展:写出集合 $\{a,b,c\}$ 的所有子集,写出集合 $\{a,b,c,d\}$ 的所有子集.如何不重不漏地写出所有子集? 能否发现含 n 个元素的集合的子集个数?

例2.判断下列各题中集合 A 是否为集合 B 的子集,并说明理由:

①$A=\{1,2,3\}$,$B=\{x|x$ 是 8 的约数$\}$;

②$A=\{x|x$ 是长方形$\}$,$B=\{x|x$ 是两条对角线相等的平行四边形$\}$.

例3.$A=\{x|x^2+ax+b=0\}$,$B=\{1,2\}$,分别求 $A=B$,$A\subsetneqq B$,$A\subseteq B$ 时实数 a,b 满足的条件.

4.2 深化概念理解

4.2.1 概念的重要性

概念是数学知识的重要组成部分,是建构数学大厦的基石.正确理解、牢固掌握、灵活运用概念是学好数学的基础和前提.数学课堂教学中,教师要特别重视概念的教学,通过有效手段,帮助学生正确理解概念,从而为灵活使用概念打下坚实的基础.

4.2.2 深化概念理解的方法

1. 挖掘法

挖掘法透过概念的字面表达,揭示概念的本质属性(内涵).许多学生学习概念只满足于概念的形式化表达,不善于透过形式表达掌握概念的本质属性,因而运用时容易产生这样或那样的错误.讲授这些概念时,教师要有意识地引导学生对概念的形式化表达进行挖掘,把握概念中的关键属性,以使学生正确使用概念.如奇函数的概念"如果对于函数 $f(x)$ 定义域里的任一 x,都有 $f(-x)=-f(x)$,那么就称 $f(x)$ 为奇函数."教学实践中,许多学生甚至部分教师十分注意理解定义中的等式 $f(-x)=-f(x)$,却忽略了另一句话"对于函数 $f(x)$ 定义域里的任一 x",未能深刻把握奇函数的概念的内涵.教师在分析概念时,应向学生指出:从函数 $f(x)$ 定义域里任取一个 x,由等式 $f(-x)=-f(x)$ 成立,就可以断定 $-x$ 也在定义域里,而 $x,-x$ 关于原点对称,于是,由 x 的任意性就可以知道奇函数的定义域是关于原点对称的.因此,要判断一个函数是否为奇函数,首先要看其定义域是否关于原点对称.如果定义域不关于原点对称,则它一定不是奇函数,无须验证等式 $f(-x)=-f(x)$.

2. 补例法

数学反映了客观世界许多事物的共同属性.由具体例子通过抽象得出数学概念,是数学课堂教学中建立概念的基本模式.具体例子越丰富,则学生的感性认识就越丰富,其对概念的理解就越深入.数学课堂教学中,建立概念后,为促使学生进一步理解概念,可继续由教师补充或学生列举一些新概念的具体例子.如,集合是高中数学的基本概念,理解这一概念的关键是掌握集合中元素的三性:确定性、互异性、无序性.为帮助学生深入理解集合概念,教师可以在教材基础上补充各种集合的例子,也可请学生举出若干集合的例子.

3. 反例法

实践表明:从正反两方面理解概念可收到很好的效果.举反例,就是从反面理解概念的具体做法.对概念中学生易混、易错的部分,可通过举出反例予以强调.如学生常认为函数在某处连续,则在这一点也一定可导.实际上,连续未必可导.为使学生理解这一关系,除通过可导与连续的概念正面说明以外,还可以提供连续未必可导的具体例子.如函数 $y=|x|$ 在原点处连续,但在原点处不可导.

4. 比较法

比较是人们认识事物的重要手段.将彼此相近的概念放到一起进行比较,有助于学生认识彼此的差异,强化对概念的本质属性的理解.如学生学习角的概念的推广时,常将"第一象限角""小于90°的角""锐角"这三个概念搞混淆.为帮助学生区分这三个概念,可将三个概念进行比较,弄清它们的区别与联系.

5. 变式法

变式法尽可能提供概念的不同的表达形式,引导学生认识不同形式的共同特征,把握概念的本质.如:学习充要条件的概念时,教师可引导学生从如下的不同角度理解概念.

(1)借助推断符号理解:⇔即等价于.

(2)借助"当且仅当"理解:如"两直线平行的充要条件,是同位角相等"就可以说成是"两直线平行当且仅当同位角相等".

(3)借助"数学定义"理解:在数学中,只有 A 是 B 的充要条件才能用 A 去定义 B,因此在每一个定义中,都包含一个充要条件.

(4)借助"集合相等"理解:若 $A=B$,则 A 是 B 的充要条件.

6. 运用法

掌握知识最好的办法是运用知识.建立一个概念后,教师可以及时出示一些紧扣概念的小问题,让学生思考解决.如学习椭圆的概念后,教师可以提出如下 3 道思考题,以巩固和加深对椭圆的概念的理解.

(1)已知 $F_1(-\sqrt{2},0),F_2(\sqrt{2},0)$,那么到 F_1,F_2 距离之和为 3 的点的轨迹是什么?

(2)已知 $F_1(1,-1),F_2(-2,3)$,那么到 F_1,F_2 距离之和为 5 的点的轨迹是什么?

(3)已知 $\triangle ABC$ 一边 $BC=6$,周长为 16,那么顶点 A 的轨迹是什么?

7. 辨析法

针对学生理解概念可能产生的错误,设计若干命题,让学生判断正误,并说明理由.通过辨析,纠正模糊认识.如,平面向量的数量积,是向量中的重要概念,学生常常由于对概念的本质(是一个数量)把握不到位,受实数的积的运算的影响,产生如下错误:

(1)$a \cdot (b \cdot c)=(a \cdot b) \cdot c$;

(2)若 $a \neq 0, a \cdot b=a \cdot c$,则 $b=c$;

(3)若 $a \cdot b=0$,则 $a=0, b=0$ 至少有一个成立.

为避免上述错误的发生,强化数量积概念的理解,教师可引导学生对上述可能的错误进行辨析,找出错误根源,杜绝类似错误.

8. 直观法

有些概念本身比较抽象,因而给学生的理解带来困难.为帮助学生克服概念理解中的困难,教师可以提供与概念相关的直观模型,引导学生观察分析,深化对概念的理解.如"两条异面直线所成的角"是学生学习立体几何接触到的第一个用平面化方法定义空间几何量的概念,由于学生初学立体几何,理解概念常会感到困难.为帮助学生理解这一概念,课堂教学中,教师可充分借助正方体直观模型,让学生观察模型,找出 12 条棱中的异面直线,并说出彼此所成的角.

9. 比喻法

数学知识本身是冰冷枯燥的,但数学课堂教学不能冰冷枯燥.教师的教学就是要通过一定的途径,将数学知识的冰冷的学术形态转变为学生喜闻乐见的生动活泼的教育形态.借助生动形象的比喻可帮助学生加深对概念的理解.如许多学生对"方程的曲线"概念难以理解,可以打如下比方:两个人要成为父子关系,要具备什么条件呢? 一个要称另一个为儿子,同时,后一个要称前一个为父亲,如果只有一个承认,最多只能是"单相思".这一妙趣横生的比喻,十分有助于学生理解这一抽象的概念.

10. 联系法

数学知识来源于实际,现实生活是理解数学概念的重要阵地.联系实际理解概念是促进概念理解的重要途径.如导数的概念,具有深刻的实际背景.如汽车的瞬时速度,就是导数概念的现实模型,由汽车的瞬时速度引出导数概念,自然顺畅,学生容易理解.

4.3 定理教学的基本程序

从学生的学习方式看,定理学习主要有两种基本方式,即发现式学习和接受式学习.所谓发现式学习,是指学习者通过具体例子发现命题从而获得命题意义的一种学习方式.所谓接受式学习,是指把命题的内容以定论的形式呈现给学生,学生结合实例接受新知识获得命题意义的一种学习方式.

发现式学习的基本程序为:观察具体例子,获得具体实例的特征;概括抽象,提出假设;一般证明,确认结论;具体应用,完善结构.

接受式学习的一般程序为:观察新命题,并在认知结构中找到同化新知识的原有有关概念;分析新知识与原有起固定作用的观点的相同点,将新知识纳入原有认知结构中;分析新旧知识的不同点,使新知识与原有观念之间有清晰的区别,发展原有认知结构;结合观察实例或证明获得命题的完整意义.

在中学数学教学中,更多运用"发现式学习",以下是运用"发现式学习"程序设计的"直线与平面平行的判定定理"的教学片段.

1.观察实例,获得特征

观察1:在生活中,注意到门扇的两边是平行的,当门扇绕着一边转动时(图4.1),另一边与墙面有公共点吗?此时门扇转动的一边与墙面平行吗?

观察2:如图4.2所示,将一块矩形硬纸板$ABCD$平放在桌面上,把这块纸板绕边DC转动,在转动的过程中(AB离开桌面),DC的对边AB与桌面有公共点吗?边AB与桌面平行吗?

总结特征:没有公共点,平行.

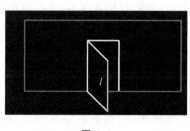

图 4.1

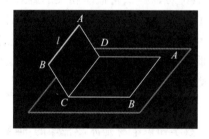

图 4.2

2.抽象概括,提出假设

根据以上分析,可以得到猜想:如果平面外一条直线与这个平面内的一条直线平行,那么这条直线和这个平面平行.

3.一般证明,确认结论

将猜想的证明具体化为证明下面的问题,可通过反证法得到如下的证明,进而总结得到直线与平面平行的判定定理.

已知:$a\not\subset\alpha,b\subset\alpha$,且 $a/\!/b$(图 4.3).

求证:$a/\!/\alpha$.

证明:∵ $a/\!/b$

∴ 经过 a,b 确定一个平面 β

∵ $a\not\subset\alpha,b\subset\alpha$

∴ α 与 β 是两个不同的平面

∵ $b\subset\alpha$,且 $b\subset\beta$

∴ $\alpha\cap\beta=b$

假设 a 与 α 有公共点 P,则 $P\in\alpha\cap\beta=b$,点 P 是 a,b 的公共点,这与 $a/\!/b$ 矛盾.

∴ $a/\!/\alpha$

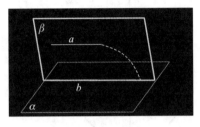

图 4.3

直线与平面平行的判定定理:如果平面外一条直线与这个平面内的一条直线平行,那么这条直线和这个平面平行. 简记为:线线平行,则线面平行.

图形语言:　　　　符号语言:$\left.\begin{array}{l}a\not\subset\alpha\\b\subset\alpha\\a/\!/b\end{array}\right\}\Rightarrow a/\!/\alpha$

4. 具体应用,完善结构

求证:空间四边形相邻两边中点的连线,平行于经过另外两边的平面.

4.4 公式教学的基本程序

公式是用字母符号反映量与量之间的某种确定的基本关系的一类恒等式. 公式本质上是一种特殊的定理,其遵循定理教学的一般规则和步骤. 但是,就公式的推理论证过程看,基本属于数学运算,同时公式又是其他运算的算理依据,这就要求公式教学有不同于一般定理教学的特点. 导出公式主要有三种常见形式:一是直接作为公理提出;二是从定义导出,如由指数与对数的定义 $a^b=N,\log_a N=b(a>0,a\neq 1,N>0)$ 导出对数恒等式 $a^{\log_a N}=N$;三是通过逻辑推理导出.

以下以"两角差的余弦公式"的教学为例,说明通过逻辑推理导出公式教学的基本程序.

1. 创设情境,提出问题

前面我们学习了诱导公式,利用它们对三角函数式进行恒等变形,可以达到化简、求值或证明的目的.这种利用公式对三角函数式进行的恒等变形就是三角恒等变换.观察诱导公式,可以发现它们都是特殊角与任意角 α 的和(或差)的三角函数与这个任意角 α 的三角函数的恒等关系.如果把特殊角换为任意角 β,那么任意角 α 与 β 的和(或差)的三角函数与 α,β 的三角函数会有什么关系呢?下面来研究这个问题.

2. 猜想探究,理性推导

问题 1:$\cos(\alpha-\beta)=\cos\alpha-\cos\beta$ 对吗?为什么?

问题 2:在直角坐标系中,已知 α,β,如何作出 $\alpha-\beta$?

问题 3:怎样出现 α,β 的正弦、余弦,以及 $\alpha-\beta$ 的余弦、正弦?

问题 4:图 4.4 中有哪些有关长度的等量关系?

不妨令 $\alpha\neq 2k\pi+\beta$,$k\in\mathbf{Z}$.

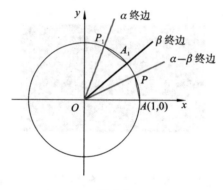

图 4.4

如图 4.4 所示,设单位圆与 x 轴的正半轴相交于点 $A(1,0)$,以 x 轴非负半轴为始边作角 α,β,$\alpha-\beta$,它们的终边分别与单位圆相交于点 $P_1(\cos\alpha,\sin\alpha)$,$A_1(\cos\beta,\sin\beta)$,$P(\cos(\alpha-\beta)$,$\sin(\alpha-\beta))$.连接 A_1P_1,AP.若把扇形 OAP 绕着点 O 旋转 β 角,则点 A,P 分别与点 A_1,P_1 重合.根据圆的旋转对称性可知:弧 AP 与弧 A_1P_1 重合,所以 $AP=A_1P_1$.根据两点间的距离公式,得

$$[\cos(\alpha-\beta)-1]^2+\sin^2(\alpha-\beta)=(\cos\alpha-\cos\beta)^2+(\sin\alpha-\sin\beta)^2,$$

化简得

$$\cos(\alpha-\beta)=\cos\alpha\cos\beta+\sin\alpha\sin\beta,$$

当 $\alpha=2k\pi+\beta(k\in\mathbf{Z})$ 时,容易证明上式仍然成立.

所以,对于任意角 α,β 有 $\cos(\alpha-\beta)=\cos\alpha\cos\beta+\sin\alpha\sin\beta(C_{\alpha-\beta})$.

3. 归纳公式,分析说明

说明公式的适用范围、特殊情况、相关字母符号的含义等.

(1)公式中 α,β 具有任意性.

(2)用此公式可将差角的余弦问题转化为单角的正、余弦问题,体现化复杂为简单、化未知为已知的转化思想.如求 $\cos 15°$.

(3)相关诱导公式 $\dfrac{\pi}{2}-\alpha$,$\pi-\alpha$,$\dfrac{3}{2}\pi-\alpha$,$-\alpha$,$2\pi-\alpha$ 都是该公式的特殊情况.

4. 解决问题,巩固应用

应用一般包括正用、逆用、变用和活用.

(1)正用：

①已知 $\sin\alpha=\dfrac{4}{5}, \alpha\in\left(\dfrac{\pi}{2},\pi\right), \cos\beta=-\dfrac{5}{13}, \beta$ 是第三象限角，求 $\cos(\alpha-\beta)$ 的值.

②求 $\cos 75°$ 的值.

(2)逆用：

①求值：$\cos 72°\cos 12°+\sin 72°\sin 12°$.

②化简：$\dfrac{1}{2}\cos x+\dfrac{\sqrt{3}}{2}\sin x$.

4.5 数学思想方法的教学策略

4.5.1 数学思想方法的含义

数学思想和方法是数学知识在更高层次的抽象和概括，具有高度的概括性、隶属性、层次性、迁移性等特点.中学数学重要的思想方法有：函数与方程的思想、数形结合思想、分类讨论思想、化归与转化思想等.

4.5.2 数学思想方法的重要性

数学教学有两条线，一条是明线，即数学知识的教学.一条是暗线，即数学思想方法的教学.而数学思想方法是数学的精髓，是学生形成良好认知结构的纽带，是知识转化为能力的桥梁，是培养学生良好的数学观念和创新思维的载体，在教学中我们必须重视数学思想方法的教学.

4.5.3 数学思想方法的教学

方法一：渗透.

渗透包括四个方面.

一是在知识的形成过程中渗透数学思想方法.数学知识的发生过程实际上也是数学思想方法的发生过程.任何一个概念，都经历着由感性到理性的抽象概括过程；任何一个规律，都经历着由特殊到一般的归纳过程.如果我们把这些认识过程返璞归真，在教师的引导下，让学生以探索者的姿态出现，去参与概念的形成和规律的揭示过程，学生获得的就不仅是数学概念、定理、法则，更重要的是发展了抽象概括的思维和归纳的思维，还可以形成良好的思维品质.因此，概念的形成过程、结论的推导过程、规律的揭示过程都是渗透数学思想方法的极好机会和途径.

例如，学生在初中阶段就已经接触函数的概念，但较完整的函数定义却在高中出现.如何在函数概念的教学中渗透函数思想呢？中学数学中的函数思想包括变数思想、集合的对应（映射）思想、数形结合的思想以及研究函数自变量、函数取值范围及变量之间关系的不等式控制思想等.其中变数思想是函数思想的基础，对应思想是函数思想的实质，数形结合思想和控制思想是函数思想的具体体现和应用.在函数知识的形成与学习过程中，应逐步渗透上述思想.为此,根据高一学生的认知水平,在函数概念教学中应该抓住函数是两个变量之间的一种特殊的对应(映射)的思想进行渗透.可以通过丰富的实例,让学生体会函数是描述变量间的依赖关系的重要数学模型.

二是在解题探索过程中渗透数学思想方法.数学中的化归、数学模型、数形结合、类比、归纳猜想等思想方法,既是解题思路分析中必不可少的思想方法,又是具有思维导向性的思想方法.如,学生一旦形成了化归意识,就能化未知为已知、化繁为简、化一般为特殊,优化解题方法.数学思想方法在解题思路探索中的渗透,可以使学生的思维品质更具合理性、条理性和敏捷性.

如:求 $f(x)=3\sin(x+20°)+\sin(x+80°)$ 的最大值和最小值.不少同学直接使用公式展开,结果计算过程相当烦琐,造成思维混乱.化解这一问题的方法是,将 $x+20°$(或 $x+80°$)看成一个整体,将 $x+80°$ 化为 $(x+20°)+60°$.这里涉及了换元思想方法(整体思想方法)和化繁为简的化归思想方法.在具体教学中,可以告知学生从函数解析式的特点看本题,本题的焦点是角度不同(即自变量不同),因此,关键在于如何利用三角恒等变换公式将函数中的角化成同一个角.

三是在问题的解决过程中渗透数学思想方法.问题解决,是以思考为内涵,以问题目标为定向的心理活动,是在新情境下通过思考去实现学习目标的活动,"思考活动"和"探索过程"是问题解决的内核.数学领域中的问题解决,与其他科学领域用数学去解决问题不同.数学领域里的问题解决,不仅关心问题的结果,而且关心求得结果的过程,即问题解决的整个思考过程.数学问题的解决过程,实质是命题的不断变换和数学思想方法的反复运用过程.数学思想方法是数学问题解决的观念性成果,它存在于数学问题的解决之中.数学问题的步步转化,无不遵循数学思想方法指示的方向.因此,通过问题解决,可以培养数学意识,构造数学模型,提供数学想象;伴以实际操作,可以诱发创造动机,可以把数学嵌入活的思维活动之中,并不断在学数学、用数学的过程中,引导学生学习知识、掌握方法、形成思想,促进思维能力的发展.

四是在复习小结中渗透数学思想方法.小结与复习是数学教学的一个重要环节,揭示知识之间的内在联系以及归纳、提炼知识中蕴含的数学思想方法是小结与复习的功能之一.数学的小结与复习,不能仅停留在把已学的知识温习记忆一遍的要求上,而要去努力思考新知识是怎样产生、展开和证明的,其实质是什么,怎样应用它等.小结与复习是对知识进行深化、精炼和概括的过程,它需要通过手和脑积极主动地开展活动才能达到.因此,这个过程提供了发展和提高能力的极好机会,也是渗透数学思想方法的极好机会与途径.

方法二:归纳.

进行必要的归纳总结是使数学思想方法接地气,让学生可琢磨可应用的重要手段.数学思想方法具有极强的概括性,对于学生的思维能力有较高的要求.对于思维能力暂时未达到要求的学生,进行必要的归纳和梳理,是提升他们学习效果的重要途径.如,对于数形结合思想中的以形助数,学生经常由于脑子里对常见数学模型缺乏全面、深刻的认识,在具体运用时遇到困难或根本就想不到该怎么运用.若能引导学生系统地总结常见的几何模型,则可使学生能力得以提升.这些几何模型包括长方体、正方体、三角形、圆、斜率、点到直线的距离、两点间的距离、直线在坐标轴上的截距等.特别是,学生学完一个单元的内容后,应该在整体上对该单元的内容有一个清晰、全面的认识.因此,在小结与复习时应该提炼、概括这一单元知识所涉及的数学思想方法;从知识发展的过程来综观数学思想方法所起的作用,以新的更为全面的观点分析所学过的知识;从数学思想方法的角度进行提高与精炼.由于同一内容可以体现不同的数学思想方法,而同一数学思想方法又常常蕴含在许多不同的知识点里,因此,在小结与复习时,还应该从纵横两方面整理出数学思想方法及其系统.如在解析几何章节复习时,可以通过具体所学的知识,再一次向学生强调解析几何是用代数方法研究几何图形的性质,它的基本思想是将几何问题转化为代数问题,用坐标表示点,用方程表示曲线等几何图形,将图形的有关性质转化为数与方程,通过代数计算和变形的方法来解决问题.

方法三:应用.

数学思想方法是策略性的知识,较学科知识更进一层.思想是对知识融会贯通的理解和升华,功能性强但程序性弱;技巧是通过强化训练达到迅速、精确、运用自如的"一技之长",程序性强而功能性弱.例如,"化归思想"在解题中无处不在,其实质是利用数学概念的"多元联系表示",实现问题表征的改变,这对解题具有根本的重要性.它撩开了问题的神秘面纱,让人产生"原来如此"的感慨,从而达到"柳暗花明又一村"的功效.讲清道理是使学生学会运用的前提,如函数思想和方程思想,要使学生通过函数和方程的概念认识到二者的本质:函数的本质是两个变量的对应关系;方程的本质是含有未知数的等式.知道了这个道理,就不难用对应的思想方法解决下列问题.

例1. 函数思想在解决方程问题时的应用:

已知 $x^3+\sin x-2a=0, 4y^3+\sin y\cos y+a=0$,求 $\cos(x+2y)$ 的值.[研究函数 $f(t)=t^3+\sin t$ 的单调性]

例2. 方程思想在解决函数问题时的应用:

求 $y=\dfrac{x+1}{x^2+1}$ 的值域.(改写为关于函数值的方程,易用判别式予以解决)

方法四:反思.

引导学生进行反思,从中领悟数学思想方法.著名数学教育家弗赖登塔尔指出:"反思是数学思维活动的核心和动力."因此,教师应该创设各种情境,为学生创造反思的机会,引导学生积极主动地提出问题,总结经验.如:解法是怎样想出来的?关键是哪一步?自己为什么没想出来?能找到更好的解题途径吗?这个方法能推广吗?通过解这个题,我学到了什么?在必要时可以引导学生进行讨论.这种反思能较好地概括思维的本质,从而上升到数学思想方法上来.同时由于学习的不可代替原则,教师在积极引导学生进行反思的同时,还要善于引导学生学会自己提炼数学思想方法,帮助学生领悟数学知识与解题过程中隐藏的数学思想方法.

第5章 常见基本课型的教学

5.1 习题课的教学策略

5.1.1 习题课的功能

习题课教学主要有深化基础知识、消除学习障碍、纠正存在问题、梳理知识结构、完善知识系统、提高数学能力、发展核心素养等功能.

根据教学内容的特点与目标,习题课的类型可分为以下几种:单元知识完结后的习题课、章节知识完结后的习题课、模块知识完结后的习题课、主干知识完结后的习题课、以专题问题为主题的习题课等.

5.1.2 习题课的教学策略

(1)知识回顾结构化.对知识进行必要回顾,既是深化知识理解的需要,也是提升分析和解决问题能力的需要.为此,习题课的知识回顾,要力求结构化,所谓结构,就是知识之间的联系.习题课的知识回顾,要抓住知识之间的内在联系,逐步形成知识网络,不可停留在碎片化知识的回顾中.如立体几何中"直线和平面的平行关系"的习题课中,要抓住线线关系与线面关系的相互转化这一条主线进行知识和方法回顾.

(2)题目选择最优化.解决具体问题是习题课最主要的任务,故题目选择和设计的质量,直接影响和决定着习题课的效果.习题课选择和设计题目时,一般应遵循典型性原则和层次性原则.所谓典型性,有三个基本指标:围绕主题(目标),可举一反三、便于拓展,能激发思维.所谓层次性原则是指题目应分类处理、先易后难,按照某种逻辑,层层深入,不断深化学生的思考和认知.

(3)解法探究主体化.学生是课堂的主体,习题课的效果如何,不是取决于教师讲了多少,而是取决于学生思考了多少.习题课要特别给学生机会思考,给学生时间交流,鼓励学生广开思路,一题多解.

(4)反思拓展变式化.深化知识理解,培养核心素养,必须在解决具体真实的问题的过程中予以达成.对习题进行拓展变式,是培养学生思维灵活性、提升核心素养的重要策略.对典型问题,要善于举一反三,变式拓展.变式拓展一般有如下几种形式:探究逆命题;条件不变,探讨其他结论;改变条件,解决同样的问题;形似质异(形式类似,本质不同);一般化;特殊化等.

(5)重要方法模型化.掌握规律,对提升解决问题的能力至关重要.习题课教学中,要善于在新知识学习和当堂解决的具体问题的基础上,进一步抽象归纳出典型问题的解题方法和规律,形成解题模型.如解决"已知函数$f(x),g(x)$,对于任意$x_1 \in A$,总存在$x_2 \in B$,使得$f(x_1)$

$\geqslant g(x_2)$,求相关参数范围"一类问题后,可以在分析该问题几种常见变式后总结出解决类似问题的基本模型.

(6)解题后反思制度化.解题后反思的重要性,已得到广大教师的认同.反思什么？一般来说,反思如何突破思维障碍,反思方法优化,反思一题多解,反思一题多变,反思解题过程中用到的数学思想方法,反思本题的育人和解题功能,都是解题后反思的重要内容.

5.2 单元复习课的教学策略

5.2.1 单元复习课的功能

数学单元复习课的主要功能包括梳理知识、深化理解和综合应用等三个方面.其一,要在知识回顾的基础上分析知识之间的内在联系,通过对所学内容的深层次加工进一步促进知识的结构化、网络化和系统化,逐步实现数学学习从"由薄到厚"向"由厚到薄"的过渡.其二,要在重新审视已有认知的基础上,进一步深化和完善对新知识内涵的认识和理解,升华数学思想和数学方法.其三,需要通过对知识进行综合应用,进一步培养学生分析问题和解决问题的能力.

5.2.2 单元复习课的教学策略

(1)内容结构化.实现知识结构化,有如下常见途径：

①绘制知识框图(思维导图).知识框图应是师生共同构建的结果.框图的形成应建立在具体问题的概括上,建立在学生经验的基础上,建立在"厚书读薄,薄书读厚"的过程中,建立在主要线索不断细化、由基本雏形不断完善的环节中.

②挖掘知识和方法的内在联系,以联系的观点看待数学知识.如一元二次不等式学习,要注重抓住二次函数、一元二次方程和一元二次不等式的内在联系.

(2)知识习题化.通过少量具体典型问题的解决,带动具体知识点的复习.如复习函数的性质时,可出示问题：研究函数 $f(x)=\sqrt{x^2+1}+x$ 的性质.引导学生通过多角度解决这一具体问题,回顾函数性质的类型及其相应的研究方法.

(3)选题最优化.除典型性外,要提高综合性,加强关联性.善于从数学思想的高度设计问题,融合多种知识点和思维方法,能够举一反三,便于进行变式引申,通过变式,层层深入,深化认知.

(4)探究主体化.给学生机会,让学生探究.

(5)方法模型化.通过具体问题的讲解,及时总结,梳理解题模型.如,函数教学中,可通过以下两个问题归纳定义域为 A 和在区间 A 上有意义两类不同问题的解法：

①已知函数 $f(x)=\sqrt{1+a\cdot 2^x}$ 在区间 $(-\infty,1]$ 上有意义,求实数 a 的取值范围；

②已知函数 $f(x)=\sqrt{1+a\cdot 2^x}$ 的定义域为 $(-\infty,1]$,求实数 a 的取值范围.

5.3 试卷讲评课的教学策略

5.3.1 试卷讲评课的功能

试卷讲评课是高中数学教学的重要课型之一.试卷讲评课是指考试后对试卷进行分析点评,是教师与学生一起对试卷题型分布、答题的具体情况进行分析,纠错并进行错因分析,以查找知识结构中的漏洞,填补理解中的不足,从而巩固学生所学的知识,最终实现提升其素养的课型.有效的试卷讲评教学,不仅可以让学生清楚自己的错误所在,而且可以让学生对所学数学知识理解得更加透彻,并使其认知能力在反思中得以有效提升.

简言之,试卷讲评课的主要功能是合理弥补数学基础知识的缺陷,突出重点难点,积累解题经验,优化思维品质,提升关键能力.

5.3.2 试卷讲评课的教学策略

(1)学情数据化.学情是教学的起点,能否基于学情进行精准教学,是试卷讲评课成败的关键.试卷讲评课之前,要对试卷进行认真批阅,并通过各种手段,特别是信息技术手段,获取学生答题的相关数据,通过数据弄清楚学生的薄弱环节和需要重点发力的地方.

(2)问题归类化.结构化的东西易于理解和记忆,试卷讲评课要加强对问题的归类分析.通过问题归类,一是可以实现问题的结构化,二是可以大大提高教学效率.试卷讲评课要善于结合学情和问题背景,对试题进行分类,授课时按类型进行剖析、讲解、讨论、交流.

(3)实施主体化.试卷讲评课要放手让学生多讲,多交流想法,尽可能多给学生说的机会.指导学生说审题、说思路的来龙去脉、说错误、说规律、说心得、说困惑.要让学生成为讲评课的主角,切忌教师"一言堂".可采取合作模式、小组展示交流等模式保证学生的主体地位.

(4)思维显性化.对典型方法的来历,要予以深刻揭示,使学生不仅知其然,还知其所以然.要引导学生经历审题的过程、建模的过程等.讲评要把挖掘"为什么这么做,如何想到这么做,这么做有什么好处,为什么会有这样的作用,这一具体问题的背后隐含着怎样的一般模式和规律"作为重中之重,并且要让学生充分地讨论、思考、交流.如,求证 $\frac{2}{1}+\frac{3}{4}+\frac{4}{9}+\cdots+\frac{n+1}{n^2}>\ln(n+1), n\in \mathbf{N}^*$,就要对上述问题讲评清楚.再如,为什么直接证明不容易的题目,用反证法比较容易;为什么我们可以用函数的知识解决数列问题都是值得探讨的!

(5)讲评同步化.讲评课应有讲有评.讲什么?当然主要是讲如何做及如何想到这样做,这里的讲不能由教师一言堂,要让学生多讲。评什么?主要评学生的奇思妙解、学生的典型错误、题目蕴含的一般规律和方法、具体问题背后的数学思想方法、解题的心得体会等.

(6)探究深刻化.就有些问题进行举一反三的深刻探究.所谓深,指不能停留在"就题论题、就事论事"上,要挖掘一招一式背后的深刻理由,要对必要的数学思想方法进行挖掘揭示,达到会一题通一类.

(7)补偿及时化.及时组织补偿性针对训练.解决问题,形成技能,最好的办法是训练!讲评后,教师要设置相近的问题,让学生训练,巩固成果,形成技能.当堂矫正.

(8)延伸多样化.试卷讲评课下课不是结束,要重视完成课后延伸,主要工作有三个.一是分层布置作业.基础薄弱的学生完成基础练习,并将错题整理到错题本中;中等生完成基础练习和拓展练习;优秀生完成挑战练习.二是完成错题重测或同类题的变式检测,争取做到考后满分.三是重视个别辅导,及时解决好课堂教学中未顾及的个性化问题.

第6章 解题教学

6.1 挖掘教材例习题的潜在价值

6.1.1 例习题的功能

新课程标准下,教材只是提供了基本的教学素材,并非教学内容的全部.要想取得理想的教学效果,教师不仅要忠实于教材,更要充分发挥自己的主观能动性,创造性地使用教材,充分挖掘教材的潜在价值.例习题是数学教材的重要组成部分,在促进学生巩固知识、形成技能、发展思维等方面有着不可替代的作用.

6.1.2 挖掘例习题价值的方法

1. 揭示(还原)实际背景,培养学生的数学应用意识

"发展学生的数学应用意识"是新课程的基本理念之一. 新课程标准明确指出:"应提供基本内容的实际背景……促进学生形成和发展数学应用意识."数学教学中,若能有意识地揭示问题的实际背景,则有助于提高学生的学习兴趣,培养、发展学生的数学应用意识.

例1. 已知: a,b,m 都是正数,且 $a<b$. 求证: $\dfrac{a+m}{b+m}>\dfrac{a}{b}$.

这是一个重要不等式,蕴含着丰富的实际背景,教学中,教师应对有关背景予以及时的揭示. 如:按建筑学规定,民用住宅的窗户的面积(相当于 a)必须小于该住宅的地板面积(相当于 b),当前者与后者的比值越大时,住宅的采光条件就越优.同时增加相等的窗户面积和地板面积(相当于 m),住宅的采光条件就更佳. 再如,在糖水里加入糖,糖水会更甜等.

例2. 证明: $(C_n^0)^2+(C_n^1)^2+\cdots+(C_n^n)^2=\dfrac{(2n)!}{n!\cdot n!}$.

这是一个组合恒等式,许多学生面对此题,无从下手.实际上可通过还原该恒等式的如下的一个实际背景,使等式得以顺利证明,且对学生进行一次很好的"数学源于实际"的教育,有助于发展他们的数学应用意识.

一个口袋装有 n 个红球、n 个白球,共 $2n$ 个球. 从口袋取出 n 个球,共有 $C_{2n}^n=\dfrac{(2n)!}{n!\cdot n!}$ 种取法. 另一方面,这些取法可分为 $n+1$ 类:

第1类:0 个红球、n 个白球的情况有 $C_n^0 C_n^n=(C_n^0)^2$ 种取法.

第2类:1 个红球、$n-1$ 个白球的情况有 $C_n^1 C_n^{n-1}=(C_n^1)^2$ 种取法.

依此类推,第 $k+1$ 类:k 个红球、$n-k$ 个白球的情况有 $C_n^k C_n^{n-k}=(C_n^k)^2$ 种取法.

故: $(C_n^0)^2+(C_n^1)^2+\cdots+(C_n^n)^2=\dfrac{(2n)!}{n!\cdot n!}$.

2. 探究多种解法,培养学生思维的发散性

培养思维能力是数学教学的基本任务之一,进行解题实践是培养学生思维能力的最基本途径.教学实践表明,解题教学中,引导学生对所面对的问题进行多角度的思考,从多角度寻找问题的解决办法,不仅有助于知识的巩固,也有助于启迪学生思维,培养其思维的发散性和创造性.

例 3. 已知 a,b,c,d 都是实数,且 $a^2+b^2=1, c^2+d^2=1$,求证:$|ac+bd|\leqslant 1$.

此题证明方法较多,是巩固不等式证明方法、训练学生思维的发散性的好题目.教材中分别给出了综合法、比较法和分析法三种证明方法,学生不难掌握.实际上,本题证法远不止以上三种.教学中若满足于以上方法,不再探求其他证明方法,则会使学生失去一次极好的训练发散思维的机会,使解题教学的思维能力培养功能大打折扣.以下是本题的其他几种证法.

法四(换元法): 设
$$a=\cos\alpha, b=\sin\alpha, c=\cos\beta, d=\sin\beta,$$
则
$$|ac+bd|=|\cos\alpha\cos\beta+\sin\alpha\sin\beta|=|\cos(\alpha-\beta)|\leqslant 1.$$

法五(构造法): 设
$$y=(ax+c)^2+(bx+d)^2=(a^2+b^2)x^2+2(ac+bd)x+(c^2+d^2)$$
$$=(a^2+b^2)x^2+2(ac+bd)x+1,$$
由 $y\geqslant 0$ 得
$$4(ac+bd)^2-4(a^2+b^2)\leqslant 0.$$
∴ $(ac+bd)^2\leqslant 1$,
故 $|ac+bd|\leqslant 1$.

法六(向量法): 设
$$\vec{x}=(a,b), \vec{y}=(c,d),$$
则
$$\vec{x}\cdot\vec{y}=ac+bd, |\vec{x}|=\sqrt{a^2+b^2}=1, |\vec{y}|=\sqrt{c^2+d^2}=1,$$
由
$$\vec{x}\cdot\vec{y}=|\vec{x}|\cdot|\vec{y}|\cdot\cos\theta(\theta \text{ 为向量 } \vec{x},\vec{y} \text{ 的夹角}),$$
知
$$|\vec{x}\cdot\vec{y}|=||\vec{x}|\cdot|\vec{y}|\cdot\cos\theta|\leqslant|\vec{x}|\cdot|\vec{y}|=1,$$
∴ $|ac+bd|\leqslant 1$.

3. 推广引申问题,培养学生思维的深刻性

在具体问题的解答的基础上,将原问题的条件和结论一般化,有助于引导学生由此及彼,由表及里,掌握知识和方法的本质,提高灵活运用知识的能力,培养其思维的深刻性,提高学习效果.

例 4. 在椭圆 $\dfrac{x^2}{45}+\dfrac{y^2}{20}=1$ 上求一点,使它与两个焦点的连线互相垂直.

这是一道考查椭圆概念和性质的基本题,是许多高考题的原型,极具研究价值.可进行如下引申推广.

引申 1：设椭圆 $\dfrac{x^2}{45}+\dfrac{y^2}{20}=1$ 的焦点为 $F_1,F_2,P(x_0,y_0)$ 为椭圆上一点，求 $\angle F_1PF_2$ 分别为锐角和钝角时 x_0 的取值范围.（$x_0<-3$ 或 $x_0>3$ 时，$\angle F_1PF_2$ 为锐角；$-3<x_0<3$ 时，$\angle F_1PF_2$ 为钝角）

引申 2：椭圆 $\dfrac{x^2}{a^2}+\dfrac{y^2}{b^2}=1(a>b>0)$ 的焦点为 F_1,F_2，问 a,b 满足什么关系时，椭圆上总存在一点 P，使它与两个焦点的连线互相垂直.（$a\geqslant\sqrt{2}b$）

引申 3：P 为椭圆 $\dfrac{x^2}{a^2}+\dfrac{y^2}{b^2}=1(a>b>0)$ 上一点，F_1,F_2 为椭圆的两焦点，$\angle F_1PF_2=\theta$. 求证：$S_{\triangle F_1PF_2}=b^2\cdot\tan\dfrac{\theta}{2}$.

4. 借用习题结论解决其他问题，拓宽学生的解题思路

解题是数学学习的基本活动，解题能力的高低是衡量数学学习水平的基本指标之一. 要提高解题能力，掌握尽可能多的解题方法是必需的. 课本上有些例、习题本身就是很好的数学结论，教学中，及时引导学生用所解问题的结论作为工具解决其他问题，可以开阔学生的视野，拓宽其解题思路，提高其分析问题、解决问题的能力.

例 5. 已知 a,b 都是正数，$x,y\in\mathbf{R}$，且 $a+b=1$，求证：$ax^2+by^2\geqslant(ax+by)^2$.

此题看似平淡，但其条件和结论中所反映的特征信息，却为我们求解"$x+y=1$"型问题搭建了平台. 教学中，当学生完成这一题后，教师可随即给出如下几个问题，引导学生用本题的结论解决.

问题 1：已知 x,y 为正实数，且 $x+y=1$，求 $\dfrac{1}{x}+\dfrac{4}{y}$ 的最小值.

解：由例 5 结论得

$$\dfrac{1}{x}+\dfrac{4}{y}=x\cdot\left(\dfrac{1}{x}\right)^2+y\cdot\left(\dfrac{2}{y}\right)^2\geqslant\left(x\cdot\dfrac{1}{x}+y\cdot\dfrac{2}{y}\right)^2=9,$$

当且仅当 $\dfrac{1}{x}=\dfrac{2}{y}$ 即 $x=\dfrac{1}{3},y=\dfrac{2}{3}$ 时，等号成立，因此 $\dfrac{1}{x}+\dfrac{4}{y}$ 的最小值为 9.

问题 2：已知 a,b,x,y 均为正实数，且 $x^2+y^2=1$. 求证：$\sqrt{a^2x^2+b^2y^2}+\sqrt{a^2y^2+b^2x^2}\geqslant a+b$.

证明：由例 5 结论得

$$\sqrt{a^2x^2+b^2y^2}=\sqrt{x^2a^2+y^2b^2}\geqslant x^2a+y^2b,$$
$$\sqrt{a^2y^2+b^2x^2}=\sqrt{y^2a^2+x^2b^2}\geqslant y^2a+x^2b,$$

两式相加，得

$$\sqrt{a^2x^2+b^2y^2}+\sqrt{a^2y^2+b^2x^2}\geqslant(x^2+y^2)(a+b)=a+b.$$

问题 3：已知 a,b 为正实数，且 $a+b=1$. 求证：$\sqrt{a^2+1}+\sqrt{b^2+1}\geqslant\sqrt{5}$.

证明：由例 5 结论得

$$a^2+1=5\left[\dfrac{1}{5}a^2+\dfrac{4}{5}\left(\dfrac{1}{2}\right)^2\right]\geqslant 5\left(\dfrac{1}{5}a+\dfrac{4}{5}\times\dfrac{1}{2}\right)^2=\dfrac{1}{5}(a+2)^2,$$

故

$$\sqrt{a^2+1} \geqslant \frac{1}{\sqrt{5}}(a+2),$$

同法得

$$\sqrt{b^2+1} \geqslant \frac{1}{\sqrt{5}}(b+2),$$

两式相加得

$$\sqrt{a^2+1}+\sqrt{b^2+1} \geqslant \sqrt{5}.$$

5. 挖掘问题联系,完善学生的认知结构

帮助学生建构和发展认知结构是数学教学的重要任务之一. 而"注重联系的教学",是帮助学生建构和发展认知结构的重要手段之一. 例习题教学中,若能将彼此有联系的不同的题目放在一起比较分析,分析彼此的联系,则可以使学生对数学有更加整体的认识,有助于其完善认知结构.

例 6. 解完问题"$\triangle ABC$ 一边的两个端点是 $B(0,6),C(0,-6)$,另两边所在的直线的斜率之积为 $\frac{4}{9}$,求顶点 A 的轨迹"后,可引导学生回头对照做过的同册教材练习"$\triangle ABC$ 两顶点 A,B 的坐标分别为 $(-6,0),(6,0)$,边 AC,BC 所在直线的斜率之积为 $-\frac{4}{9}$,求顶点 C 的轨迹方程".

将两个问题叙述方式一般化,可得如下椭圆和双曲线的统一定义(一般称为第三定义):平面内到两定点 $A_1(a,0),A_2(-a,0)$ 的连线的斜率的乘积等于常数 m 的点的轨迹是椭圆或双曲线. 这一定义,揭示了椭圆和双曲线的内在联系,有助于学生提高对数学的整体认识,有助于学生构建完善的认知结构.

6. 领会编者意图,在基本问题的解答中培养学生思维的严密性和概括性

思维的严密性和概括性是评价学生思维能力的重要指标,训练思维能力最好的途径是进行解题实践. 教师在解题教学中,要深入钻研教材、领会编者意图. 教材中不少例习题看似十分简单,却蕴含着十分丰富的思维训练素材,能否发挥这些素材在培养学生思维能力方面的作用,取决于教师对这些基本问题的挖掘.

例 7. (1)证明函数 $f(x)=3x+2$ 在 $\mathbf{R}$ 上是增函数.

(2)证明函数 $f(x)=\frac{1}{x}$ 在 $(0,+\infty)$ 上是减函数.

许多教师在教这部分内容时,认为这两题过于简单,而采取在课堂教学中一带而过或让学生课外自学的处理方法,使这两道基本例题的价值大打折扣. 实际上,这两道题寓意深刻. 仔细分析,至少可以揣摩编者的如下意图. 第一,学生在初中阶段已经通过观察函数图象直观认识了一次函数和反比例函数的单调性,但这些知识在学习函数单调性的严格定义之前,只是观察的结果. 而在许多数学问题的解答中,仅有观察是不够的,要说明观察结论的正确性,还要进行严格的推理论证. 设置这两个简单例子的目的之一,就是使学生进一步认识数学严密的逻辑性,从而培养言而有据的科学精神和思维的严密性. 第二,用定义法研究单调性是处理单调性问题的重要方法,教材旨在通过这两个简单的例子向学生说明用定义法证明函数的单调性的基本方法步骤. 教学中, 教师应引导学生通过例题的探究解决总结概括出如下用定义证明函数单调性的步骤. 一设: 在指定区间内任取两个自变量 x_1, x_2, 并指定大小关系. 二作: 作 $f(x_1), f(x_2)$ 的差 $f(x_1)-f(x_2)$. 三变: 对 $f(x_1)-f(x_2)$ 进行合理变形. 四定: 在变形的基础上确定 $f(x_1)-f(x_2)$ 的符号. 五证: 由 $f(x_1)-f(x_2)$ 的符号确定 $f(x_1), f(x_2)$ 的大小关系, 从而根据单调性的定义证得命题.

如此分析, 看似简单的问题作用并不简单.

6.2 例题教学的策略

一要领会教材例题的设计意图, 充分发挥教材作用. 教材中的每个例题都比较具体地反映了课堂教学的有关内容和学生应掌握的程度, 但不同的例题的目的和作用都不一样. 如, 有的是为了引入某一概念, 有的是为了推导某一个公式, 有的是为了揭示某一公式或法则的运用, 有的是为了帮助学生掌握某种解题技巧, 有的用来强调解题格式和解题规范, 有的则用来突出某种思想和方法. 由于它们安排在不同的教学环节中, 其目的也就有所侧重. 因此, 教师必须根据教学的实际和需要, 深入钻研例题, 领会和认识例题的意图, 突出重点, 兼顾其他, 充分发挥例题的作用.

如"两角和与差的正切"一节, 教材配备了三道例题:

例1. 已知 $\tan\alpha=\dfrac{1}{3}, \tan\beta=-2$.

(1) 求 $\cot(\alpha-\beta)$ 的值.

(2) 求 $\alpha+\beta$ 的值 ($0°<\alpha<90°, 90°<\beta<180°$).

例2. 计算 $\dfrac{1+\tan 75°}{1-\tan 75°}$ 的值.

例3. 设 $\tan\alpha, \tan\beta$ 是一元二次方程 $ax^2+bx+c=0(a\neq 0)$ 的两个根, 求 $\cot(\alpha+\beta)$ 的值.

这三道例题总的教学要求是, 帮助学生深入理解和记忆两角和与差的正切公式的意义, 掌握公式的运用, 但它们的教学目的各有侧重, 教学中应做到有的放矢. 例1 (模仿性练习) 是简单直接运用公式, 目的是帮助学生熟悉公式的基本结构, 属于公式运用的最低能力的要求. 例2 (选择组合性练习题) 是简单间接运用公式, 其本身并不直接体现两角和与差的正切公式, 但又比较容易看出其与两角和与差的正切公式在形式上有相似之处, 进而还要逆用45°角的正切值, 这涉及公式以外的其他知识, 具有知识的小范围综合和公式运用的小范围迁移的特点, 属于公式运用的稍高能力的要求. 例3 (灵活与综合运用) 则是在具体数学问题中对知识的灵活与综合运用, 它与两角和与差的正切公式的关系已不明显, 涉及公式以外较远的其他知识, 具有较大范围的综合性和公式运用的较大范围的迁移性, 属于公式运用的较高能力的要求.

二要关注学生学习中可能遇到的困难, 采取针对性的学法指导措施. 学生实际, 是一切教学活动的出发点. 只有切合学生实际的教学才可能是有效的教学. 教师在准备例题的过程中, 要善于换位思考. 要站到学生角度思考: 解这一问题学生的困难在哪里? 学生容易发生哪些错误? 进而根据学生学习过程中可能存在的问题, 采取切实措施帮助学生克服学习中的困难. 如, 学生解决等比数列问题时, 常由于忽略定义中的隐含条件 ($a_1\neq 0, q\neq 0$) 或忽略前 n 项

和公式 $S_n=\dfrac{a_1(1-q^n)}{1-q}$ 的适用范围($q\neq 1$)而出错. 教学这类例题时, 就要引导学生首先关注定义中的隐含条件和公式的适用范围, 养成缜密思维的好习惯. 再如, 解决求轨迹问题时, 学生的难点是: 找不到动点所满足的几何条件. 讲解这类例题时, 重点就应放在指导学生发现几何条件上. 为此可以通过组织合作交流讨论等形式, 从多角度探求几何条件.

三要在寻求问题解决的基础上, 力求从不同角度思考, 探索多种解法. 培养思维能力是数学教学的根本任务. 进行解题实践是培养学生思维能力的基本途径. 教学实践表明, 解题教学中, 引导学生对所面对的问题进行多角度的思考, 从多角度寻找问题的解决办法, 不仅有助于知识的巩固, 也有助于启迪学生思维, 培养其思维的发散性和创造性.

例 4. 等差数列 $\{a_n\}$ 的前 m 项的和为 30, 前 $2m$ 项的和为 100, 求它的前 $3m$ 项的和.

解法一: 将 $S_m=30, S_{2m}=100$ 代入 $S_n=na_1+\dfrac{n(n-1)}{2}d$, 得

$$\begin{cases} ma_1+\dfrac{m(m-1)}{2}d=30 & \text{①} \\ 2ma_1+\dfrac{2m(2m-1)}{2}d=100 & \text{②} \end{cases},$$

解得

$$d=\dfrac{40}{m^2}, a_1=\dfrac{10}{m}+\dfrac{20}{m^2},$$

∴ $S_{3m}=3ma_1+\dfrac{3m(3m-1)}{2}d=210.$

解法二: 由 $S_{3m}=3ma_1+\dfrac{3m(3m-1)}{2}d=3m\left[a_1+\dfrac{(3m-1)d}{2}\right]$ 知, 要求 S_{3m} 只需求 $m\left[a_1+\dfrac{(3m-1)d}{2}\right]$, 将②-①得

$$ma_1+\dfrac{m(3m-1)}{2}d=70,$$

∴ $S_{3m}=210.$

解法三: 由等差数列 $\{a_n\}$ 的前 n 项和公式知, S_n 是关于 n 的二次函数, 即 $S_n=An^2+Bn$ (A、B 是常数). 将 $S_m=30, S_{2m}=100$ 代入, 得

$$\begin{cases} Am^2+Bm=30 \\ A(2m)^2+B\cdot 2m=100 \end{cases}, \Rightarrow \begin{cases} A=\dfrac{20}{m^2} \\ B=\dfrac{10}{m} \end{cases},$$

∴ $S_{3m}=A\cdot(3m)^2+B\cdot 3m=210.$

解法四:

$$S_{3m}=S_{2m}+a_{2m+1}+a_{2m+2}+\cdots+a_{3m}=S_{2m}+(a_1+2md)+\cdots+(a_m+2md)$$
$$=S_{2m}+(a_1+\cdots+a_m)+m\cdot 2md=S_{2m}+S_m+2m^2d.$$

由解法一知

$$d=\dfrac{40}{m^2},$$

代入得
$$S_{3m}=210.$$

解法五：根据等差数列性质知，$S_m, S_{2m}-S_m, S_{3m}-S_{2m}$ 也成等差数列，从而有
$$2(S_{2m}-S_m)=S_m+(S_{3m}-S_{2m}),$$
∴ $S_{3m}=3(S_{2m}-S_m)=210.$

解法六：∵ $S_n=na_1+\dfrac{n(n-1)}{2}d,$

∴ $\dfrac{S_n}{n}=a_1+\dfrac{n-1}{2}d,$

∴ 点 $\left(n,\dfrac{S_n}{n}\right)$ 是直线 $y=\dfrac{(x-1)d}{2}+a_1$ 上的一串点，由三点 $\left(m,\dfrac{S_m}{m}\right)$，$\left(2m,\dfrac{S_{2m}}{2m}\right)$，$\left(3m,\dfrac{S_{3m}}{3m}\right)$ 共线，易得 $S_{3m}=3(S_{2m}-S_m)=210.$

解法七：令 $m=1$ 得 $S_1=30, S_2=100$，得 $a_1=30, a_1+a_2=100,$

∴ $a_1=30, a_2=70,$

∴ $a_3=70+(70-30)=110,$

∴ $S_3=a_1+a_2+a_3=210.$

四要明确具体问题解决中必要的书写规范，培养学生良好的学习习惯．培养学生规范表达的习惯和能力是数学教学的重要任务之一．例题教学中，教师不仅要重视引导学生有效地进行思考，也要重视通过自身的示范，使学生学会科学表达．对一些重要的解题规范，不仅要示范，还要反复强调．

如，数学归纳法是高中数学学习的重要证明方法，使用时，有严格的格式要求．许多学生常常由于对数学归纳法的原理认识不到位，在使用其证明问题时，表述不完整．为了使学生牢固掌握数学归纳法的基本格式，正确使用数学归纳法，教学例题用数学归纳法证明 $1+3+5+\cdots+(2n-1)=n^2$ [人教版全日制普通高级中学教科书第三册（选修Ⅱ）P71 例 1] 时，教师务必通过详细的示范，向学生强调使用数学归纳法三步（第一步：验证 n 取初始值时命题成立．第二步：证明由 $n=k$ 时命题成立可推得 $n=k+1$ 时命题也成立．第三步：总结对于任意的符合题意的自然数 n，命题都成立，从而肯定原命题成立）缺一不可．

五要特别重视解题后的反思，在此基础上引导学生通过具体问题提炼解题的一般规律．提高数学解题能力，需要学生掌握一些必要的解题规律．而结合具体例题的教学进行总结提炼是引导学生掌握解题规律的基本途径．教师准备例题时，除了研究其具体解法外，还要善于透过现象看本质，通过一道题的解决，引导学生掌握一类题的解题方法．如在以下例题的基础上可提炼出解决圆锥曲线上两点关于直线对称问题的通法．

例 5. 已知椭圆 $C:\dfrac{x^2}{4}+\dfrac{y^2}{3}=1$，试确定 m 的取值范围，使得对于直线 $l:y=4x+m$ 在椭圆 C 上存在不同的两点关于直线 l 对称．

这是一道有关圆锥曲线上两点关于直线对称的问题，是学生的学习难点．教学中，教师可在引导学生对问题解法进行独立探究的基础上，引导学生总结得出如下程序化的方法（解题规律），帮助学生突破这一学习难点．

约定曲线 C 的方程或直线 l 的方程中含有参数 m,曲线 C 上存在不同的两点 $P_1(x_1,y_1)$, $P_2(x_2,y_2)$ 关于直线 l 对称,线段 P_1P_2 的中点为 $M(x_0,y_0)$.解决这类问题的程序可总结如下.第一步:把点 $M(x_0,y_0)$ 的坐标用参数 m 表示.第二步:利用点 $M(x_0,y_0)$ 在曲线内,建立关于参数 m 的不等式.第三步:解第二步得到的不等式得参数 m 的取值范围.

六要在原题的基础上,对题目进行必要的变化,培养学生思维的灵活性.实践证明,变式教学是提高教学效率,提升教学质量的有效手段.例题教学中,当学生获得了某种解题的基本方法后,为防止学生的思维定式的产生,扩大例题教学的"成果",应及时将原题的条件、结论、情境或方法延拓变通,使学生进一步理解和掌握例题阐述的概念、原理、规律、数量关系或解题方法,从而极大地开拓思维空间,达到培养创造性思维的目的.

例 6. 圆 $x^2+y^2=8$ 内有一点 $P_0(-1,2)$, AB 为过点 P_0 且倾斜角为 α 的弦.

(1)当 $\alpha=\dfrac{3\pi}{4}$ 时,求 AB 的长.

(2)当弦 AB 被点 P_0 平分时,求直线 AB 的方程.

[人教版全日制普通高级中学教科书(必修)第二册(上)P85 例 1]

此题的目的是巩固直线与圆的位置关系.围绕此目的,在学生解决原问题后,可将原题做如下变式,启发学生进一步思考解决,可使学生对处理直线与圆的关系问题的方法有更深刻的理解.

变式 1:求经过点 $P_0(-1,2)$ 且被圆 $x^2+y^2=8$ 所截弦长为 $2\sqrt{7}$ 的直线的方程.

变式 2:求经过点 $P_0(-1,2)$ 且被圆 $x^2+y^2=8$ 所截弦长为 6 的直线的方程.

变式 3:求圆 $x^2+y^2=8$ 的经过点 P_0 的所有弦的中点的轨迹方程.

变式 4:求圆 $x^2+y^2=8$ 的倾斜角为 $\dfrac{3\pi}{4}$ 的所有弦的中点的轨迹方程.

变式 5:判断直线 $(m+2)x+(m+3)y+(m-4)=0(m\in\mathbf{R})$ 与圆 $x^2+y^2=8$ 的位置关系,并说明理由.

七要结合学生实际和教学要求,对教材例题进行必要的补充,引导学生巩固所学知识和方法.新课程标准下,数学教材只是提供了一种教学素材,要求教师在教学实践中,对教材进行必要的加工和补充.例题设置也是如此.教学中,教师要围绕教学目标和学生实际,对例题进行必要的补充,以切实帮助学生巩固"双基",形成技能,发展能力.如算术平均数与几何平均数一节是不等式的重要内容,运用这一重要不等式(以下称为"均值不等式")可以解决许多求函数最值的问题,高考中出现的频率非常高.但教材中并未给出具体的例题,为帮助学生掌握这一类问题的解法,教学中有必要补充以下一些例子.

例 7. 已知 $m>0$,求函数 $y=6m+\dfrac{24}{m}$ 的最小值.

例 8. 设 $0<x<8$,求函数 $y=3x(8-x)$ 的最大值.

例 9. 已知 $\theta\in\left(0,\dfrac{\pi}{2}\right]$,求函数 $f(\theta)=\sin\theta+\dfrac{4}{\sin\theta}$ 的最小值.

例 10. 求函数 $y=\dfrac{x^2-4x+5}{2x-2}\left(x\geqslant\dfrac{5}{2}\right)$ 的最小值.

例 11. 已知正数 a,b 满足 $ab=a+b+3$,求 ab 的取值范围.

例 12. 已知 $x>0, y>0, \sqrt{x}+\sqrt{y} \leqslant a\sqrt{x+y}$ 恒成立,求 a 的取值范围.

其中例 7、例 8 是基础题,主要帮助学生体会用均值不等式求函数最值的基本方法;例 9 主要提醒学生应用均值不等式求函数最值时一定要注意等号成立的条件;例 10 主要引导学生掌握通过适当的变形(直接化为部分分式或换元后化为部分分式)借助均值不等式求分式函数最值的基本方法;例 11、例 12 是均值不等式在解决求范围和恒成立问题时的具体应用.

八要注重揭示例题的实际背景,培养学生的数学应用意识. 数学知识来源于实际,许多数学问题都有其深刻的实际背景,教学中,教师如能对例题的实际背景进行必要的介绍,则有助于培养学生的数学应用意识.

如,结合例题"探照灯反射镜的轴截面是抛物线的一部分,光源位于抛物线的焦点处. 已知灯口圆的直径为 60 cm,灯深 40 cm,求抛物线的标准方程和焦点的位置"[人教版全日制普通高级中学教科书(必修)第二册(上)P121 例 2]的教学向学生介绍圆锥曲线的性质及其应用 [详见人教版全日制普通高级中学教科书(必修)数学第二册(上)P124~125 阅读材料].

6.3　在解题反思中优化思维品质

6.3.1　反思是解题后的重要一环

数学解题是数学学习不可或缺的重要过程,其目的是巩固知识、训练思维、提升能力. 如何使解题的功能更好地发挥,值得一线数学教师思考和研究. 笔者在长期的教学实践中发现,引导学生自觉进行解题后的反思,对于优化学生的思维品质有着不可估量的作用.

6.3.2　在反思中优化学生的思维品质

1. 在一题多解的探究中,培养学生思维的广阔性

思维的广阔性是指思维的广度,它表现为思路开阔,善于从不同角度、不同层次对问题进行全面的观察和思考. 发散思维体现了思维的广阔性.

解题教学中,引导学生对问题进行多角度思考,从多角度寻找问题的解决办法,不仅有助于知识的巩固,也有助于启迪思维,培养其思维的广阔性.

例 1. 设 $x, y \in \mathbf{R}$ 且 $3x^2+2y^2=6x$,求 x^2+y^2 的范围.

解法一:由 $6x-3x^2=2y^2 \geqslant 0$ 得 $0 \leqslant x \leqslant 2$.

设 $k=x^2+y^2$,则 $y^2=k-x^2$,代入已知等式得 $x^2-6x+2k=0$,即 $k=-\dfrac{1}{2}x^2+3x$,其对称轴为 $x=3$.

由 $0 \leqslant x \leqslant 2$ 得 $k \in [0,4]$.

所以 x^2+y^2 的范围是:$0 \leqslant x^2+y^2 \leqslant 4$.

解法二:数形结合法(转化为解析几何问题).

由 $3x^2+2y^2=6x$ 得 $(x-1)^2+\dfrac{y^2}{\frac{3}{2}}=1$,即表示椭圆,其一个顶点在坐标原点. x^2+y^2 就是

椭圆上的点到坐标原点的距离的平方. 由图形可知最小值是 0, 距离最大的点是以原点为圆心的圆与椭圆相切的切点. 设圆方程为 $x^2+y^2=k$, 代入椭圆中消 y 得 $x^2-6x+2k=0$. 由判别式 $\Delta=36-8k=0$ 得 $k=4$, 所以 x^2+y^2 的范围是: $0 \leqslant x^2+y^2 \leqslant 4$.

解法三: 三角换元法. 对已知式和待求式都可以进行三角换元(转化为三角问题).

由 $3x^2+2y^2=6x$ 得 $(x-1)^2+\dfrac{y^2}{\frac{3}{2}}=1$, 设 $\begin{cases} x-1=\cos\alpha \\ y=\dfrac{\sqrt{6}}{2}\sin\alpha \end{cases}$, 则

$$x^2+y^2 = 1+2\cos\alpha+\cos^2\alpha+\dfrac{3}{2}\sin^2\alpha = 1+\dfrac{3}{2}+2\cos\alpha-\dfrac{1}{2}\cos^2\alpha$$

$$=-\dfrac{1}{2}\cos^2\alpha+2\cos\alpha+\dfrac{5}{2}\in[0,4],$$

所以 x^2+y^2 的范围是: $0 \leqslant x^2+y^2 \leqslant 4$.

2. 在问题情境的变化中,培养学生思维的灵活性

思维的灵活性,是指思维的灵活程度,主要表现为善于摆脱已有模式的束缚,及时由一条思路转向另一条思路.

数学解题教学中,可通过引入变式教学,不断改变问题情境,使学生在问题情境的不断改变中,完成知识、方法的迁移,体会问题之间的密切联系,激发学习热情.

如,学习用隔板法求解如下指标分配问题后,可以进一步设计若干可用类似方法解决的变式问题,鼓励学生思考解决.

例 2. 12 个相同的小球放入编号为 1,2,3,4 的盒子中, 问每个盒子中至少有一个小球的不同放法有多少种. (答案: $C_{11}^3 = 165$)

变式问题 1: 12 个相同的小球放入编号为 1,2,3,4 的盒子中,每盒可空, 问不同的放法有多少种.

提示: 先借 4 个球分别放入 4 个盒子里, 此题转化为把 16 个球放到 4 个盒子里, 每个盒子至少要有一个球, 不同的放法有多少种. 由隔板法可知: 有 $C_{15}^3 = 455$ 种放法.

变式问题 2: 12 个相同的小球放入编号为 1,2,3,4 的盒子中,要求每个盒子中的小球数不小于其编号数, 问不同的放法有多少种.

提示: 将 1 个、2 个、3 个小球放入编号为 2,3,4 的盒子中, 将余下的 6 个小球放在 4 个盒子中, 每个盒子至少一个小球, 有 $C_5^3 = 10$ 种放法.

3. 在问题结论的推广中,培养学生思维的深刻性

思维的深刻性是指思维的深刻程度,表现为能由表及里,由现象看到本质.

解题教学中,教师如能引导学生不满足于具体问题的解答,努力从具体问题的解决方法中挖掘出问题背后隐含的更深层次的思想和方法,将有助于引导学生由此及彼,由表及里,提高灵活运用知识的能力,培养其思维的深刻性.

例 3. 求值 $\sin^2 10°+\cos^2 40°+\sin 10°\cos 40°$.

解决这一问题后,可启发学生思考: 这个题目的式子与我们学过的什么知识类似？能否得到这类题目的一般情形？

事实上,以上式子类似余弦定理的右边,在 $\triangle ABC$ 中,将正、余弦定理结合起来, 容易得

到：$\sin^2 C = \sin^2 A + \sin^2 B - 2\sin A \sin B \cos C$. 若赋予 A, B, C 不同的值，可以得到一系列类似于上述结构的问题，最后发现命题：若 $\alpha + \beta = 60°$，则有 $\sin^2\alpha + \sin^2\beta + \sin\alpha\sin\beta = \dfrac{3}{4}$.

4. 在典型错解的辨析中，培养学生思维的批判性

思维的批判性是指主体对思维内容和思维过程进行反思和评价的程度，主要表现在：评价所选择的思路；预测可能出现的结果，对所得结果进行检验；喜欢独立思考，凡事经过自己的思考，才作出结论；善于提出疑问，及时发现错误.

引导学生重视错题的剖析和改进，是培养学生思维的批判性的有效途径.

例 4. 已知等差数列 $\{a_n\}$，$\{b_n\}$ 的前 n 项和分别为 S_n，T_n，且 $\dfrac{S_n}{T_n} = \dfrac{7n+2}{n+3}$，求 $\dfrac{a_7}{b_7}$.

学生解决这一题目时，易犯如下错误：

错解：设 $S_n = k(7n+2)$，$T_n = k(n+3)$，则
$$a_7 = S_7 - S_6 = 7k, \quad b_7 = T_7 - T_6 = k,$$
$\therefore \dfrac{a_7}{b_7} = 7$.

教学中，教师出示问题后，可不动声色，让学生独立完成，待学生暴露错误后，再引导学生思考：错在何处？如何改进？

事实上，根据等差数列的前 n 项和公式 $S_n = na_1 + \dfrac{n(n-1)}{2}d$ 易知，当 $d \neq 0$ 时，S_n 应是 n 的二次函数，于是不难得到正确解答：

设 $S_n = kn(7n+2)$，$T_n = kn(n+3)$，则
$$a_7 = S_7 - S_6 = 93k, \quad b_7 = T_7 - T_6 = 16k,$$
$\therefore \dfrac{a_7}{b_7} = \dfrac{93}{16}$.

5. 在规律模式的提炼中，培养学生思维的概括性

概括性指在大量感性材料的基础上，把一类事物共同的特征和规律抽取出来，加以概括. 概括性在人们的思维活动中具有重要的作用，它使人们可以脱离具体的事物进行抽象思维，并使思维活动在一定条件下进行迁移.

提高数学解题能力，需要学生掌握一些必要的解题规律. 而结合具体例题的教学进行总结提炼是引导学生掌握解题规律的基本途径，也是培养学生思维概括性的好办法. 如在以下例题的基础上，可引导学生提炼出解决圆锥曲线上两点关于直线对称问题的通法.

例 5. 已知椭圆 $C: \dfrac{x^2}{4} + \dfrac{y^2}{3} = 1$，试确定 m 的取值范围，使得对于直线 $l: y = 4x + m$ 在椭圆 C 上存在不同的两点关于直线 l 对称.

这是一道有关圆锥曲线上两点关于直线对称的问题，是学生的学习难点. 教学中，教师可在引导学生对问题解法进行独立探究的基础上，引导学生总结得出如下程序化的方法（解题规律），帮助学生突破这一学习难点.

约定曲线 C 的方程或直线 l 的方程中含有参数 m，曲线 C 上存在不同的两点 $P_1(x_1, y_1)$，$P_2(x_2, y_2)$ 关于直线 l 对称，线段 P_1P_2 的中点为 $M(x_0, y_0)$. 解决这类问题的程序可总结如

下.第一步:把点 $M(x_0,y_0)$ 的坐标用参数 m 表示.第二步:利用点 $M(x_0,y_0)$ 在曲线内,建立关于参数 m 的不等式.第三步:解第二步得到的不等式得参数 m 的取值范围.

6. 在巧思妙解的欣赏中,提升思维的独创性

思维的独创性是指思维的创新程度,表现为思维的方式、方法或结果具有新颖、独特、别出心裁的特点.思维的独创性是创新思维的核心品质.

解题教学中,教师要切实落实学生的主体地位,给学生充分的自主活动时间,让学生思维充分动起来.对学生提出的富有独创性的思路和方法,要特别用心呵护,多加肯定,保护他们的思维积极性.

例 6. 已知 $\sin\alpha+\cos\alpha=\dfrac{1}{5},\alpha\in(0,\pi)$,求 $\tan\alpha$.

对这一题,多数学生能通过直接解出 $\sin\alpha,\cos\alpha$ 进而得到 $\tan\alpha$.正当教师准备进入下面的教学环节时,一名学生若有所思地站起来说:老师,$\sin\alpha+\cos\alpha=\dfrac{1}{5}$ 的结构恰好与等差数列的结构类似,是否可以用等差数列的知识处理这一问题呢?用等差数列的知识处理三角函数求值问题,教师也未曾想过!这时,学生的求知欲望之火又燃烧起来,面对学生合理而自然的想法,师生应共同探究,演绎精彩.经过师生的交流、探索,验证了该同学的猜想是可行的.

由条件可知 $\sin\alpha,\dfrac{1}{10},\cos\alpha$ 成等差数列,设其公差为 d,则有
$$\sin\alpha=\dfrac{1}{10}+d,\cos\alpha=\dfrac{1}{10}-d,$$
代入 $\sin^2\alpha+\cos^2\alpha=1$ 得
$$d=\pm\dfrac{7}{10},$$
又由条件得 $\sin\alpha\cos\alpha=-\dfrac{12}{25}<0$,则 $\sin\alpha=\dfrac{1}{10}+d>0,\cos\alpha=\dfrac{1}{10}-d<0$,则
$$d=\dfrac{7}{10},$$
于是 $\sin\alpha=\dfrac{1}{10}+\dfrac{7}{10}=\dfrac{4}{5},\cos\alpha=\dfrac{1}{10}-\dfrac{7}{10}=-\dfrac{3}{5}$,所以
$$\tan\alpha=-\dfrac{4}{3}.$$

该生在没有等差数列暗示的情况下,将 $\sin\alpha+\cos\alpha=\dfrac{1}{5}$ 看作三个数成等差数列,无疑是独特、颇具创意的数学思维,他的发现为处理某些三角函数问题提供了新工具,开辟了新视野,给人耳目一新的感觉,同样的问题,不一样的精彩.倘若这样的智慧火花,教师不去发现,不去挖掘,也许就这样消失了,随之泯灭的还有创造的激情与探究的冲动.学生的奇思妙想,我们必须用心倾听、及时捕捉和充分肯定.

6.4 数学解题中要注重培养九种意识

解题是数学学习的重要活动,其目的是及时巩固所学知识与方法,提高综合运用知识的

能力和解决问题的能力.解题教学是数学教学的重要环节,解题教学的功能在于引导学生掌握必要的解题方法,形成正确的思维方式.如何优化解题教学呢?教学实践表明,在解题教学中有意识地培养学生的以下九种意识,有助于优化学生思维,提高解题教学的效果.

1. 审题意识

实践表明,许多学生拿到题目束手无策,究其根源,常常是审题不到位,不能充分利用条件或错误理解题意.因此,在解题教学中要引导学生抓好审题关,将审题作为解题的重要环节,以此培养强化学生的审题意识,养成良好的解题习惯.

在教学实践中,首先教师可以通过让学生反复读题、对问题进行重新表述、用数学语言加以表征等加工策略,使学生在头脑内部对数学问题重新正确描述、表征;其次,可以引导学生通过对问题的深入分析和深刻理解,多角度、多层次地从题设中不断挖掘隐含条件,并利用条件进行推理和变形,使隐含条件明朗化;最后,可以利用问题中提供的信息,利用目标导向作用,引导学生寻找解题的突破口.

2. 目标意识

实践表明:欲正确快速地解题,必须先仔细审题,根据题目特点,确定努力的方向.许多学生解题能力不强,解题效率不高,常常是由于缺乏目标意识,拿到题目,方向不明,盲目下笔,导致中途受阻.在解题教学中,有意识地引导学生在仔细审题的基础上,确定解题的目标,然后朝着目标稳步前进,可以大大提高解题效率.

例1. 已知 $\begin{cases} \sin\alpha - \sin\beta = m, & (1) \\ \cos\alpha - \cos\beta = n, & (2) \end{cases}$

求:$\cos(\alpha+\beta)$.

大多数学生在解此问题时,都能由$(1)^2+(2)^2$得$\cos(\alpha-\beta)=\dfrac{2-m^2-n^2}{2}$,但再往下就不会做了,这正是缺乏目标意识的体现.实际上,稍加分析就知道,解这一题的关键在于出现结果中的角$\alpha+\beta$.带着这个目标,容易想到$(2)^2-(1)^2$,得

$$\cos(\alpha-\beta)=\dfrac{n^2-m^2}{2\cos(\alpha+\beta)}+1,$$

将$\cos(\alpha-\beta)=\dfrac{2-m^2-n^2}{2}$代入上式中易得

$$\cos(\alpha+\beta)=\dfrac{m^2-n^2}{m^2+n^2}.$$

3. 通法意识

新的课程标准明确指出:"要突出本质,淡化形式."高考大纲也强调:"重视通性通法,淡化特殊技巧."因而,解题教学中必须极其重视引导学生用通性通法解决遇到的问题,尤其是要重视用通性通法解决学生普遍感到困难的问题,借此树立并不断强化学生的通法意识.

例2. 已知正项数列$\{a_n\}$满足$a_1=a(0<a<1)$且$f(x)=\dfrac{x}{1+x}$,又$a_{n+1}\leqslant f(a_n)(n\geqslant 1,n\in \mathbf{N})$.求证:

(1) $a_n\leqslant \dfrac{a}{1+(n-1)a}$;

(2) $\dfrac{a_1}{2}+\dfrac{a_2}{3}+\cdots+\dfrac{a_n}{n+1}<1.$

对第一问,不少学生可以用数学归纳法完成.但面对第二问,大部分学生束手无策.解题教学时按如下程序引导学生用通性通法突破思维难点.

教师:请观察不等式左边结构有何特点.

学生:可看成数列 $\left\{\dfrac{a_n}{n+1}\right\}$ 的前 n 项和.

教师:我们研究数列的基本方法是什么?

学生:通项分析法.

教师:此不等式左右两边项数有何差异?

学生:左边有 n 项,右边只有一项.

教师:你在什么地方学习过 n 项相加结果只有一项?

学生:裂项法求数列的前 n 项的和.

教师:能否设法得到通项 a_n 的一个不等关系?

学生:可在第一问的基础上变形.

……

经过上述分析,学生不难得到 $\dfrac{a_n}{1+n}<\dfrac{1}{n(n+1)}=\dfrac{1}{n}-\dfrac{1}{n+1}$,从而突破了思维难点,增强了克服困难的信心,培养了通法意识.

4. 转化意识

解题活动说到底就是不断地由未知向已知转化的过程,学生解题能力的高低在根本上取决于其是否树立了转化意识,是否善于将未知的问题转化为可以求解的问题.因而,解题教学中要特别重视解题思路的剖析,突出显示转化的策略,使学生从中学习、领会、掌握必要的转化策略,提高转化能力.

例3. 双曲线的对称轴与双曲线的交点即为双曲线的顶点,则双曲线 $(x-1)(y-1)=4$ 的实轴长为_____.

据统计,能正确完成这一道题的考生不足 15%,是这道题真的很难吗?据了解,多半考生对于所给双曲线的方程的形式比较陌生,因而不知如何下手.实际上,只要有点转化意识,将双曲线方程 $(x-1)(y-1)=4$(陌生)改写为 $y=\dfrac{4}{x-1}+1$(熟悉),再利用初中所学反比例函数的知识即可求解.

5. 规范意识

解题能力的高低,不仅表现在能否快速正确地找到解题思路,还表现在能否规范、准确地表达解题者的思想.因而,解题教学要重视培养学生规范表达解题思路的习惯,树立必要的规范意识.

例4. 用数学归纳法证明数学问题,学生往往只完成 $n=n_0$ 和 $n=k$ 到 $n=k+1$ 的证明之后就结束了.实际上完成这两步之后,还要有一个结论性的表述:由(1)(2)可知:命题对从 n_0 开始的所有自然数都能成立.

例5. 立体几何中求空间角和距离问题时以下三步缺一不可:

(1)作图:作出符合条件的角或距离.

(2)证明:用相关定理说明作图的正确性.
(3)计算:根据有关知识求出角或距离.

6. 多解意识

培养学生的创新精神和创新能力是数学教学的重要目标之一.研究表明,是否具有良好的发散思维能力是衡量学生是否具有创新能力的重要标志.因而,培养学生的发散思维能力就成为数学解题教学的重要任务之一.如何培养学生的发散思维能力呢?重视一题多解是个好办法.

例 6.已知 $6\sin^2\alpha + \sin\alpha\cos\alpha - 2\cos^2\alpha = 0, \alpha \in \left[\dfrac{\pi}{2}, \pi\right)$,求 $\sin\left(2\alpha + \dfrac{\pi}{3}\right)$ 的值.(2004 年湖北高考理科 17 题)

可从以下三个角度引导学生探究问题的解法:

思路 1:以求 α 的函数值为主线.

思路 2:以求 2α 的函数值为主线.

思路 3:以求 $\alpha + \dfrac{\pi}{6}$ 的函数值为主线.

7. 优化意识

教给学生思维的方法,培养、提高学生的思维能力是数学教学的重要任务,而培养学生的优化思维又是培养思维能力的重点.在解题教学中,可引导学生在一题多解的基础上,比较、鉴别各种方法,发现最优解法,从中优化思维,培养优化意识.

例 7.等差数列 $\{a_n\}$ 前 m 项的和为 30,前 $2m$ 项的和为 100,则它的前 $3m$ 项的和为(   ).

A. 130   B. 170   C. 210   D. 260

对于本题,至少有以下三种方法:

法一:设出首项 a_1 及公差 d,然后代入公式 $S_n = na_1 + \dfrac{n(n-1)}{2}d$,解关于 a_1, d 的方程组即可得 $S_{3m} = 210$.

法二:利用性质"等差数列中,$S_m, S_{2m} - S_m, S_{3m} - S_{2m}$ 成等差数列".

法三:退到特殊状态,设 $a_1 = S_1 = 30, a_2 = S_2 - S_1 = 70$,从而 $d = 40$,于是 $a_3 = a_2 + d = 110, S_3 = a_1 + a_2 + a_3 = 210$.

比较以上三种方法不难发现:法一虽常规、易想但计算量大,实在不能算是一种好方法;法二能抓住问题的本质,是一种很好的思路,但利用此法的前提是知道上述性质并能随时提取信息;法三充分利用选择题无须反映解题过程的特点,以退为进,快速准确,不失为解选择题的好方法.

8. 反思意识

反思回顾是解题的重要一环,其作用在于将解题实践提炼升华,积累经验,提高解题能力.调查表明,解题能力较强的学生常常是善于在解题活动结束后进行总结反思的同学,反之,那些不注重总结反思的同学则解题能力常常有所欠缺.因而,必须重视引导学生在解题后进行有意识的反思,培养反思的意识.解题后反思可从以下三个方面进行:

(1)思过程得失.想一想,解题过程最大的障碍在哪里?这些障碍是怎样克服的?有何策略性的启示?

(2)思模式规律.对典型问题要通过一道题,掌握一类题,举一反三,总结通法,不断提高解题能力.

(3)思数学思想.数学思想是数学知识在更高层次的抽象和概括,是策略性的知识,对解决具体问题具有导向作用,是近些年高考的考查重点.中学数学重要的思想方法有函数与方程的思想、数形结合思想、分类讨论思想、化归与转化思想,对以上基本的数学思想,教学过程中要有意识地化隐为显,复习过程中要注意提炼、归类、应用,真正做到既用具体方法解决问题,又用相应思想统摄思维、引领思考.

9.交流意识

"你有一个苹果,我有一个苹果,交换后都仍然只有一个苹果.你有一种思想,我有一种思想,交换后都拥有了至少两种思想."学生的思维是非常活跃的,有时学生的有些想法要比教师的高明得多.解题教学中,不仅要抓好教师引导下的思路探求,还必须高度重视让学生发表个人独特的思考方法,以增进同学的思想交流.此外,有目的地组织学生对较难问题进行合作探究也是培养学生交流意识,优化解题教学的重要途径.

"解题教学的优化"是数学教学的一个永恒课题,让我们开动脑筋,发挥我们的聪明才智,创造更多、更好的教学方法与策略,以真正使我们的学生学得轻松、学得高效.

6.5 解题教学中的激趣术

解题是数学教学的重要活动之一,解题教学的成效如何,与学生参与解题活动的积极性高低有极大的关系.那么,如何提高学生参与解题活动的积极性呢?"兴趣是最好的老师",要提高学生参与解题活动的积极性,关键在于要让学生感受到解题活动的乐趣.

1.联系实际激趣

"发展学生的数学应用意识"是新课程的基本理念之一.新课程标准明确指出:"应提供基本内容的实际背景……促进学生形成和发展数学应用意识."数学解题教学中,若能有意识地揭示问题的实际背景,则有助于提高学生的学习兴趣,培养、发展学生的数学应用意识.

如,已知 a,b,m 都是正数,且 $a<b$,求证:$\dfrac{a+m}{b+m}>\dfrac{a}{b}$.[全日制普通高级中学教科书(必修)第二册(上)P112 例 2]

这是一个重要不等式,蕴含着丰富的实际背景,教学中,教师应对有关背景予以及时的揭示.如:按建筑学规定,民用住宅的窗户的面积(相当于 a)必须小于该住宅的地板面积(相当于 b),当前者与后者的比值越大时,住宅的采光条件就越优.同时增加相等的窗户面积和地板面积(相当于 m),住宅的采光条件就更佳.再如,在糖水里加入糖,糖水会更甜等.

再如,证明:$(C_n^0)^2+(C_n^1)^2+\cdots+(C_n^n)^2=\dfrac{(2n)!}{n!\cdot n!}$.[全日制普通高级中学教科书(必修)第二册(下)复习参考题十 B 组 8(1)]

这是一个组合恒等式,许多学生面对此题,无从下手.实际上可通过还原该恒等式的如下的一个实际背景,使等式得以顺利证明,且对学生进行一次很好的"数学源于实际"的教育,有助于发展他们的数学应用意识.

一个口袋装有 n 个红球、n 个白球,共 $2n$ 个球,从口袋取出 n 个球,共有 $C_{2n}^n = \dfrac{(2n)!}{n! \cdot n!}$ 种取法.另一方面,这些取法可分为 $n+1$ 类:

第 1 类:0 个红球、n 个白球的情况有 $C_n^0 C_n^n = (C_n^0)^2$ 种取法.

第 2 类:1 个红球、$n-1$ 个白球的情况有 $C_n^1 C_n^{n-1} = (C_n^1)^2$ 种取法.

依此类推,第 $k+1$ 类:k 个红球、$n-k$ 个白球的情况有 $C_n^k C_n^{n-k} = (C_n^k)^2$ 种取法.

故:$(C_n^0)^2 + (C_n^1)^2 + \cdots + (C_n^n)^2 = \dfrac{(2n)!}{n! \cdot n!}$.

2. 创新解法激趣

心理学研究表明,人们总是对新奇巧妙的事物有着浓厚的兴趣,具体到数学教学,学生往往不满足一个数学问题的常规解法(尽管常规解法是教学的重中之重),而迫切希望教师介绍一些巧思妙解或自己能独立探究出问题的独特解法.解题教学中,可以充分关注学生的这种求巧、求妙的心理,引导学生寻找巧思妙解或由教师介绍巧思妙解.如,处理如下问题:

设 $m \in \mathbf{R}$,判断直线 $l:(m+1)x+(m-1)y-m=0$ 与圆 $(x-1)^2+(y-1)^2=2$ 的位置关系时,不满足于常规的比较圆心到直线距离的方法,而通过挖掘发现直线过定点 $(\dfrac{1}{2}, \dfrac{1}{2})$ 直接得到直线和圆相交,可使学生眼前一亮,印象深刻.

再如,研究立体几何中动点轨迹问题,引入向量方法,转化为简单数学计算,使学生大呼过瘾.

又如,对于商式 $\dfrac{u}{v}$ 的求导法则,教材中,是用导数定义证明的.由于已经讲过了积的求导法则的证明,其方法无本质差异,因此在证明商的求导法则时,许多学生不以为意.为了创新激趣,教师可以引导学生用所学积的导数公式推证出商的求导法则.

令 $\dfrac{u}{v} = y$,则 $u = yv, u' = (yv)' = y'v + yv'$,所以 $y' = \dfrac{u' - yv'}{v} = \dfrac{u'v - uv'}{v^2}$.

3. 一题多解激趣

一题多解,是优化解题教学的重要策略之一,通过多角度探究一题多解,可以很好地拓展学生的解题思路,训练学生的发散思维能力,优化学生的思维,激发学生的学习兴趣.如,2008 年重庆高考:已知函数 $y = \sqrt{1-x} + \sqrt{x+3}$ 的最大值为 M,最小值为 m,则 $\dfrac{m}{M}$ 的值为( ).

A. $\dfrac{1}{4}$ B. $\dfrac{1}{2}$ C. $\dfrac{\sqrt{2}}{2}$ D. $\dfrac{\sqrt{3}}{2}$

这是一道设计精妙、小巧灵活的好题.在高三数学总复习求函数最值的教学中,将其设计为例题,引导学生从以下六个不同角度进行解法探究,不仅可以使问题得到圆满的解决,还可以复习巩固求最值的方法,使学生在思维角度的转换中,拓展思维,体会数学的奇妙,激发学习的热情.

角度一:利用二次函数性质求解.显然 $y\geqslant 0$,两边平方得,$y^2=4+2\sqrt{3-x^2-2x}$.

因为 $x\in[-3,1]$,由二次函数性质得,$3-x^2-2x\in[0,4]$,故 $M=2\sqrt{2}$,$m=2$,选 C.

角度二:利用三角变换求解.因为 $x\in[-3,1]$,故 $\sqrt{1-x}\in[0,2]$,$\sqrt{x+3}\in[0,2]$.

设 $\sqrt{1-x}=2\cos\theta$,$\sqrt{x+3}=2\sin\theta$,$\theta\in\left[0,\dfrac{\pi}{2}\right]$,则 $y=2\cos\theta+2\sin\theta$.

由三角函数知识易得 $M=2\sqrt{2}$,$m=2$,选 C.

角度三:利用线性规划求解.设 $\sqrt{1-x}=u$,$\sqrt{x+3}=v$,$u,v\in[0,2]$,

原问题即,已知 $u^2+v^2=4$,$u,v\in[0,2]$,求函数 $y=u+v$ 的最值.由线性规划方法可求得 $M=2\sqrt{2}$,$m=2$,选 C.

角度四:构造向量求解.设向量 $\vec{a}=(1,1)$,$\vec{b}=(\sqrt{1-x},\sqrt{x+3})$,则 $y=\vec{a}\cdot\vec{b}$.

向量 $\vec{b}$ 对应的点始终在以原点为圆心、2 为半径的圆在第一象限的部分上,所以 $<\vec{a},\vec{b}>$
$\in\left[0,\dfrac{\pi}{4}\right]$,$y=\vec{a}\cdot\vec{b}=|\vec{a}|\cdot|\vec{b}|\cdot\cos<\vec{a},\vec{b}>=2\cos<\vec{a},\vec{b}>\in[2,2\sqrt{2}]$,故 $M=2\sqrt{2}$,$m=2$,选 C.

角度五:利用柯西不等式求解.由柯西不等式得:

$\sqrt{1-x}+\sqrt{x+3}=1\cdot\sqrt{1-x}+1\cdot\sqrt{x+3}\leqslant\sqrt{(1^2+1^2)[(\sqrt{1-x})^2+(\sqrt{x+3})^2]}=2\sqrt{2}$,即 $M=2\sqrt{2}$.又由 $x\in[-3,1]$,可得 $m=2$.

角度六:利用导数求解.$y'=\dfrac{1}{2}\left(\dfrac{1}{\sqrt{x+3}}-\dfrac{1}{\sqrt{1-x}}\right)$,由 $y'=0$,得 $x=-1$.

所以 $x=-3$ 或 1 时,$m=2$;$x=-1$ 时,$M=2\sqrt{2}$.

4. 一题多变激趣

心理学研究表明,人们对一成不变的东西很容易失去注意力,而对不断变化的事物则会更加集中注意力.数学课堂教学中,恰当地利用这一原理,引入变式教学,可起到趣化课堂的作用.具体到数学解题教学,通过引入变式教学,可以使学生在问题背景的不断改变中,完成知识、方法的迁移,体会问题之间的密切联系,激发学习热情.

如,学习用隔板法求解如下指标分配问题后,可以进一步设计若干可用类似方法解决的变式问题,鼓励学生思考解决.实践表明,这样设计,不仅有利于学生对隔板法的掌握,也有利于激发学生的学习兴趣.

原问题:12 个相同的小球放入编号为 1,2,3,4 的盒子中,问每个盒子中至少有一个小球的不同放法有多少种.(答案:$C_{11}^3=165$)

变式问题 1:12 个相同的小球放入编号为 1,2,3,4 的盒子中,每盒可空,问不同的放法有多少种.

提示:先借 4 个球分别放入 4 个盒子里,此题转化为把 16 个球放到 4 个盒子里,每个盒子至少要有一个球,不同的放法有多少种.由隔板法可知:有 $C_{15}^3=455$ 种放法.

变式问题 2:12 个相同的小球放入编号为 1,2,3,4 的盒子中,要求每个盒子中的小球数不小于其编号数,问不同的放法有多少种.

提示：将1个、2个、3个小球放入编号为2,3,4的盒子中,将余下的6个小球放在4个盒子中,每个盒子至少一个小球,有 $C_5^3=10$ 种放法.

5. 巧妙包装激趣

一般数学问题,常以枯燥的数字、符号、图表出现,缺乏情感,容易使人产生厌倦情绪,降低解题的效果. 设计数学问题时,如能将冷冰冰、毫无情感的问题进行巧妙的包装,则可使问题具有"情感性",使学生从形式上乐于接受,从而提高解题效率.

如讲解问题"在 y 轴上有两定点 A,B,在 x 轴上求一点 C,使 $\angle ACB$ 最大",可包装为寻找最佳座位问题:设黑板的上下沿距离为 a,现有一名同学欲在地面内与黑板垂直的一条直线上寻找座位,他希望看黑板的视角最大,请你帮他算一下,他应该将座位选在何处?

6. 赏美用美激趣

数学是美的,数学的美无处不在. 数学美常表现为符号、解法的简洁美,数式、结构的对称美,条件与结论、数、式、形的和谐美,形式、解法的奇异美. 许多数学问题,不仅内涵丰富,形式上也给人以美感,教师在教学中要让学生充分感受数学美,善于运用数学美启迪解题的灵感,这样可以激发学生学习数学的兴趣和动力,进而培养学生的创造性思维能力.

如,对于正数 x,规定 $f(x)=\dfrac{x}{x+1}$,则 $f\left(\dfrac{1}{2006}\right)+f\left(\dfrac{1}{2005}\right)+f\left(\dfrac{1}{2004}\right)+\cdots+f\left(\dfrac{1}{3}\right)+f\left(\dfrac{1}{2}\right)+f(1)+f(1)+f(2)+f(3)+\cdots+f(2004)+f(2005)+f(2006)=$ _____.

面对这一问题,显然不可能将 $\dfrac{1}{2006},\dfrac{1}{2005},\cdots,2006$ 代入求解,但是若注意到 $\dfrac{1}{2006},\dfrac{1}{2005},\cdots,2005,2006$ 表现出一种奇特的对称性,进而构造对偶 $f(x)+f\left(\dfrac{1}{x}\right)$,易知 $f(x)+f\left(\dfrac{1}{x}\right)=1$,从而结果为 2006.

7. 挑战自我激趣

德国教育家第斯多惠说:"教学的艺术不在于传授的本领,而在于激励、唤醒和鼓舞."这话很有道理. 那么,在教学实践中,如何激励、唤醒和鼓舞学生呢? 笔者发现,为学生提供恰当难度的问题(一般略高于学生实际,但通过学生的努力,可以解决),鼓励学生挖掘自身潜能,研究解决,当学生经历了这样的过程,将问题解决后,其兴奋是任何东西都代替不了的. 这时,学生对数学的热爱之情,必然发挥到极致.

如,讲了函数极限的定义后,可设计如下的具有一定挑战性的开放性问题,供学生思考解答.

写出符合下列条件的函数:

(1) 当 $x\to\infty$ 时,函数的极限是 1.

(2) 当 $x\to-\infty$ 时,函数的极限存在,但当 $x\to+\infty$ 时,该函数的极限不存在.

(3) 当 $x\to-\infty$ 时,函数的极限存在,且 $x\to+\infty$ 时,极限也存在,但 $x\to\infty$ 时,极限不存在.

再如,解析几何中的直线与圆锥曲线问题中的复杂运算是学生普遍害怕的,课堂上有意识地设置运算比较复杂的题目,给予学生充分的时间,给予他们适当的指导,鼓励他们勇敢地面对运算的挑战,咬牙算下去,当学生闯过"挑战关"时,必然会信心大增,兴趣陡升!

8. 幽默语言激趣

苏联著名教育家斯维洛夫指出:"教育家最主要的,也是第一位的助手是幽默."幽默的语言可使人感到有趣可笑,意味深长,启迪心智.教师若能巧妙灵活地运用幽默的语言进行教学,使课堂有趣、宽松、宽容、富有活力,将有助于学生理解、接受和记忆知识.

一般可以通过巧妙的比喻、朗朗上口的口诀等多种途径使数学课堂教学语言幽默风趣.如有的老师在讲"指数方程和对数方程解法"时,把"换元法"简单地比喻成"打包";在应用等差数列通项公式 $a_n=a_1+(n-1)d$ 解决等差数列问题时,不失时机地启发讲解了公式 $a_n=a_m+(n-m)d$,并把它称为通项公式的"升级版";在讲解与函数 $y=x+\frac{k}{x}(k>0)$ 有关的问题时,根据该函数的图象与体育品牌"耐克"的商标形状很相似的特点,将形如 $y=x+\frac{k}{x}(k>0)$ 的函数称为"耐克"函数等,都收到了很好的效果.

9. 开展竞赛激趣

青少年学生精力旺盛,求知欲强,乐于竞争,喜欢取胜,课堂教学中,充分利用学生的这一心理特点,精心组织一些具有趣味性的竞赛互动,可极大地激发学生的学习动机,提高其参与学习活动的兴致.解题教学时,可以组织看谁的解法最简便,看谁的解法最多样,看谁思考得最快等竞赛活动.如,学完基本不等式后,给出问题:设 $a>0,b>0,a+b=1$,试尽可能多地给出含有 a,b 的不等式,并加以证明.比一比,看谁写出的不等式最多.

6.6 数学解题中的转化

熟悉化.将陌生的条件或问题用熟悉的语言或式子重新表述,化陌生为熟悉,实现问题的解决.

例1.双曲线的对称轴与双曲线的交点即为双曲线的顶点,则双曲线 $(x-1)(y-1)=4$ 的实轴长为_____.

【分析】据统计,能正确完成这一道题的考生不足15%,是这道题真的很难吗? 据了解,多半考生对于所给双曲线的方程的形式比较陌生,因而不知如何下手.实际上,只要有点转化意识,将双曲线方程 $(x-1)(y-1)=4$(陌生)改写为 $y=\frac{4}{x-1}+1$(熟悉),再利用初中所学反比例函数的知识即可求解.

本质化.回到问题中所涉及概念的本质属性.

例2.从 $1,2,3,\cdots,n$ 中任取两数,求两数之积的数学期望.

【分析】本题若直接套用数学期望的计算公式,需要求出两数之积可能的取值及取各值的概率,由于 n 的不确定性,解题陷入困境.实际上,只要回到数学期望的本质意义——随机变量的平均值,容易得到下述解法:

$$\text{所求数学期望}=\frac{1}{C_n^2}[1\times2+1\times3+\cdots+(n-1)\times n]$$

$$= \frac{1}{n(n-1)}[(1+2+\cdots+n)^2-(1^2+2^2+3^3+\cdots+n^2)]$$

$$= \frac{1}{n(n-1)}\left\{\left[\frac{n(1+n)}{2}\right]^2-\frac{n(n+1)(2n+1)}{6}\right\}$$

$$= \frac{1}{12}(n+1)(3n+2).$$

直观化. 根据题目中数或式所具有的几何意义,将数转化为直观的形,使问题的解决得以简化.

例 3. 已知:集合 $P=\{(x,y)|y=-\sqrt{25-x^2},x,y\in \mathbf{R}\}$,$Q=\{(x,y)|y=x+b,x,y\in \mathbf{R}\}$,若 $P\cap Q\neq\varnothing$,求实数 b 的取值范围.

【分析】由于集合 P,Q 的几何意义分别是:半圆 $x^2+y^2=25(y\leqslant 0)$ 和直线 $y=x+b$,在同一直角坐标系内画出半圆 $x^2+y^2=25(y\leqslant 0)$ 和直线 $y=x+b$,容易观察得到:$b\in[-5\sqrt{2},5]$.

上述解法较之直接联立 $x^2+y^2=25(y\leqslant 0)$ 和 $y=x+b$ 借助判别式要简便得多.

和谐化. 挖掘题目诸条件的联系或将不规则问题转化为规则问题,使原问题获解.

例 4. 如图 6.1 所示,在多面体 $ABCDEF$ 中,已知 $ABCD$ 是边长为 1 的正方形,且 $\triangle ADE,\triangle BCF$ 均为正三角形,$EF/\!/AB$,$EF=2$,求该多面体的体积.(2005 年全国高考题)

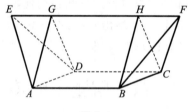

图 6.1

【分析】多面体 $ABCDEF$ 不是规则几何体,不能直接应用有关公式求解,可采用分割的方法,转化为规则几何体体积计算问题,从而使问题获解.

分别过点 A,B 作 EF 的垂线,垂足分别为 G,H,连接 DG,CH,则多面体 $ABCDEF$ 被分为三棱锥 $E-ADG$、三棱柱 $ADG-BCH$、三棱锥 $F-HBC$ 三个部分.根据题意可求得该多面体的体积

$$V=V_{\text{三棱锥}E\text{-}ADG}+V_{\text{三棱柱}ADG\text{-}BCH}+V_{\text{三棱锥}F\text{-}HBC}=\frac{1}{3}\times\frac{\sqrt{2}}{4}\times\frac{1}{2}+\frac{\sqrt{2}}{4}\times 1+\frac{1}{3}\times\frac{\sqrt{2}}{4}\times\frac{1}{2}=\frac{\sqrt{2}}{3}.$$

显性化. 通过揭示题目未明确给出而又实际存在的事实,使问题获解.

例 5. 已知三棱锥 $S\text{-}ABC$ 的底面是正三角形,点 A 在侧面 SBC 上的射影 H 是 $\triangle SBC$ 的垂心,$SA=a$,求此三棱锥体积的最大值.

【分析】实践表明,这是一道较难的题目.难在何处呢?经调查发现:许多考生觉得题目条件中数量关系太少,无从下手.实际上,这样的三棱锥是一个正三棱锥.证明如下:

∵ 点 A 在侧面 SBC 上的射影 H 是 $\triangle SBC$ 的垂心,

∴ $SH\perp BC$,$CH\perp SB$,

由三垂线定理得:$BC\perp SA$,$CA\perp SB$.

设 S 在平面 ABC 内的射影为 S',则由三垂线定理得 $BS'\perp AC, AS'\perp BC$,

∴ S' 是 $\triangle ABC$ 的垂心,也即 $\triangle ABC$ 的中心,

∴ 三棱锥 S-ABC 是正三棱锥.

于是,可得如下解法:

记 AB 中点为 N,设 $AN=x$,则 $S_{\triangle ABC}=\sqrt{3}x^2$,三棱锥的高 $h=\sqrt{a^2-\dfrac{4}{3}x^2}$,

∴ $V=\dfrac{1}{3}Sh=\dfrac{\sqrt{3}}{3}\sqrt{a^2x^4-\dfrac{4}{3}x^6}$.

记 $f(x)=a^2x^4-\dfrac{4}{3}x^6$,则 $f'(x)=4a^2x^3-8x^5$,由 $f'(x)=0$ 得 $x=\dfrac{\sqrt{2}}{2}a$,

∴ $x=\dfrac{\sqrt{2}}{2}a$ 时,$V_{\max}=\dfrac{1}{6}a^3$.

简单化. 将复杂问题分解为若干个更为简单的小问题,逐个解决这些小问题,实现原问题的解决.

例 6. 以平行六面体 $ABCD$-$A_1B_1C_1D_1$ 的任意三个顶点为顶点作三角形,从中随机取出两个三角形,求这两个三角形不共面的概率.

【分析】这是一道综合考查立体几何、排列组合、概率等基础知识,深入考查学生的思维能力的题目,由于综合性较强,考生普遍得分较低. 怎样思考这一问题呢?

不妨先将其分解为几个简单的小问题,逐一解决,进而得到本题的答案.

问题 1:平行六面体 $ABCD$-$A_1B_1C_1D_1$ 的 8 个顶点一共可以组成多少个三角形?($C_8^3=56$)

问题 2:平行六面体 $ABCD$-$A_1B_1C_1D_1$ 的 8 个顶点中 4 点共面的情形有多少种?(12)

问题 3:在上述 12 个面中,每个四边形中共面的三角形有多少个?($C_4^3=4$)

问题 4:从 56 个三角形中任取两个三角形,共面的概率为多少? $\left(\dfrac{12\times C_4^2}{C_{56}^2}=\dfrac{18}{385}\right)$

问题 5:从 56 个三角形中任取两个三角形不共面的概率为多少? $\left(P=1-\dfrac{18}{385}=\dfrac{367}{385}\right)$

特殊化. 通过将题目中具有一般意义的量赋予特定的值或将处于一般位置的几何元素限制在特定位置,得出问题在特殊情形下的解答,进而研究问题在一般情形下的解答.

例 7. 如图 6.2 所示,定椭圆 $\dfrac{x^2}{a^2}+\dfrac{y^2}{b^2}=1(a>b>0)$ 上的动点 P 与短轴端点 B_1,B_2 不重合,设两直线 B_1P,B_2P 与 x 轴分别相交于点 M,N,问 $|OM|\cdot|ON|$ 是否为定值.

【分析】这是一个探究型问题. 不妨取 $P(a,0)$,则 $M(a,0),N(a,0)$,

∴ $|OM|\cdot|ON|=a^2$,

由此猜想:$|OM|\cdot|ON|$ 为定值 a^2. 一般证明如下:

设 $P(a\cos\theta,b\sin\theta),|\sin\theta|\neq 1$,设 $M(x_1,0),N(x_2,0)$.

∵ B_1,M,P 共线,且 B_2,N,P 共线,

∴ $\dfrac{b\sin\theta+b}{a\cos\theta-0}=\dfrac{0+b}{x_1-0},\dfrac{b\sin\theta-b}{a\cos\theta-0}=\dfrac{0-b}{x_2-0}$,

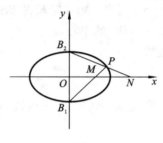

图 6.2

∴ $x_1=\dfrac{a\cos\theta}{1+\sin\theta}$,$x_2=\dfrac{a\cos\theta}{1-\sin\theta}$,$|OM|\cdot|ON|=|x_1|\cdot|x_2|=|x_1\cdot x_2|=a^2$.

一般化.先探讨与所解决问题有关的一般问题的解决方案,再将所解决问题视为已解决问题的特殊情形,从而使问题获解.

例 8. 求证:$25^{49}>49!$.

【分析】注意到 $25=\dfrac{49+1}{2}$,原不等式改写为:$(\dfrac{49+1}{2})^{49}>49!$.

不妨先考虑该问题的一般性结论:$(\dfrac{n+1}{2})^n>n!$($n\in\mathbf{N}$).

∵ $\dfrac{n+1}{2}=\dfrac{1+2+3+\cdots+n}{n}>\sqrt[n]{1\times 2\times 3\times\cdots\times n}=\sqrt[n]{n!}$,

∴ $(\dfrac{n+1}{2})^n>n!$($n\in\mathbf{N}$),

在上式中令 $n=49$ 即证得 $25^{49}>49!$.

逆向化.正面解决问题较困难时,先考察其反面情况,通过反面情况的解决实现原问题的解决或简化.

例 9. 已知非空集合 $A=\{x\mid x^2-4mx+2m+6=0,x\in\mathbf{R}\}$,若 $A\cap\{x\mid x<0,x\in\mathbf{R}\}\neq\varnothing$,求实数 m 的取值范围.

【分析】即求方程 $x^2-4mx+2m+6=0$ 有负实根时 m 的取值范围.按常规思路,可分三种情况讨论:①方程有异号两实根;②方程有两负根;③方程有一 0 根和一负根,运算比较复杂.

若设全集

$$U=\{m\mid\Delta=16m^2-8m-24\geqslant 0\}=\left\{m\,\middle|\,m\leqslant -1 \text{ 或 } m\geqslant\dfrac{3}{2}\right\},$$

$$B=\left\{m\,\middle|\,\text{方程 } x^2-4mx+2m+6=0 \text{ 有两个非负实根}\right\}=\left\{m\,\middle|\,m\geqslant\dfrac{3}{2}\right\},$$

则得所求 m 的取值范围即 B 在 U 中的补集 $\{m\mid m\leqslant -1\}$,可使运算大大简化.

6.7 寻找解题突破口

(1)回到定义.利用定义解题.

例 1. 从 $1,2,3,\cdots,n$ 中任取两数,求两数之积的数学期望.

解:由数学期望的意义随机变量的平均值易得解法如下.

$$\text{所求数学期望} = \frac{1}{C_n^2}[1\times 2 + 1\times 3 + \cdots + (n-1)\times n]$$

$$= \frac{1}{n(n-1)}[(1+2+\cdots+n)^2 - (1^2+2^2+3^3+\cdots+n^2)]$$

$$= \frac{1}{n(n-1)}\left\{\left[\frac{n(1+n)}{2}\right]^2 - \frac{n(n+1)(2n+1)}{6}\right\}$$

$$= \frac{1}{12}(n+1)(3n+2).$$

(2)类比联想.通过联想与所遇到的问题形式相似的问题的解法找到新问题的解法.

例2.证明:$C_n^1 + 2C_n^2 + 3C_n^3 + \cdots + nC_n^n = n\times 2^{n-1}$.

证明:记 $\quad S = C_n^1 + 2C_n^2 + 3C_n^3 + \cdots + (n-1)C_n^{n-1} + nC_n^n,\quad$ ①

则 $\quad S = (n-1)C_n^{n-1} + (n-2)C_n^{n-2} + \cdots + 1\times C_n^1 + nC_n^n,\quad$ ②

注意到 $C_n^k = C_n^{n-k}$,则①+②可得

$$2S = n(C_n^1 + C_n^2 + \cdots + C_n^{n-1}) + 2n,\quad ③$$

又 $\quad C_n^1 + C_n^2 + \cdots + C_n^{n-1} = (C_n^0 + C_n^1 + C_n^2 + \cdots + C_n^{n-1} + C_n^n) - C_n^0 - C_n^n = 2^n - 2,\quad$ ④

将④代入③得 $\quad 2S = n\times 2^n,$

∴ $C_n^1 + 2C_n^2 + 3C_n^3 + \cdots + nC_n^n = n\times 2^{n-1}$.

注:此法可由联想等差数列中的倒序求和法得到.

(3)挖掘隐含.通过分析、挖掘题目中的隐含条件,突破思维难点.

例3.求 $C_{3n}^{38-n} + C_{21+n}^{3n}$.

【分析】许多学生面对此题不知如何下手,实际上只要注意到组合数 C_n^m 中字母 n,m 的关系 $m\leqslant n,m,n$ 均为自然数,则易得本题中字母 n 满足的关系式,从而快速求解.

解:由组合数的意义得

$$38 - n \leqslant 3n \leqslant 21 + n,\quad n \text{ 为自然数},$$

求得 $\quad n = 10,$

所以 $\quad \text{原式} = C_{30}^{28} + C_{31}^{30} = 466.$

(4)数形结合.借助直观图形解决相关问题.

例4.已知 x_1 是方程 $x + \lg x = 3$ 的一个根,x_2 是方程 $x + 10^x = 3$ 的一个根,那么 $x_1 + x_2$ 的值是( ).

A. 6   B. 3   C. 2   D. 1

【分析】这是一道研究方程的根的试题,若采用纯代数方法,从解方程或方程组入手,将很困难.不妨换个角度,由题设特征,挖掘其隐含的形,以形助数,可以很快找到解题的切入点.

在同一坐标系内分别作出函数 $f(x) = \lg x, g(x) = 10^x, h(x) = 3 - x$ 的图象,设 $f(x)$ 与 $h(x)$ 图象交点为 $A(x_1, y_1), g(x)$ 与 $h(x)$ 图象交点为 $B(x_2, y_2)$.由函数性质知,A,B 两点关于直线 $y = x$ 对称,则有 $x_1 = y_2, x_2 = y_1$.点 A 在直线 $h(x) = 3 - x$ 的图象上,故 $y_1 = 3 - x_1$,所以 $x_1 + x_2 = 3$.

(5)追根溯源.用分析法寻找问题成立的充分条件.

例5. 二次函数 $f(x)=ax^2+bx+c(a>0)$, 方程 $f(x)-x=0$ 的两个根 x_1,x_2 满足 $0<x_1<x_2<\frac{1}{a}$.

①当 $x\in(0,x_1)$ 时,证明: $x<f(x)<x_1$.

②设函数 $f(x)$ 的图象关于直线 $x=x_0$ 对称,证明: $x_0<\frac{x_1}{2}$.

【分析】面对此题,许多学生不知如何下手,若利用追根溯源的分析方法,则能很自然地找到如下思路.

①欲证 $x<f(x)<x_1$,

只需证 $\qquad 0<f(x)-x<x_1-x$,

即 $\qquad 0<a(x_1-x)(x_2-x)<x_1-x$.

$\because a(x_1-x)>0$,只需证: $0<x_2-x<\frac{1}{a}$.

而由条件 $0<x<x_1<x_2<\frac{1}{a}$,上式显然成立.

②欲证 $x_0<\frac{x_1}{2}$,只需证 $x_0-\frac{x_1}{2}<0$.

由于 $\qquad x_0=-\frac{b}{2a}, x_1+x_2=-\frac{b-1}{a}$,

$\therefore$ 只需证 $-\frac{b}{2a}-\frac{1}{2}(-\frac{b-1}{a}-x_2)<0$,即 $\frac{1}{2}x_2-\frac{1}{2a}<0$,

由已知条件知上式成立.

(6)借助模型. 借助几何或其他模型的启发突破思维障碍.

例6. 判断正误: 如果两个二面角的两个面分别互相垂直,则这两个二面角相等或互补.

【分析】学生受命题"平面内的两个角的两边分别互相垂直,则这两个角相等或互补"的影响,认为上述命题也是真命题. 实际上,上述命题是错误的. 怎样说明呢?

在正方体 $ABCD-A_1B_1C_1D_1$ 中(图略),设 P 为棱 AA_1 上一动点,则对二面角 $B_1-PA_1-D_1$ 和 $B_1-PC_1-D_1$,有平面 $B_1PA_1\perp$ 平面 B_1PC_1,平面 $D_1PA_1\perp$ 平面 D_1PC_1,二面角 $B_1-PA_1-D_1$ 大小恒为 $90°$,但二面角 $B_1-PC_1-D_1$ 随点 P 的位置的变化而变化,故这两个二面角大小关系不确定.

(7)归纳猜想. 通过考虑、验证一些特殊值,从中猜想、发现一般规律.

例7. 设 $a_n=1+\frac{1}{2}+\frac{1}{3}+\cdots+\frac{1}{n}$ (n 为自然数),是否存在 n 的整式 $g(n)$,使得等式 $a_1+a_2+\cdots+a_{n-1}=g(n)(a_n-1)$ 对大于1的一切自然数 n 都成立?

解: 假设 $g(n)$ 存在.

当 $n=2$ 时,由 $a_1=g(2)(a_2-1)$ 得 $g(2)=2$.

当 $n=3$ 时,由 $a_1+a_2=g(3)(a_3-1)$ 得 $g(3)=3$.

当 $n=4$ 时,由 $a_1+a_2+a_3=g(4)(a_4-1)$ 得 $g(4)=4$.

由此猜想: $g(n)=n$.

可用数学归纳法证明上述结论.(略)

(8)正难则反.直接解决问题较困难时,先考虑其反面.

例8. 在四面体的顶点和各棱中点共 10 个点中,任取 4 个点,则这 4 个点不共面的概率为( ).

A. $\dfrac{5}{7}$ B. $\dfrac{7}{10}$ C. $\dfrac{24}{35}$ D. $\dfrac{47}{70}$

解: 直接考虑四点不共面的情形较复杂,可先考虑其反面——四点共面的情形.

① 4 个点在四面体的一个面内,取法有 $4C_6^4=60$ 种;

② 取出 4 点所在平面与一组对棱平行,有 3 种取法;

③ 取出 4 点是一条棱上 3 点及对棱中点有 6 种取法.

综上,取出不共面 4 点的不同取法种数为 $C_{10}^4-60-3-6=141$,所求

$$P=\dfrac{141}{210}=\dfrac{47}{70}.$$

(9)分类讨论.根据问题特点,化整为零,分类击破.

例9. 设 a 为实数,求函数 $f(x)=x^2+|x-a|+1$ 的最值.(2002 年全国高考题)

解:(ⅰ)当 $x\leqslant a$ 时,函数 $f(x)=x^2-x+a+1=\left(x-\dfrac{1}{2}\right)^2+a+\dfrac{3}{4}$.

若 $a\leqslant\dfrac{1}{2}$,则函数 $f(x)$ 在 $(-\infty,a]$ 上单调递减,从而,函数 $f(x)$ 在 $(-\infty,a]$ 上的最小值为 $f(a)=a^2+1$.

若 $a>\dfrac{1}{2}$,则函数 $f(x)$ 在 $(-\infty,a]$ 上的最小值为 $f\left(\dfrac{1}{2}\right)=\dfrac{3}{4}+a$,且 $f\left(\dfrac{1}{2}\right)\leqslant f(a)$.

(ⅱ)当 $x\geqslant a$ 时,函数 $f(x)=x^2+x-a+1=\left(x+\dfrac{1}{2}\right)^2-a+\dfrac{3}{4}$.

若 $a\leqslant-\dfrac{1}{2}$,则函数 $f(x)$ 在 $[a,+\infty)$ 上的最小值为 $f\left(-\dfrac{1}{2}\right)=\dfrac{3}{4}-a$,且 $f\left(-\dfrac{1}{2}\right)\leqslant f(a)$.

若 $a>-\dfrac{1}{2}$,则函数 $f(x)$ 在 $[a,+\infty)$ 上单调递增,从而,函数 $f(x)$ 在 $[a,+\infty)$ 上的最小值为 $f(a)=a^2+1$.

综上,当 $a\leqslant-\dfrac{1}{2}$ 时,函数 $f(x)$ 的最小值是 $\dfrac{3}{4}-a$.

当 $-\dfrac{1}{2}<a\leqslant\dfrac{1}{2}$ 时,函数 $f(x)$ 的最小值是 a^2+1.

当 $a>\dfrac{1}{2}$ 时,函数 $f(x)$ 的最小值是 $a+\dfrac{3}{4}$.

(10)灵活进退.

① 先求出一般性结论.

例10. 求证:$25^{49}>49!$.

【分析】 注意到 $25=\dfrac{49+1}{2}$,原不等式改写为:$\left(\dfrac{49+1}{2}\right)^{49}>49!$.

不妨先考虑该问题的一般性结论:$\left(\dfrac{n+1}{2}\right)^n>n!$ $(n\in\mathbf{N})$.

$$\because \frac{n+1}{2}=\frac{1+2+3+\cdots+n}{n}>\sqrt[n]{1\times2\times3\times\cdots\times n}=\sqrt[n]{n!},$$

$$\therefore \left(\frac{n+1}{2}\right)^n>n! \quad (n\in \mathbf{N}).$$

在上式中令 $n=49$ 即证得 $25^{49}>49!$.

②从特殊值入手.

例 11. 设 $F(\theta)=\sin^2\theta+\sin^2(\theta+\alpha)+\sin^2(\theta+\beta)$,其中 α,β 是适合 $0\leqslant\alpha\leqslant\beta\leqslant\pi$ 的常数,试问 α,β 为何值时,$F(\theta)$ 是与 θ 无关的定值?

【分析】乍一看,无从下手,但若注意到对任意 θ,$F(\theta)$ 是常数,则可选取便于确定 α,β 的 θ 的某些特殊值,代入 $F(\theta)$ 去求 α,β 的值. 于是得如下解法:

取 $\theta=0,\frac{\pi}{2},-\alpha,-\beta$ 分别代入 $F(\theta)$,则有

$$F(0)=\sin^2\alpha+\sin^2\beta, \qquad ①$$

$$F\left(\frac{\pi}{2}\right)=1+\cos^2\alpha+\cos^2\beta, \qquad ②$$

$$F(-\alpha)=\sin^2\alpha+\sin^2(\beta-\alpha), \qquad ③$$

$$F(-\beta)=\sin^2\beta+\sin^2(\beta-\alpha), \qquad ④$$

由题意应有 $F(0)=F\left(\frac{\pi}{2}\right)=F(-\alpha)=F(-\beta)$,

解得 $\alpha=\frac{\pi}{3},\beta=\frac{2\pi}{3}$,

易验证,$\alpha=\frac{\pi}{3},\beta=\frac{2\pi}{3}$ 时 $F(\theta)$ 是与 θ 无关的定值,故 $\alpha=\frac{\pi}{3},\beta=\frac{2\pi}{3}$ 即为所求.

6.8 思路受阻时的应对

(1)特征信息,用心捕捉. 即通过观察,发现题目条件或问题中的数、式、图方面的特征,由某一特征出发,探究解题思路.

例 1. 求证:若对常数 m 和任意实数 x,等式 $f(x+m)=\frac{1+f(x)}{1-f(x)}$ 成立,则 $f(x)$ 为周期函数.

【分析】关系式 $f(x+m)=\frac{1+f(x)}{1-f(x)}$ 的结构与 $\tan\left(x+\frac{\pi}{4}\right)=\frac{1+\tan x}{1-\tan x}$ 的结构类似,由此猜想 $f(x)=\tan x$ 是 $f(x)$ 的一个原型. 又 $f(x)=\tan x$ 的周期为 π,恰为 $\frac{\pi}{4}$ 的 4 倍,故可以猜想 $f(x)$ 以 $4m$ 为周期.

易证:$f(x+4m)=-\frac{1}{f(x+2m)}=f(x)$,可见 $f(x)$ 的确是以 $4m$ 为周期的周期函数.

(2)挖掘隐含,化隐为显. 即通过挖掘发现题目未明确给出,但客观存在的数学事实,借助于这些事实寻求问题解决的突破口.

例 2. 设二次函数 $f(x)=x^2+x+a(a>0)$,满足 $f(m)<0$,试判断 $f(m+1)$ 的符号.

【分析】乍看此题,无从下手,若仔细分析,则可以发现以下隐含条件,而使问题获解.

①二次函数图象过 y 轴正半轴上的点 $(0,a)$.

②二次函数图象的对称轴为定直线：$x=-\dfrac{1}{2}$.

③二次函数图象开口向上.

据上可以画出 $f(x)$ 的示意图,由图可知：满足 $f(m)<0$ 的 m 必满足 $m>-1$,

∴ $m+1>0$,

∴ $f(m+1)>0$.

(3)锁定目标,步步逼近.即通过重新审题,合理确定解题的程序和目标,通过努力,逐步完成目标,实现问题的解决.

例 3. 已知正项数列 $\{a_n\}$ 满足 $a_1=a(0<a<1)$,且 $f(x)=\dfrac{x}{1+x}$,又 $a_{n+1}\leqslant f(a_n)(n\geqslant 1,n\in \mathbf{N})$. 求证：① $a_n\leqslant \dfrac{a}{1+(n-1)a}$；② $\dfrac{a_1}{2}+\dfrac{a_2}{3}+\cdots+\dfrac{a_n}{n+1}<1$.

【分析】第一问用数学归纳法容易证明.第二问学生普遍感到困难,其实可以通过设置并完成以下一系列的目标达到题目的解决.

目标 1：将 a_n 放大, $a_n\leqslant \dfrac{a}{1+(n-1)a}=\dfrac{1}{\dfrac{1}{a}+(n-1)}<\dfrac{1}{1+(n-1)}=\dfrac{1}{n}$.

目标 2：将 $\dfrac{a_n}{n+1}$ 放大并拆成两个式子的差, $\dfrac{a_n}{n+1}<\dfrac{1}{n(n+1)}=\dfrac{1}{n}-\dfrac{1}{n+1}$.

目标 3：将 $\dfrac{a_1}{2}+\dfrac{a_2}{3}+\cdots+\dfrac{a_n}{n+1}$ 放大并合并, $\dfrac{a_1}{2}+\dfrac{a_2}{3}+\cdots+\dfrac{a_n}{n+1}<\left(1-\dfrac{1}{2}\right)+\left(\dfrac{1}{2}-\dfrac{1}{3}\right)+\cdots+\left(\dfrac{1}{n}-\dfrac{1}{n+1}\right)=1-\dfrac{1}{n+1}$.

目标 4：将 $\dfrac{a_1}{2}+\dfrac{a_2}{3}+\cdots+\dfrac{a_n}{n+1}$ 进一步放大, $\dfrac{a_1}{2}+\dfrac{a_2}{3}+\cdots+\dfrac{a_n}{n+1}<1-\dfrac{1}{n+1}<1$.

(4)观察联想,类比解决.即通过观察问题特征,联想以前解决过的类似问题的解法,借助类似问题的解法实现新问题的解决.

例 4. 证明：$C_n^1+2C_n^2+3C_n^3+\cdots+nC_n^n=n\times 2^{n-1}$.

【分析】注意到 $C_n^k=C_n^{n-k}$,可得 $kC_n^k+(n-k)C_n^{n-k}=n$,联想等差数列中的倒序求和法易得下列证明方法.

记 $\qquad S=C_n^1+2C_n^2+3C_n^3+\cdots+(n-1)C_n^{n-1}+nC_n^n$, ①

$\qquad\qquad S=(n-1)C_n^{n-1}+(n-2)C_n^{n-2}+\cdots+1\times C_n^1+nC_n^n$, ②

则①+②可得 $\qquad 2S=n(C_n^1+C_n^2+\cdots+C_n^{n-1})+2n$, ③

又 $\qquad C_n^1+C_n^2+\cdots+C_n^{n-1}=(C_n^0+C_n^1+C_n^2+\cdots+C_n^{n-1}+C_n^n)-C_n^0-C_n^n=2^n-2$, ④

将④代入③得 $\qquad\qquad 2S=n\times 2^n$,

∴ $C_n^1+2C_n^2+3C_n^3+\cdots+nC_n^n=n\times 2^{n-1}$.

(5)数形结合,直观突破.即发掘问题中有关"数"的信息的"形"的特征,借助直观图形解决问题.

例5. 求函数 $f(x)=\sqrt{x^2+x+1}-\sqrt{x^2-x+1}$ 的值域.

【分析】这是一个求无理函数值域的问题,按常规的转化为有理函数求值域的方法会使解答陷入困境. 将所给函数解析式变形为 $f(x)=\sqrt{\left(x+\frac{1}{2}\right)^2+\left(0-\frac{\sqrt{3}}{2}\right)^2}-\sqrt{\left(x-\frac{1}{2}\right)^2+\left(0-\frac{\sqrt{3}}{2}\right)^2}$ 会发现:这不正是求 x 轴上的一个动点 $P(x,0)$ 与两定点 $A\left(-\frac{1}{2},\frac{\sqrt{3}}{2}\right)$ 与 $B\left(\frac{1}{2},\frac{\sqrt{3}}{2}\right)$ 的距离之差的范围吗? 画出图形,借助直观易得:$f(x)\in(-1,1)$.

(6)退到特殊,简化计算. 即将问题中的一般条件,退化为特殊情形,通过特殊情形的解决,简化计算,实现原问题的解决.

例6. △ABC 的外接圆圆心为 O,两条边上的高的交点为 H,$\overrightarrow{OH}=m(\overrightarrow{OA}+\overrightarrow{OB}+\overrightarrow{OC})$,则实数 $m=$ _____.

【分析】本题若按△ABC 为一般三角形求解,要求有扎实的平面几何基础,对能力要求较高. 可运用特殊化思想,考虑△ABC 为直角三角形的情形.

O 为 Rt△ABC 斜边 AB 的中点,AC,BC 边上的高的交点 H 与点 C 重合,故 $\overrightarrow{OA}+\overrightarrow{OB}+\overrightarrow{OC}=\overrightarrow{OC}=\overrightarrow{OH}$,∴ $m=1$.

(7)直觉引路,细心求证. 即在仔细审题的基础上,借助直觉,先大胆猜想问题的答案或解决方法,再进行具体的求证(解).

例7. 已知平行六面体 $ABCD$-$A_1B_1C_1D_1$ 的底面 $ABCD$ 是菱形,$\angle C_1CB=\angle C_1CD=\angle BCD=60°$.

①求证:$A_1C\perp BD$.

②当 $\dfrac{CD}{CC_1}$ 的值为多少时,$A_1C\perp$ 平面 C_1BD?

【分析】①易证(略). ②是一个探究型问题,许多学生初接触这一题目,束手无策. 实际上可以先大胆地进行直觉判断,再予以一般证明解决.

由于 $A_1C\perp BD$,欲使 $A_1C\perp$ 平面 C_1BD,只需 $A_1C\perp C_1D$. 直觉告诉我们:若 $\dfrac{CD}{CC_1}=1$,则平行六面体各面是全等的菱形,必有 $A_1C\perp C_1D$,从而 $A_1C\perp$ 平面 C_1BD.

(8)运用定义,返璞归真. 即用定义法解决问题.

例8. 过点 $P(5,4)$ 作圆 $x^2+y^2=9$ 的切线,求过两切点的直线的方程.

【分析】按常规思路,直接设方程的适当形式,用待定系数法很难求得结果,不妨回到直线方程的定义. 设两切点分别为 $A(x_1,y_1)$,$B(x_2,y_2)$,则经过 A,B 的切线方程分别为
$$x_1x+y_1y=9, x_2x+y_2y=9,$$
由于这两条切线均经过点 $P(5,4)$,

∴ $5x_1+4y_1=9, 5x_2+4y_2=9$,

即:点 A,B 均在直线 $5x+4y=9$ 上. 由直线方程的定义知:$5x+4y=9$ 即为所求直线方程.

(9)正难则反,声东击西. 即正面证明、计算比较困难时,从问题的对立面入手,先解决问题的对立面,再解决原问题.

例 9. 四面体的顶点和各棱中点共有 10 个点,在其中取 4 个不共面的点,则不同的取法共有多少种?

【分析】本题若从正面思考,直接考虑不共面的情形,则会陷入繁杂的分类之中;若从反面入手,用补集法,则可回避讨论,使问题顺利解决.

从 10 个点中任取 4 点,有 C_{10}^4 种取法,再排除共面的情形:①共面的 4 点在一个面内,有 $4C_6^4$ 种;②每条棱上的 3 点与其对棱中点共面,共 6 种;③6 个中点构成 3 个平行四边形.故:不共面的取法共有 $C_{10}^4 - 4C_6^4 - 6 - 3 = 141$ 种.

(10) 调整情绪,坚定信心.许多时候思路受阻,并非知识和能力因素,而是心理因素,学生面对陌生情境,常常心浮气躁,导致做不下去.这时,调整情绪,坚定信心,是一个重要的解决办法.

例 10. 求数列 $\frac{1}{2}, -\frac{4}{9}, \frac{3}{8}, -\frac{8}{25}, \frac{5}{18}, -\frac{12}{49}, \cdots$ 的通项公式.

【分析】从表面上看,此数列除了明显的符号规律之外,好像再也找不出什么规律,无论分子还是分母,都是摆动数列.学生遇此情况,常常信心不足,情绪急躁,越发找不到眉目,从而使思维受阻.其实,只要冷静下来,不难发现:偶数项无论分子还是分母,都呈现明显的规律;再注意到,局部特征服从于整体特征,不难发现原来是约分给我们的思路带来了障碍.把数列写成 $\frac{2}{4}, -\frac{4}{9}, \frac{6}{16}, -\frac{8}{25}, \frac{10}{36}, -\frac{12}{49}, \cdots$,容易得到其通项公式为:$(-1)^{n+1} \cdot \frac{2n}{(n+1)^2}$.

6.9 回避分类讨论

(1) 消去参数.

例 1. 已知 $a > 0$ 且 $a \neq 1$,解不等式 $|\log_a(1-x)| > |\log_a(1+x)|$.

【分析】此题的常规解法是先去绝对值符号,然后由 $0 < a < 1, a > 1$ 进行分类讨论来解.事实上,可以考虑消去参数 a,回避不必要的讨论.

解:原不等式可化为 $\frac{|\lg(1-x)|}{|\lg a|} > \frac{|\lg(1+x)|}{|\lg a|}$,

∴ $|\lg(1-x)| > |\lg(1+x)|$ (因 $|\lg a| > 0$),

上式两边平方、移项、整理可得

$$\lg(1-x^2)\lg\frac{1-x}{1+x} > 0,$$

由对数函数的性质得 $-1 < x < 1$ 且 $x \neq 0$,所以 $0 < x^2 < 1, 0 < 1-x^2 < 1$.

因此 $\lg(1-x^2) < 0$,由此得

$$\lg\frac{1-x}{1+x} < 0,$$

解上述不等式得 $0 < x < 1$,即为原不等式的解.

(2) 等价转化.

例 2. 设定义在 $[-2,2]$ 上的偶函数 $f(x)$,在 $[0,2]$ 上单调递减,若 $f(1-m) < f(m)$,求实数 m 的取值范围.

【分析】此题的一般解法是根据 $1-m$ 与 m 和区间 $[-2,0]$,$[0,2]$ 关系的不同情形进行分类讨论,过程十分复杂.若能注意到偶函数的性质 $f(x)=f(|x|)$,将条件进行等价转化,则可回避分类讨论.

解:由于 $f(x)$ 是偶函数,则有 $f(-x)=f(x)=f(|x|)$,从而不等式 $f(1-m)<f(m)$ 等价于 $f(|1-m|)<f(|m|)$.又 $x\in[0,2]$ 时,$f(x)$ 是减函数.

因此 $\begin{cases} |1-m|>|m| \\ -2\leqslant 1-m\leqslant 2 \\ -2\leqslant m\leqslant 2 \end{cases}$,解得 $-1\leqslant m<\dfrac{1}{2}$.

(3)分离参数.

例3.设 $f(x)=\lg\dfrac{1+2^x+4^x a}{3}$,其中 $a\in\mathbf{R}$,如果 $x\in(-\infty,1]$ 时,$f(x)$ 有意义,求 a 的取值范围.

【分析】此题的一般解法是,由题意得,$x\in(-\infty,1]$ 时不等式 $1+2^x+4^x a>0$ 恒成立,再令 $2^x=t$,将问题转化为 $0<t\leqslant 2$ 时,不等式 $at^2+t+1>0$ 恒成立,最后根据二次函数 $f(t)=at^2+t+1$ 的开口方向及对称轴与区间 $(0,2]$ 的关系进行分类讨论,确定 $f(t)$ 的区间最小值,进而解不等式得参数 a 的范围,过程相当复杂.实际上,得到 $x\in(-\infty,1]$ 时不等式 $1+2^x+4^x a>0$ 恒成立后,可直接分离参数,再借助函数知识回避分类讨论,迅速求解.

解:当 $x\in(-\infty,1]$ 时,$f(x)$ 有意义,即等价于 $x\in(-\infty,1]$ 时,$\dfrac{1+2^x+4^x a}{3}>0$ 成立.将不等式变形,分离出 $a>-\left[\left(\dfrac{1}{4}\right)^x+\left(\dfrac{1}{2}\right)^x\right]$.

原命题等价于 $x\in(-\infty,1]$ 时,求使上式成立的 a 的取值范围.

令 $y=-\left[\left(\dfrac{1}{4}\right)^x+\left(\dfrac{1}{2}\right)^x\right]$,当 $x\in(-\infty,1]$ 时,只需 $a>y_{\max}$.

而 $y=-\left[\left(\dfrac{1}{4}\right)^x+\left(\dfrac{1}{2}\right)^x\right]$,在 $x\in(-\infty,1]$ 上是增函数,故当 $x=1$ 时,得 $y_{\max}=-\left(\dfrac{1}{4}+\dfrac{1}{2}\right)=-\dfrac{3}{4}$.因此 $a>-\dfrac{3}{4}$,即 a 的取值范围是 $\left(-\dfrac{3}{4},+\infty\right)$.

(4)变更主元.

例4.已知关于 x 的方程 $x^3-ax^2-2ax+a^2-1=0$ 有且只有一个实根,求实数 a 的取值范围.

【分析】此题的常规解法是把 x 当作主元,先求出 x,然后对 a 进行讨论.这样解比较复杂.若把 a 当作主元,解题将十分简便.

解:把原方程变为 $a^2-(x^2+2x)a+x^3-1=0$,变形得
$$(a-x+1)(a-x^2-x-1)=0,$$
∴ $x=a+1$ 或 $x^2+x+1-a=0$,
∵ 原方程只有一个实根,
∴ $x^2+x+1-a=0$ 无实根,
∴ $\Delta=1-4(1-a)<0$,故 $a<\dfrac{3}{4}$ 即为所求.

(5)整体处理.

例5.已知函数 $y=a^x$ 在区间 $[0,1]$ 上的最大值与最小值的和为3,求 a.

【分析】本题的常规思路是对底数 a 分 $0<a<1, a>1$ 两种情况来讨论,以确定函数 $y=a^x$ 的单调性,在分别求出函数 $y=a^x$ 在区间 $[0,1]$ 上的最大值与最小值后,求 a 的值.但若整体考虑:单调函数在闭区间上的最值总是在区间端点处取得,则可回避讨论,直接求出结果.

解：由题意得 $$y_{\max}+y_{\min}=a^0+a^1=3,$$
故 $$a=2.$$

(6)正难则反.

例6.已知非空集合 $A=\{x\mid x^2-4mx+2m+6=0, x\in \mathbf{R}\}$,若 $A\cap\{x\mid x<0, x\in\mathbf{R}\}\neq\varnothing$,求实数 m 的取值范围.

【分析】即求方程 $x^2-4mx+2m+6=0$ 有负实根时 m 的取值范围.按常规思路,可分三种情况讨论:①方程有异号两实根;②方程有两负根;③方程有一0根和一负根,运算比较复杂.若设全集

$$U=\{m\mid \Delta=16m^2-8m-24\geqslant 0\}=\left\{m\mid m\leqslant -1 \text{ 或 } m\geqslant \frac{3}{2}\right\},$$

$$B=\{m\mid 方程\ x^2-4mx+2m+6=0\ 有两个非负实根\}=\left\{m\mid m\geqslant \frac{3}{2}\right\},$$

则得所求 m 的取值范围即 $\complement_U B=\{m\mid m\leqslant -1\}$,可使运算大大简化.

(7)换元引参.

例7.解不等式 $\sqrt{a(a-x)}>a-2x\ (a<0)$.

【分析】本题的常规思路是分类转化,原不等式即

$$\begin{cases}a-2x\geqslant 0\\ a(a-x)>(a-2x)^2\end{cases}, \text{ 或 } \begin{cases}a-2x<0\\ a(a-x)\geqslant 0\end{cases},$$

解题过程中需要多次取交集、并集,运算比较复杂.

若抓住"将无理不等式转化为有理不等式"这一本质要求,则可采取如下解题过程更为简捷的换元法：

令 $$\sqrt{a(a-x)}=t\geqslant 0,$$
则原不等式化为 $$t>\frac{2t^2-a^2}{a},$$
即 $$2t^2-at-a^2>0,$$
解之 $$t<a(舍) \text{ 或 } t>-\frac{1}{2}a,$$
∴ $$\sqrt{a(a-x)}>-\frac{1}{2}a,$$
解之得 $$x>\frac{3}{4}a.$$

(8)挖掘隐含.

例8.已知二次函数 $f(x)=-\frac{1}{2}x^2+x$,是否存在实数 $m,n\ (m<n)$,使 $f(x)$ 的定义域和值域分别为 $[m,n]$ 和 $[3m,3n]$?

【分析】本题的常规思路是,根据抛物线 $f(x)=-\frac{1}{2}x^2+x$ 的对称轴 $x=1$ 与区间 $[m,n]$ 的相对位置进行讨论解决. 若能注意到 $f(x)=-\frac{1}{2}x^2+x=-\frac{1}{2}(x-1)^2+\frac{1}{2}\leqslant\frac{1}{2}$,可得 $3n\leqslant\frac{1}{2}$,$\therefore n\leqslant\frac{1}{6}<1$,则可避免讨论,得到如下简便解法.

$\because n\leqslant\frac{1}{6}<1$,

故二次函数 $f(x)=-\frac{1}{2}x^2+x$ 在区间 $[m,n]$ 上单调递增.

$\therefore \begin{cases} f(m)=3m \\ f(n)=3n \end{cases}(m<n)$,

解之 $m=-4,n=0$,即符合条件的实数 m,n 存在.

(9)数形结合.

例 9. 对于函数 $f(x)=x^2+ax-a+1$,存在 $x_0\in[0,1]$,使 $f(x_0)<0$,求 a 的取值范围.

【分析】含参数的二次函数在指定区间上的函数值问题,一般先配方,然后就其图象对称轴在区间内、区间左侧、区间右侧分类讨论. 如果改变一下视角,巧妙变形,借助数形结合就可避免分类讨论.

解:由 $x\in[0,1]$ 时,$f(x)<0$,得 $x^2+1<-a(x-1)$. 令 $y_1=x^2+1$,$y_2=-a(x-1)$,作函数 y_1 与 y_2 的图象(图 6.3),在 $x\in[0,1]$ 时,y_2 过点 $(0,1)$ 及 $(1,2)$ 时为极限位置,由图象知直线 y_2 的斜率满足 $-a<-1$,即 $a>1$.

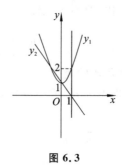

图 6.3

6.10 简化数学运算

数学解题离不开运算,运算能力是数学高考中着重考查的重要能力之一. 高考中对运算能力的考查并非停留在"运算"本身,而是更加注重考生的运算变通能力,要求考生"能根据问题的条件,寻找与设计合理、简捷的运算途径". 所以,寻找合理、简捷的运算途径就成为培养学生运算能力的着力点. 如何才能找到合理、简捷的运算途径呢?实践表明,在牢固掌握知识的基础上,掌握一些必要的运算策略,可以大大降低运算量.

(1)等价转化. 将问题转化为与原问题等价而易于解决的问题或用与常规方法作用等价的方法实现运算的简化.

例1. 判断函数 $f(x)=\dfrac{1+x+\sqrt{x^2+1}}{1-x-\sqrt{x^2+1}}$ 的奇偶性.

【分析】解本题时,若直接由 $f(-x)$ 出发进行变形,寻找 $f(-x)$ 与 $f(x)$ 的关系,则会由于分子、分母结构复杂,致使运算比较麻烦,许多同学常常算到中途算不下去,匆匆下个结论了事. 实际上,若将问题等价转化为考察 $\dfrac{f(-x)}{f(x)}$ 等于 1 还是 -1 的问题,则可使运算过程大为简化. 详解如下:

$$\dfrac{f(-x)}{f(x)}=\dfrac{1-x+\sqrt{x^2+1}}{1+x-\sqrt{x^2+1}}\times\dfrac{1-x-\sqrt{x^2+1}}{1+x+\sqrt{x^2+1}}=\dfrac{(1-x)^2-(\sqrt{x^2+1})^2}{(1+x)^2-(\sqrt{x^2+1})^2}=\dfrac{-2x}{2x}=-1$$

∴ $f(-x)=-f(x)$,

∴ $f(x)$ 为奇函数.

(2) 正难则反. 正面解决问题较困难时,先考察其反面情况,通过反面情况的解决实现原问题的解决.

例2. 已知非空集合 $A=\{x\mid x^2-4mx+2m+6=0,x\in\mathbf{R}\}$,若 $A\cap\{x\mid x<0,x\in\mathbf{R}\}\neq\varnothing$,求实数 m 的取值范围.

【分析】即求方程 $x^2-4mx+2m+6=0$ 有负实根时 m 的取值范围. 按常规思路,可分三种情况讨论:①方程有异号两实根;②方程有两负根;③方程有一 0 根和一负根,运算比较复杂.

若设全集

$$U=\{m\mid\Delta=16m^2-8m-24\geqslant 0\}=\left\{m\,\middle|\,m\leqslant -1\ \text{或}\ m\geqslant\dfrac{3}{2}\right\},$$

$$B=\{m\mid\text{方程}\ x^2-4mx+2m+6=0\ \text{有两个非负实根}\}=\left\{m\,\middle|\,m\geqslant\dfrac{3}{2}\right\},$$

则得所求 m 的取值范围即 $\complement_U B=\{m\mid m\leqslant -1\}$,可使运算大大简化.

(3) 数形结合. 考虑条件或问题的结构特征,联想相关几何元素,将问题转化为对几何元素的讨论,从而实现运算的简化.

例3. 已知实数 x,y 满足 $3x+4y-1=0$,求 $(x-1)^2+(y-2)^2$ 的最小值.

【分析】本题可以由 $3x+4y-1=0$ 得 $y=\dfrac{1-3x}{4}$,代入 $(x-1)^2+(y-2)^2$ 转化为关于 x 的二次函数 $f(x)=\dfrac{25}{16}\left(x+\dfrac{1}{5}\right)^2+4$,得 $(x-1)^2+(y-2)^2$ 的最小值为 4.

若能注意到 $(x-1)^2+(y-2)^2$ 的几何意义——直线 $3x+4y-1=0$ 上的动点到定点 $(1,2)$ 的距离的平方,则容易得到下面更为简便的方法:$(x-1)^2+(y-2)^2$ 的最小值为点 $(1,2)$ 到直线 $3x+4y-1=0$ 的距离的平方 4.

(4) 整体处理. 根据问题的特点,着眼于若干元素组成的"整体板块"的解决,从而实现运算的简化.

例4. 已知椭圆 $\dfrac{x^2}{25}+\dfrac{y^2}{9}=1$,$F_1,F_2$ 为焦点,点 P 为椭圆上一点,$\angle F_1PF_2=\dfrac{\pi}{3}$,求 $S_{\triangle F_1PF_2}$.

【分析】本题可以设 $P(m,n)$,通过点 P 在椭圆上和 $\angle F_1PF_2=\dfrac{\pi}{3}$ 建立如下关于 m,n 的两

个方程

$$\frac{m^2}{25}+\frac{n^2}{9}=1, \quad \frac{\frac{n}{m+4}-\frac{n}{m-4}}{1+\frac{n}{m+4}\cdot\frac{n}{m-4}}=\tan\frac{\pi}{3}=\sqrt{3},$$

求得 $n=\pm\frac{3\sqrt{3}}{4}$,从而 $S_{\triangle F_1PF_2}=\frac{1}{2}\times 8\times\frac{3\sqrt{3}}{4}=3\sqrt{3}.$

显然,上述方法运算比较繁杂. 若能注意到求 $S_{\triangle F_1PF_2}$ 的关键是求出 $|PF_1|\cdot|PF_2|$ 这一整体,则可得到如下简便得多的解法:

设 $|PF_1|=r_1, |PF_2|=r_2,$

则由椭圆定义得 $r_1+r_2=10,$ ①

由余弦定理得 $r_1^2+r_2^2-2r_1r_2\cos\frac{\pi}{3}=8^2,$ ②

①² − ②得 $r_1r_2=12,$

∴ $S_{\triangle F_1PF_2}=\frac{1}{2}r_1r_2\sin\frac{\pi}{3}=3\sqrt{3}.$

(5) 考虑极端. 通过解决数量或几何元素位置的极限情形,使问题得以简化.

例 5. 求正三棱锥两侧面所成的二面角的范围.

【分析】按常规思路,可以先作出所求二面角的平面角,再利用余弦定理通过求出平面角余弦的范围,从而确定二面角的范围. 按此思路,常常会走入死胡同.

若能转换思路,让正三棱锥的顶点动起来,当顶点离底面中心无限远时,二面角的平面角→底面的内角 $=\frac{\pi}{3}$,当顶点离底面中心无限近时,二面角的平面角→平角 $=\pi$,故所求二面角的范围为 $(\frac{\pi}{3},\pi)$,则可避免复杂运算而使问题快速解决.

(6) 退到特殊.

例 6. $\triangle ABC$ 的外接圆的圆心为 O,两条边上的高的交点为 H,$\overrightarrow{OH}=m(\overrightarrow{OA}+\overrightarrow{OB}+\overrightarrow{OC})$,则实数 $m=$_____.

【分析】由于本题为填空题,可以考虑特殊值法. 设 $\triangle ABC$ 为一个直角三角形,则 O 点为斜边的中点,H 点为直角顶点,这时有 $\overrightarrow{OH}=\overrightarrow{OA}+\overrightarrow{OB}+\overrightarrow{OC}$,∴ $m=1.$

注:若不用退到特殊的策略,这一道题该如何解?将两种方法进行比较.

(7) 回归定义. 直接用概念解决问题.

例 7. 已知 a,b,c,d 成等比数列,$a+b,b+c,c+d$ 均不为 0,求证:$a+b,b+c,c+d$ 成等比数列.

【分析】本题的常规思路是,由已知得 $b^2=ac, c^2=bd, bc=ad$,所以 $(b+c)^2=b^2+c^2+2bc=ac+bd+bc+bc=ac+bd+ad+bc=(a+b)(c+d)$,从而 $a+b,b+c,c+d$ 成等比数列.

若能回到等比数列的定义,则可得如下简便解法:

由已知,设 $\frac{b}{a}=\frac{c}{b}=\frac{d}{c}=q$,由合比性质得 $\frac{b+c}{a+b}=\frac{c+d}{b+c}=q$,即 $a+b,b+c,c+d$ 成等比数列. 运算之简捷,令人拍案叫绝!

(8) 挖掘隐含. 通过揭示题目未明确给出而又实际存在的事实, 避免讨论, 实现运算的简化.

例 8. 已知二次函数 $f(x)=-\dfrac{1}{2}x^2+x$, 是否存在实数 $m,n(m<n)$, 使 $f(x)$ 的定义域和值域分别为 $[m,n]$ 和 $[3m,3n]$?

【分析】本题可根据抛物线 $f(x)=-\dfrac{1}{2}x^2+x$ 的对称轴 $x=1$ 与区间 $[m,n]$ 的相对位置进行讨论解决. 若能注意到 $f(x)=-\dfrac{1}{2}x^2+x=-\dfrac{1}{2}(x-1)^2+\dfrac{1}{2}\leqslant\dfrac{1}{2}$, 可得 $3n\leqslant\dfrac{1}{2}$, $\therefore n\leqslant\dfrac{1}{6}<1$, 则可避免讨论, 得到如下简便解法.

$\because n\leqslant\dfrac{1}{6}<1$,

故二次函数 $f(x)=-\dfrac{1}{2}x^2+x$ 在区间 $[m,n]$ 上单调递增.

$\therefore \begin{cases} f(m)=3m \\ f(n)=3n \end{cases}(m<n)$,

解之 $m=-4, n=0$, 即符合条件的实数 m,n 存在.

(9) 换元引参. 通过换元实现问题表述形式的简化或将解决较为困难的问题转化为易于解决的问题, 从而实现运算的简化.

例 9. 解不等式 $\sqrt{a(a-x)}>a-2x(a<0)$.

【分析】本题的常规思路是分类转化, 原不等式即

$$\begin{cases} a-2x\geqslant 0 \\ a(a-x)>(a-2x)^2 \end{cases}, 或 \begin{cases} a-2x<0 \\ a(a-x)\geqslant 0 \end{cases},$$

解题过程中需要多次取交集、并集, 运算比较复杂.

若抓住"将无理不等式转化为有理不等式"这一本质要求, 则可采取如下解题过程更为简捷的换元法:

令 $\sqrt{a(a-x)}=t\geqslant 0$,

则原不等式化为 $t>\dfrac{2t^2-a^2}{a}$,

即 $2t^2-at-a^2>0$,

解之 $t<a$ (舍) 或 $t>-\dfrac{1}{2}a$,

$\therefore \sqrt{a(a-x)}>-\dfrac{1}{2}a$,

解之得 $x>\dfrac{3}{4}a$.

(10) 巧设变量.

例 10. 已知动直线 $l: y=k(x+2\sqrt{2})$ 与圆 $O: x^2+y^2=4$ 相交于 A, B 两点, O 为坐标原点, 求 $\triangle ABC$ 的面积 S 的最大值.

【分析】由题意, 容易想到, 设 k 为自变量, 建立 S 关于 k 的函数关系式: $S(k)=$

$\frac{4\sqrt{2k^2(1-k^2)}}{1+k^2}$ $(-1<k<1, k\neq 0)$. 若通过求 $S(k)$ 求 S 的最大值,则会出现复杂的运算(读者不妨试一试),但若转换思路,设 $\angle AOB$ 为变量(不妨记为 θ),则易得

$$S=S(\theta)=\frac{1}{2}\times 2\times 2\times \sin\theta=2\sin\theta,$$

显然 $\theta=90°$ 时,$S_{max}=2$.

同一个问题,由于变量选取的不同,运算量竟相差如此之大,值得深思!

(11)变更主元.

例 11. 关于 x 的不等式 $x^2+ax>2x+a+1$ 在 $a\in[-1,1]$ 上恒成立,求 x 的取值范围.

【分析】若将 $x^2+ax>2x+a+1$ 视为以 x 为未知数,会感到无从下手. 若转换思维角度,将 a 视为主元,则问题转化为关于 a 的不等式 $(x-1)a+x^2-2x-1>0$ 在 $a\in[-1,1]$ 时恒成立,记 $f(a)=(x-1)a+x^2-2x-1$,则应有

$$\begin{cases} f(-1)=(1-x)+x^2-2x-1>0, \\ f(1)=(x-1)+x^2-2x-1>0 \end{cases}$$

解之得 $x<-1$ 或 $x>3$.

问题轻松获解!

6.11 挖掘隐含条件

所谓隐含条件,是指在题目的条件中未明确给出,但客观存在的数学事实. 解题活动中,许多学生由于对隐含条件的关注不够或不知道如何挖掘题目中的隐含条件,而使解题活动陷入困境,或导致解题失误,或使思路复杂化. 那么,隐含条件,隐在何处呢?

(1)隐在数学概念的内涵中.

例 1. 求 $C_{3n}^{38-n}+C_{21+n}^{3n}$.

【分析】由于此题未明确给出 n 的取值,许多学生无从下手. 实际上根据组合数的概念易得:C_n^m 中字母 n,m 应满足条件 $m\leq n$,m,n 均为自然数,即可求出 n 值,从而使问题迎刃而解.

解:由组合数的意义得

$$38-n\leq 3n\leq 21+n, \quad n\text{ 为自然数},$$

求得

$$n=10,$$

所以

$$\text{原式}=C_{30}^{28}+C_{31}^{30}=466.$$

(2)隐在题目所给式子的特殊结构中.

例 2. 已知方程 $a(b-c)x^2+b(c-a)x+c(a-b)=0$ 有两个相等的实根. 求证:数列 $\frac{1}{a},\frac{1}{b},\frac{1}{c}$ 为等差数列.

【分析】本题的常规证法是,由方程 $a(b-c)x^2+b(c-a)x+c(a-b)=0$ 有两等根,得 $\Delta=0$,再化简得数列 $\frac{1}{a},\frac{1}{b},\frac{1}{c}$ 为等差数列. 此法思路简单,但化简过程比较复杂. 若能注意到题中方程的结构特点,可得隐含条件:两等根即为 $x_1=x_2=1$. 从而得如下简单证明:

∵ $a(b-c)\times 1^2+b(c-a)\times 1+c(a-b)=0$,

∴ 两等根即为 $x_1=x_2=1$,

由韦达定理 $$\frac{c(a-b)}{a(b-c)}=1\times 1,$$

整理即得 $$\frac{1}{a}+\frac{1}{c}=\frac{2}{b},$$

即数列 $\frac{1}{a},\frac{1}{b},\frac{1}{c}$ 为等差数列.

(3)隐在问题条件的相互制约中.

例3. 已知 $x^2+4y^2=4x$,求 x^2+y^2 的取值范围.

【分析】本题的典型错解是,由已知得 $y^2=-\frac{1}{4}x^2+x$,从而 $x^2+y^2=\frac{3}{4}x^2+x=\frac{3}{4}\left(x+\frac{2}{3}\right)^2-\frac{1}{3}\in\left[-\frac{1}{3},+\infty\right)$. 上述解法错在何处呢?错在忽略了题目中两个变量 x,y 相互制约所隐含的变量 x 的取值范围. 本题的正确解法如下:

解:由已知得 $$y^2=-\frac{1}{4}x^2+x\geqslant 0,$$

所以 $$0\leqslant x\leqslant 4,$$

又 $$x^2+y^2=\frac{3}{4}x^2+x=\frac{3}{4}\left(x+\frac{2}{3}\right)^2-\frac{1}{3},$$

当 $0\leqslant x\leqslant 4$ 时,有 $$x^2+y^2\in[0,16],$$

即 x^2+y^2 的取值范围为 $[0,16]$.

(4)隐在公式、结论的适用范围中.

例4. 已知双曲线 $x^2-\frac{y^2}{2}=1$,过点 $B(1,1)$ 能否作直线 l,使得 B 为直线 l 被双曲线所截得的弦的中点?

【分析】本题的典型错解为,假设满足条件的直线 l 存在,且 l 与双曲线两交点分别为 $P_1(x_1,y_1),P(x_2,y_2)$,则

$$\begin{cases}2x_1^2-y_1^2=2\\2x_2^2-y_2^2=2\end{cases},$$

两式相减得 $2(x_1-x_2)(x_1+x_2)-(y_1-y_2)(y_1+y_2)=0$,

由于 $x_1+x_2=2,y_1+y_2=2$,则 $\frac{y_1-y_2}{x_1-x_2}=2(x_1\neq x_2)$,

直线 l 的斜率为2,所以,所求直线方程为:$y=2x-1$.

上述解法,错在何处?错就错在忽略了处理直线与曲线位置关系问题的代点相减法的适用前提是:直线与曲线有两个交点,即直线方程与曲线方程联立后,得到的关于 x 的一元二次方程有两个不等的实根,即应有 $\Delta>0$.

事实上,由 $\begin{cases}y=2x-1\\x^2-\frac{y^2}{2}=1\end{cases}$,消去 y 得 $2x^2-4x+3=0$,其判别式 $\Delta=16-4\times 2\times 3=-8<0$,

故直线 $y=2x-1$ 与双曲线 $x^2-\dfrac{y^2}{2}=1$ 没有交点,因而不存在符合条件的直线.

(5)隐在有关数学结论中.

例5. 离散型随机变量 ξ 的分布列如表 6.1 所示,求 $E(\xi)$.

表 6.1

ξ	-1	0	1
P	$\dfrac{1}{2}$	$1-2q$	q^2

【分析】解此题时,一些学生直接得出如下算法

$$E(\xi)=-1\times\dfrac{1}{2}+0\times(1-2q)+1\times q^2=q^2-\dfrac{1}{2},$$

上述解法错了!错在何处?错在忽略了 q 是一个确定值这一隐含条件.事实上,由分布列的性质可得

$$\begin{cases} \dfrac{1}{2}+(1-2q)+q^2=1 \\ 0\leqslant 1-2q\leqslant 1 \\ 0\leqslant q^2\leqslant 1 \end{cases},$$

进而求得
$$q=1-\dfrac{\sqrt{2}}{2},$$

因而正确的解答应为
$$E(\xi)=\left(1-\dfrac{\sqrt{2}}{2}\right)^2-\dfrac{1}{2}=1-\sqrt{2}.$$

(6)隐在问题的实际意义中.

例6. 某公司在甲、乙两地销售一种品牌车,利润(单位:万元)分别为 $L_1=5.06x-0.15x^2$,$L_2=2x$,其中 x 为销售量(单位:辆),若该公司在两地共销售 15 辆车,求其最大利润.

【分析】学生解此题时,常由于忽略变量 x 的实际意义,而得到错误答案 45.606(万元).考虑到变量 x 的实际意义,正确解答如下:

解:设甲地销量为 x 辆,则乙地销量为 $15-x$ 辆,则该公司销售利润为

$$y=5.06x-0.15x^2+2(15-x)=-0.15x^2+3.06x+30$$
$$=-0.15(x-10.2)^2+45.606,$$

$\because x\in \mathbf{N}$,

$\therefore$ 当 $x=10$ 时,$y_{\max}=45.6$,

即该公司销售汽车所获得的最大利润为 45.6 万元.

(7)隐在题目所给图形中.

例7. 已知函数 $y=f(x)$,$y=g(x)$ 的导函数的图象如图 6.4 所示,那么 $y=f(x)$,$y=g(x)$ 的图象可能是( ).

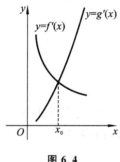

图 6.4

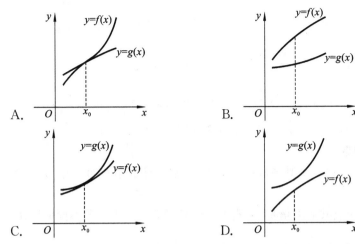

【分析】这是 2008 年福建省高考数学试题的一道选择题. 由于题干中没有出现任何关于函数 $y=f(x),y=g(x)$ 的信息,许多考生面对此题无从下手. 题目的突破口在哪里呢？就在函数 $y=f(x),y=g(x)$ 的导函数的图象中！事实上,由导函数图象可以看出：在 x_0 左侧, $f'(x)>g'(x)$,即在 x_0 左侧,函数 $f(x)$ 的函数值增长速度大于函数 $g(x)$ 的函数值增长速度；在 x_0 右侧, $f'(x)<g'(x)$,即在 x_0 右侧,函数 $f(x)$ 的函数值增长速度小于函数 $g(x)$ 的函数值增长速度. 观察备选答案中的四个图象,只有答案 D 符合题意.

6.12 "正难则反"策略在高中数学解题中的应用

"正难则反"是一种重要的处理问题的策略. 许多从正面思考难以解决的数学问题,如能恰当地转换思维方向,从问题的反面进行思考,常常可以收到"豁然开朗"的神奇效果. 以下举数例说明这种思想方法在处理高中数学问题中的具体应用.

(1) 求解判断命题真假问题.

例 1. 判断 p:"$x\neq 2$ 或 $y\neq 3$"是 q:"$x+y\neq 5$"的什么条件？

【分析】可转化为判断非 p:"$x=2$ 且 $y=3$"与非 q:"$x+y=5$"的关系.

易得　　　　　　　　　　非 $p \Rightarrow$ 非 q,但非 $q \not\Rightarrow$ 非 p,
由互为逆否命题的等价关系知　　　$q \Rightarrow p$,但 $p \not\Rightarrow q$,
所以, p:"$x\neq 2$ 或 $y\neq 3$"是 q:"$x+y\neq 5$"的必要不充分条件.

例 2. 已知 $f(x)$ 为 **R** 上的增函数,求证：若 $f(a)+f(b)\geqslant f(-a)+f(-b)$,则 $a+b\geqslant 0$.

【分析】可用反证法. 假设 $a+b<0$,则 $a<-b,b<-a$.

由条件得　　　　　　　$f(a)<f(-b),f(b)<f(-a)$,
所以, $f(a)+f(b)<f(-a)+f(-b)$,与已知矛盾,故原命题成立.

(2) 求解集合中的参数范围问题.

例 3. 已知非空集合 $A=\{x\,|\,x^2-4mx+2m+6=0,x\in \mathbf{R}\}$,若 $A \cap \{x\,|\,x<0,x\in \mathbf{R}\}\neq \varnothing$,求实数 m 的取值范围.

【分析】即求方程 $x^2-4mx+2m+6=0$ 有负实根时 m 的取值范围. 按常规思路,可分三种情况讨论：①方程有异号两实根；②方程有两负根；③方程有一 0 根和一负根,运算比较复杂.

若设全集

$$U = \{m \mid \Delta = 16m^2 - 8m - 24 \geqslant 0\} = \left\{m \mid m \leqslant -1 \text{ 或 } m \geqslant \frac{3}{2}\right\},$$

$$B = \{m \mid \text{方程 } x^2 - 4mx + 2m + 6 = 0 \text{ 有两个非负实根}\} = \left\{m \mid m \geqslant \frac{3}{2}\right\},$$

则得所求 m 的取值范围即 $\complement_U B = \{m \mid m \leqslant -1\}$，可使运算大大简化.

(3) 求解排列组合计数问题.

例 4. 从四面体 $ABCD$ 四个顶点及其各棱中点共 10 个点中任取不共面 4 点，共有多少种取法？

【分析】从总取法中减去四点共面的情形，共有 $C_{10}^4 - 4C_6^4 - 6 - 3 = 141$ 种不同的取法.

(4) 求解概率问题.

例 5. 正四面体的四个面上分别标有数字 $1, 2, 3, 4$，将四个均匀的正四面体同时掷于桌子上，求与桌面接触的四个面上的数字之和能被 4 整除的概率.

【分析】设"将四个均匀的正四面体同时掷于桌子上，与桌面接触的四个面上的数字之和能被 4 整除"为事件 A，则 $\overline{A}$ 为将四个均匀的正四面体同时掷于桌子上，与桌面接触的四个面上的数字之和不能被 4 整除，则 $P(A) = 1 - P(\overline{A}) = 1 - \dfrac{C_4^1 \times 2^3}{4^4} - \dfrac{2^4}{4^4} = \dfrac{13}{16}$.

(5) 求解数列探究型问题.

例 6. 已知数列 $\{a_n\}$ 满足 $a_1 = \lambda, a_{n+1} = \dfrac{2}{3} a_n + n - 4$，其中 λ 为实数，n 为正整数. 是否存在实数 λ，使数列 $\{a_n\}$ 是等比数列？若存在，求出 λ；若不存在，说明理由.

解：假设存在实数 λ，使 $\{a_n\}$ 是等比数列，则有 $a_2^2 = a_1 a_3$，即

$$\left(\dfrac{2}{3}\lambda - 3\right)^2 = \lambda\left(\dfrac{4}{9}\lambda - 4\right) \Leftrightarrow \dfrac{4}{9}\lambda^2 - 4\lambda + 9 = \dfrac{4}{9}\lambda^2 - 4\lambda \Leftrightarrow 9 = 0, \text{矛盾}.$$

所以不存在实数 λ，使数列 $\{a_n\}$ 是等比数列.

(6) 求解反函数问题.

例 7. 已知函数 $y = f(x)$ 在其定义域内是减函数. 求证：$y = f^{-1}(x)$ 在其定义域内也是减函数.

【分析】设 $x_1, x_2 (x_1 < x_2)$ 是 $y = f^{-1}(x)$ 定义域内的任意两个值，且 $f^{-1}(x_1) = y_1, f^{-1}(x_2) = y_2$，

则
$$f(y_1) = x_1 < x_2 = f(y_2),$$

由于 $y = f(x)$ 在其定义域内是减函数，所以

$$y_1 > y_2,$$

即
$$f^{-1}(x_1) > f^{-1}(x_2),$$

所以 $y = f^{-1}(x)$ 在其定义域内也是减函数.

(7) 求解二项展开式系数和问题.

例 8. 求二项式 $(\sqrt[15]{3}x - y)^{15}$ 展开式中所有无理项系数之和.

【分析】$(\sqrt[15]{3}x - y)^{15}$ 展开式中只有两个有理项：$3x^{15}, (-y)^{15}$. 由展开式各项系数之和减去

有理项系数即得:所有无理项系数之和为$(\sqrt[15]{3}-1)^{15}-2$.

(8)求解不等式证明问题.

例 9. 设 $a>0, b>0, 2c>a+b$,求证:$c-\sqrt{c^2-ab}<a<c+\sqrt{c^2-ab}$.

证明:用分析法,由结论出发寻找使结论成立的充分条件.

要证 $$c-\sqrt{c^2-ab}<a<c+\sqrt{c^2-ab},$$
只需证 $$-\sqrt{c^2-ab}<a-c<\sqrt{c^2-ab},$$
即证 $$|a-c|<\sqrt{c^2-ab},$$
即证 $$(a-c)^2<c^2-ab,$$
即证 $$2ac>a^2+ab, (*)$$

∵ $a>0, 2c>a+b$,

∴ $2ac>a^2+ab$,即(*)成立,

所以,$c-\sqrt{c^2-ab}<a<c+\sqrt{c^2-ab}$成立.

6.13 巧用对应思想,破解计数问题

解决某个范畴中的数学问题时,通过寻找恰当的对应法则,把原数学问题转化为另一个范畴中的数学问题,再在这个范畴中处理,从而达到解决原问题的目的.这样的思维方法称为"对应思想".计数问题是高中数学的难点问题,若能恰当地将问题转化,把原数学问题转化为另一个范畴中易于计数的数学问题,则可起到豁然开朗、柳暗花明的奇效.本节介绍对应思想在解决几类常见计数问题中的应用.

(1)子集个数问题.

例 1. 集合 $S=\{1,2,3,4,\cdots,20\}$ 的四元子集 $\{a_1,a_2,a_3,a_4\}$ 中,任意两个元素的差的绝对值都不为 1,求这样的四元子集的个数.

【分析】从 20 个元素中,取出 4 个符合条件的元素,则剩 16 个元素,设想有 16 个位置,共形成 17 个空当,则在这 17 个空当中,任选 4 个位置,放 4 个取出的元素,对应一个符合条件的四元子集,则所求四元子集个数为 $C_{17}^4=2380$.

(2)路灯关闭问题.

例 2. 马路上有编号为 $1,2,3,\cdots,9$ 的九盏路灯,现要关掉其中的三盏,但不能关掉相邻的两盏或三盏,也不能关掉两端的两盏,求满足条件的关灯方案有多少种.

【分析】设想有 6 个位置,中间形成 5 个空当,在这 5 个空当中选择 3 个空当,每个空当中插入 1 个元素.每一种插入方法对应一种灭灯方案,故满足条件的关灯方案有 $C_5^3=10$ 种.

(3)小球入盒问题.

例 3. 12 个相同小球放入编号分别为 1,2,3,4 的盒子中,每个盒子可空,共有多少种不同的方法?

【分析】12 个相同小球,任意插入 3 个隔板(3 个隔板可以均在一起,或仅 2 个连在一起,或 3 个隔板彼此不相邻),这样,可以设想有 15 个位置,其中 3 个位置放隔板,其余 12 个位置放小球,则每一种放隔板和小球的方法对应一种球入盒的方法,故所求方法数为 $C_{15}^3=455$.

(4)分电影票问题.

例4.把同一排座号为1,2,3,4,5,6的6张电影票分给4个人,每人至少一张,最多两张,且这两张具有连续的编号,求不同分法的种数.

【分析】由题意,恰有2人得到2张连号电影票,则必须且只需将6张电影票依顺序按要求分成4部分,则从4个不同元素中取2个元素的一种取法对应 A_4^4 种电影票的分配方案,所以不同分法的种数为 $C_4^2 \cdot A_4^4 = 144$.

(5)几何计数问题.

例5.圆周上有10点,以这些点为端点的弦相交于圆内的交点最多有多少个?

【分析】因为圆的一个内接四边形的两条对角线相交于圆内一点,一个圆的内接四边形就对应着两条弦相交于圆内的一个交点,于是问题就转化为圆周上的10个点可以确定多少个不同的四边形,显然有 C_{10}^4 个,所以圆周上有10点,以这些点为端点的弦相交于圆内的交点有 C_{10}^4 个.

例6.正方体8个顶点可连成多少对异面直线?

【分析】一个四面体中恰有3对异面直线,可将问题转化成求正方体的8个顶点可构成多少个不同的四面体.从正方体8个顶点中任取4个顶点构成的四面体有 $C_8^4 - 12 = 58$ 个,所以8个顶点可连成的异面直线有 $3 \times 58 = 174$ 对.

(6)最短走法数问题.

例7.如图6.5所示,某城市的街区由12个全等的矩形组成,其中实线表示马路,从 A 到 B 的最短路径有多少种?

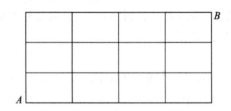

图 6.5

【分析】可将图中矩形的一边叫一小段,从 A 到 B 最短路线必须走7小段,其中,向东4段,向北3段;而且前一段的尾接后一段的首,所以只要确定向东走过4段的走法,便能确定路径,因此不同走法有 C_7^4 种.

第7章　高三总复习教学

7.1　第一轮总复习的功能定位及基本原则

习惯上,我们把高三数学总复习划分为相互联系又功能有所侧重的三个阶段,即俗称的三轮复习.第一轮复习一般安排在前一年6—8月开始,至第二年2月初结束,历时5~7个月,是总复习最重要的阶段.搞好第一轮复习对于整个高考备考至关重要.

1.第一轮复习的目标与定位

第一轮总复习是整个高考备考的奠基阶段,也是高考备考最关键的环节.其核心目标是落实"四基",即基础知识、基本技能、基本思想、基本活动经验.

基础知识要做到一个"清"字:脉络清、内涵清、外延清.基本技能要做到一个"实"字,总结归纳要落实,训练巩固要落实.基本思想做到一个"明"字,要有高站位,渗透一般观念,要指导学生"居高临下"地思考(跳出方法看方法),要明确分类讨论、数形结合、转化与化归、函数与方程、归纳与演绎、一般与特殊等数学思想的基本应用.基本活动经验要做到一个"悟"字,引导学生做好解题后反思,形成解题经验.须知:教材中蕴含着丰富的原始方法,如倒序相加、错位相减等.

2.第一轮数学总复习的原则

(1)基础性原则:立足基础知识的梳理、再现和应用,立足于基本数学思想方法的体会、感悟、归纳和应用.具体来说,基础知识要做到知晓是什么(准确表述概念、公式及其内涵、外延)、从何来(概念的发生、发展过程,公式的推导过程,与其他相关知识的联系)、有何用(能正确运用知识解决问题);基本方法要做到感悟到位、自觉运用(如数形结合、分类讨论、化归转化等要成为具体策略).

(2)全面性原则:知识点、方法点全覆盖(可以不挖到一定的深度,但不能有遗漏).

(3)结构性原则:不仅关注零星的知识点,更要关注知识内在联系,将知识联系起来,帮助学生形成完整的认知结构.

(4)渐进性原则:学生的能力发展具有阶段性,第一轮不宜盲目上难度,要立足于"三基",配以适当的"难题".

(5)熟练性原则:基础知识、基本方法要通过强化训练,得以熟练.

7.2　第一轮复习的实施策略

1.研究课程标准,研究高考试题

研究课程标准,明确哪些东西重点考,哪些东西不会考.(平时拓展的有些东西,高考会不会考,看课程标准——肯定不考的东西不要讲!)

研究高考试题,看看重点考什么,怎么考.把近几年的高考题做好考点统计,通过数据找规律.历年试题整体研究——找共性;近年试题重点研究——找趋势;相同试题对比研究——找变化;不同试题分类研究——找差别.

2. 研究学情,提高教学针对性

抓住学情,讲难点、重点、易混点、薄弱点;讲思路、技巧、规范;讲到关键处,讲到点子上,讲到学生心里去.

3. 高度重视发挥学生的主体作用

(1)上好总复习启动课,通过启动课,告知复习安排,明确学习要求,指导复习方法,充分调动学生的积极性.

(2)指导学生看书,自主归纳基础知识.

(3)关于试卷讲评:指导学生学会自主学习;精选内容,可尝试发动学生讲一部分题目(最好的学习方法是讲给别人听,做好课前自主学习和合作学习).

4. 高度重视课堂效益

当堂训练和反馈是最有实效的训练,课内一道题胜过课外三道题.要尽量多地增加学生动笔训练时间.课堂上比讲更重要的是练,比练更重要的是思.光讲不练假把式.学生的能力不是讲出来的,是练出来的.抬起手,永远比嘴高.高三复习课更是要少讲、精讲、后讲,要让学生脑、眼、耳、口、手、笔交相动起来,以杜绝"满堂灌".

5. 高度重视"四基"落实

(1)基础知识、基本技能、基本思想、基本活动经验要全覆盖,无死角.

要正确理解基础.对于第一轮复习,基础就像盖房子一样,需要着力做好两件大事:一是夯实地基,二是打好框架.第一轮复习很重要的一个关键词就是"系统",要注重引导学生通过构建知识网络,努力使模糊的清晰起来,缺漏的弥补起来,杂乱的条理起来,孤立的联系起来,让学生形成系统化、条理化的知识框架.

①每一单元内容复习前,要指导学生带着问题看书,然后教师进行必要的串讲,弄清知识的来龙去脉,弄清内在联系,形成知识结构,厘清逻辑关系,引导学生经历由薄变厚的过程;

②每一节课前,要求学生完成讲义上相关知识梳理,课堂开始时简要强调梳理.

(2)课堂教学内容、平时训练内容要在总复习大盘子基础上,分阶段推进,既不必过于害怕上难度,也不能盲目上难度——要分层推进,精准教学.

6. 高度重视教材,用好教材

(1)基础知识的表述,尊重"原汁原味"的教材;

(2)核心方法的归纳,从教材中找原型;

(3)相关题目训练要重视从课本中找题目;

(4)善于对教材中的习题进行归类、整理和拓展变式.

7. 打好组合拳,优化训练

课堂内的达标练,课堂内的及时巩固练,分课时的课外同步练,每周一次的限时练,考试之后的针对补偿练,基于具体对象的"靶向练",每周一次的综合练……要积极主动,达到一定的量,也要防止不讲效果的"粗放"练(选题不精准,反馈讲评不及时,跟踪不到位,纠错不彻底).

解题上强化学生落实三个字:慢(审题)、快(书写)、全(要点全面,答题步骤规范).

7.3 高三数学总复习第一轮课堂教学的基本策略

回忆再现主体化.第一轮复习教学中,基础知识的回忆和再现是课堂教学的重要组成部分.回忆和再现要突出教学主体——学生的作用.课前要求学生做好阅读和梳理,课堂教学中让学生在回忆的基础上,充分地说(概念、公式、法则的表述、理解、推导).总之要让学生充分地说,只有学生说清楚,才能表明学生学清楚了!

知识梳理结构化.形成结构是第一轮教学的重要目的.不仅要指导学生回顾单个知识点,更要善于引导学生借助一条主线、一线串珠,将知识和方法结成网,要注重分析知识和方法之间的内在逻辑联系,帮助学生完成认知结构.不仅回忆单个的知识点,更要关注知识之间的内在联系,回忆知识的来龙去脉(必要时进行引导),使学生不仅看到树木,更看到森林,为灵活运用知识打下基础.

考点覆盖全面化.第一轮讲求全面性,不能抱有任何侥幸心理,要努力做到知识点、方法点、思想点全覆盖,要让学生看到高中知识的全貌.

教学选材主导化.课堂上学生学什么,课外练什么,需要发挥教师的主导作用.教师要加强高考研究和学生研究,在浩如烟海的资料中,精选教学内容和训练内容,其中要特别重视教材的钻研和教材作用的发挥.

知识理解本质化.不仅关注是什么,更要关注为什么,要透过形式化的表达,看透知识的本质,深刻理解知识.为此要特别善于透过变式看本质,通过简化表述揭示本质.如,通过函数单调性的各种变式表达,揭示函数单调性的本质是函数值与自变量的变化趋势同步.

函数单调性的各种变式表达(以增函数为例):

函数 $f(x)$ 在区间 A 上单调递增

$$\Leftrightarrow \forall x_1 \in A, x_2 \in A, x_1 < x_2 \Rightarrow f(x_1) < f(x_2)$$
$$\Leftrightarrow \forall x_1 \in A, x_2 \in A, (x_1 - x_2)[f(x_1) - f(x_2)] > 0$$
$$\Leftrightarrow \forall x_1 \in A, x_2 \in A, \frac{f(x_1) - f(x_2)}{x_1 - x_2} > 0.$$

题目选择考点化.全面梳理考点,围绕重要考点,精心选择题目,通过问题分析和解决,加深对考点知识的理解,体会命题的方向和特点.

教学起点基础化.第一轮以巩固"三基"为主,起点要低,要关注通性通法,杜绝人为的高难技巧.

回顾反思制度化.学贵在悟,典型问题解决后,要引导学生对解题过程进行反思,并使之成为学生的自觉行为.反思的内容主要包括知识应用、解题起点确定、合理运算与方法优化、一般规律和模式、与以前做过的题目的联系、必要的变式、经验教训(典型错误或失误及其避免).

一题多解适度化.一题多解是引导学生深化知识理解,提高分析和解决问题能力的重要途径,但需注意第一轮复习的基础性特点,可以适当一题多解,不宜过分追求一题多解,要关注不同思想方法的多角度应用,对于跨章节知识背景的方法则适可而止.(这应是第二轮大有可为的事情!)

7.4 第二轮复习的功能定位及教学原则

1. 功能定位

在第一轮复习的基础上进行的第二阶段专题复习,从本质上讲,是将学过的知识及已经具备的基本技能和方法运用于解决问题的一种复习.

高三第一轮复习一般以知识、技能、方法的逐点扫描和梳理为主,通过第一轮复习,学生大都能掌握基本概念的性质、定理及其一般应用,但知识较为零散,综合应用存在较大的问题.第二轮复习的首要任务是把整个高中基础知识有机地结合在一起,强化数学的学科特点.同时,第二轮复习承上启下,是促进知识灵活运用的关键时期,是发展学生思维水平、提高学生综合能力的关键时期.

概括地说,第二轮复习的功能主要是:使学生所掌握的知识进一步系统化、条理化,跳出知识圈的束缚,深化各知识链和方法网的交叉与沟通,进一步提高学生分析解决问题的能力.

2. 教学原则

针对性原则.所谓"针对性",从教师层面看,教学内容不要面面俱到,不能上成第一轮的简单重复,应对高考说明、高考走势、学生实际(哪些掌握得好,哪些掌握得不好)有准确全面的了解,以此确定教学内容的选择和取舍;教学方法上不要每个环节平均用力,要针对学生感到困难的地方进行讲解,如解析几何解答题要把重点放在突破运算难关上(如建立函数关系后如何解函数).从学生层面看,既要做套题,也要清楚自己的薄弱环节,通过看书、思考、做题、与他人讨论、向教师请教等多种途径突破难点,提升能力.

交汇性(综合性)原则.要注重知识交汇(设计多背景知识点的题目)、方法交汇(从多角度思考问题).高考数学特别重视在知识的联结点上设计问题,以体现知识的横向联系,用来考查学生综合运用知识的水平和能力.尤其是重点主干知识之间的一些相互贯通要特别引起注意.例如,函数与方程,函数与导数,函数与不等式,向量与解析几何,概率与统计等以及它们之间的一些综合.尤其是综合性试题以知识网络的交汇点作为设计的起点、着力点,注意知识的联系与综合,注意对考生综合能力的考查,力图实现全面考查数学基础和数学素质的目标.同时,还必须继续重视对数形结合思想、转化与化归思想的考查,注意以图助算、列表分析、精算与估算相结合等计算能力的培养.

并重性原则.第二轮不是"难题轮",追求适度"综合",不能忘了"基础",要基础和综合并重.

拓展性原则.注重基本问题的拓展,注重一题多解、一题多变、一题多用.要突出抓好问题变式训练,善于进行背景的迁移,以点带面,反复巩固.

整体性原则.所谓"整体性",是由第二轮的复习特点决定的,第二轮的重要工作是,使学生第一轮单个的知识点,能够用适当的主线串联起来,便于检索应用.因而,教学中要将所复习内容置于高中数学的大背景下理解掌握.如,关于子集个数问题,我们知道,n元集的子集个数为2^n,这一知识点,在排列组合二项式定理中可得到解释(略).其次,探讨问题的解法,除特殊需要,强化某种特殊方法外,要尽可能地引导学生跨章节、跨学科、跨知识和思想方法多角度探寻不同的思路方法.同时,设计题目应尽可能丰富知识背景,体现知识的交汇性,促进学生从整体上认识所学内容.

实战性原则.第二轮应突出学生的动手训练,教师要尽可能地退到幕后,要充分地让学生说,让学生思,让学生做,多开展定时训练,多组织模拟训练,切实将"纸上谈兵"变为"真实环境"下的"实战",如此,学生才能在高考中有不错的收获.

从教师层面看,教师尽可能地少讲,多给学生留下做题思考的时间,即使要讲,也要坚持"让学生先做,教师再讲",要多组织综合训练;从学生层面看,一定要适当多做题,只有做题才是掌握知识和方法、发现薄弱环节的最好的办法.

7.5 高三数学总复习第二轮课堂教学的基本策略

教学内容针对化.第二轮复习强调针对性和专题性,要针对高考要求和学生实际,科学确定教学内容.总体来说,兼具"考试热点"和"学生弱点、盲点、需求点"两个特征的内容应是第二轮教学之重点.

问题背景综合化.第二轮复习强调知识的综合应用.而综合主要体现在多知识点、多角度思维上,教师要尽可能选择知识点较为丰富的题目,在知识、方法的交汇处设计题目;尽可能选择那些思维角度多样,能够考查思维灵活性的题目和问题.

思维角度多样化.有意识地鼓励学生站在整体的高度进行一题多解,一题多思,一题多变,一题多用,通过多角度思考,巩固知识、强化方法、体验数学思想,不断优化思维品质.

课堂主体学生化.理论上,教师需要讲的东西,第一轮都已经讲了,第二轮教学要更加重视发挥学生的主体作用.第二轮要以学生训练为主,让学生做,让学生说,让学生议,让学生总结,让学生体验,总之,要把学习的主动权交给学生.

基础综合和谐化.第二轮重视综合,并不是一味追求综合,更不是脱离学生实际,搞所谓的难题.第二轮复习仍要遵循基础与综合并重原则,努力做到知识和方法基础通用,而思维量较大,要妥善处理好基础和综合的关系.

以点带面发散化.题海茫茫,本质是岸.要善于通过典型问题和基本素材,实施变式教学,发挥基本素材的功能,引领学生实现思维的迁移,提高分析和解决问题的能力.

模拟训练真实化.第二轮复习强调实战性.教学中要重视组织训练,善于组织训练,创设规范高效的训练环境,指导学生把作业当考试(限时和独立);把日常考试当高考,调整心态,严肃考风考纪,规范考试行为,如此才能达到"视高考如平时训练"之目的.

关注细节规范化.细节决定成败.高考不仅是智力的比拼,也是习惯和规范性的比拼,要站在育人的高度,培养学生规范解题、规范训练的习惯,培养学生严谨仔细的习惯,形成规范作答的能力.

7.6 高三总复习教学中的学法指导策略

(1)指导学生在保证与教师的教学同步的前提下,制订好符合自身实际的切实可行的学习计划.

俗话说,"预则立,不预则废",说的是做一件事情前计划的重要性,高三数学总复习也不例外.要取得高考的好成绩,学生不仅应紧跟教师的复习节奏,还要有自己的相对独立的计划.为此,教师要做好帮助学生制订计划的工作.

①计划的制订要体现"因材施教".

要在对学生能力、基础、个性诸因素进行综合分析的基础上,帮助学生找准自己的努力方向.如:对优等生,应指导他们选好课外资料,加强综合训练,加强发散思维,培养解题过程中的"优化"意识;对基础较差的学生,应指导他们弄清基本概念,加强"三基"训练,找出自己的薄弱环节.

②计划应具体可行,切忌"形式主义".

计划应做到:目标明确,措施具体.

③教师应经常检查学生计划的落实情况,及时督促其按计划办事,以防计划流于形式.

(2)指导学生选用好复习资料,处理好资料与教材的关系.

一种很不利于学生提高成绩的倾向是:抛开教材,抱着复习资料当"宝贝".分析历年高考试题,不难发现,考题与教材有着极其密切的联系:其一,考题中涉及的基本概念、定理、法则、结论无一不来自教材;其二,考题中的许多试题本身就是由教材中的练习、习题、复习题改编的,有时甚至还有课本原题;其三,教材本身有着较强的逻辑性,学生只有通过看书建立系统的知识结构,在面对高考要求的那么多知识、方法时才有可能不至于"晕头转向".

教训表明:学生用的资料越多,对复习的干扰越大,其知识也越支离破碎.教师可以有几本资料,以利策划复习;但学生只需选择一种贴近教材和考试说明的资料,以确保知识自成体系.

总之,在教材与资料的关系上应把握的原则是:以考试说明为依据,以教材为基础,以一本资料为主,全面钻研,重点掌握.

(3)指导学生自觉进行归纳总结,及时构建知识体系.

归纳、总结可使零乱的知识系统化,使重点知识凸显化.学生要切实掌握教师所讲内容,就必须完成"内化",而归纳总结正是"内化"的必经之路.

①要让学生认识归纳、总结的重要性,使归纳、总结成为学生的自觉行动.明确要求,并加强检查、督促,使学生养成习惯.

②要教给学生归纳、总结的方法.

a.在梳理知识的过程中,要注意提取和归纳重要的数学思想和方法,让学生站在数学思想和方法的高度来认识数学问题.

如,排列数公式 $A_n^m = n(n-1)(n-2)\cdots(n-m+1)$ 的推导就体现了一一对应的数学思想,同时也体现了排列组合中的一种重要方法——填空站位法.

再如,球的体积公式 $V = \frac{4}{3}\pi R^3$ 和表面积公式 $S = 4\pi R^2$ 的推证,体现了分割—求和—化为准确和这样一种由限到无限的逼近思想.

b. 在梳理知识的过程中,不仅要注意对知识点的理解,还要注意某些公式和定理运用的技巧.

如,对两角和与差的正切公式 $\tan(\alpha\pm\beta)=\dfrac{\tan\alpha\pm\tan\beta}{1\mp\tan\alpha\tan\beta}$,不仅要掌握其正用(直接套公式),还要注意其逆用(如求值:$\dfrac{\tan 23°+\tan 22°}{1-\tan 23°\tan 22°}$).

c. 在梳理知识的过程中,要特别注意对易混易错问题进行剖析.

如,数列中要注意两个问题:已知数列的前 n 项和 S_n 求通项 a_n,要分两种情况说明($n=1$ 和 $n\geqslant 2$);利用等比数列求和公式 $S_n=\dfrac{a_1(1-q^n)}{1-q}$ 求等比数列前 n 项和时要注意条件 $q\neq 1$.

(4)指导学生在解题实践中提高解题能力.

"解题教学"是高三数学总复习教学的重要组成部分.通过解题教学可使学生巩固知识、掌握方法、提高能力.为此要做到:

①强化题意分析与方法探求过程,教会学生分析问题的方法.

实践表明,许多学生拿到题目束手无策,究其根源,常常是审题不到位,不能充分利用条件或错误理解题意.因此要提高学生的解题能力,必须引导学生抓好审题关,将审题作为解题的重要一环.

在教学实践中,首先教师可以通过让学生反复读题、对问题进行重新表述、用数学语言加以表征等加工策略,使学生在头脑内部对数学问题重新正确描述、表征;其次,引导学生通过对问题的深入分析和深刻理解,多角度、多层次地从题设中不断挖掘隐含条件,并利用条件进行推理和变形,使隐含条件明朗化;最后,可以利用问题中提供的信息,利用目标导向作用,引导学生寻找解题的突破口.

②指导学生进行解题后反思,形成解题经验,提高灵活运用知识解决问题的能力,发展创新思维.

反思回顾是解题的重要一环,其作用在于将解题实践提炼升华,积累经验,提高解题能力.要让"解题后反思"成为学生的自觉行动,使之"制度化".反思的内容主要包括:

a. 思方法优化.一道题用多种方法解出后,要对各种解法的优劣进行比较,看看哪些方法简单,简单在何处,哪些方法复杂,复杂在哪里,在此基础上积累解题经验.

如,等差数列 $\{a_n\}$ 前 m 项的和为 30,前 $2m$ 项的和为 100,则它的前 $3m$ 项的和为( ).

A. 130   B. 170   C. 210   D. 260

对于本题,至少可以有以下三种方法:

法一:设出首项 a_1 及公差 d,然后代入公式 $S_n=na_1+\dfrac{n(n-1)}{2}d$,解关于 a_1,d 的方程组即可得 $S_{3m}=210$.

法二:利用性质"等差数列中,$S_m,S_{2m}-S_m,S_{3m}-S_{2m}$ 成等差数列".

法三:退到特殊状态,$a_1=S_1=30,a_2=S_2-S_1=70$,从而 $d=40$,于是 $a_3=a_2+d=110$,$S_3=a_1+a_2+a_3=210$.

反思以上三种方法,法一虽常规、易想,但计算量大,实在不能算是一种好方法;法二能抓住问题的本质,是一种很好的思路,但利用此法的前提是知道上述性质并能随时提取信息;法三充分利用选择题不反映解题过程的特点,以退为进,快速准确,不失为解选择题的好方法.

b. 思模式规律. 对典型问题要通过一道题,掌握一类题,举一反三,总结通法,不断提高解题能力.

如,已知定义在 **R** 上的函数 $f(x)$ 满足条件 $f(x+2)=-\dfrac{1}{f(x)}$, $f(1)=2004$, 求 $f(2005)$.

这个问题既是一个简单的问题,又是一个较难的问题. 如果能够观察出它是一个以 4 为周期的函数,则解法十分简单:$f(2005)=f(1)=2004$. 但是如果不能观察出它是一个周期函数,那么这个问题就是一个较难的问题了. 事实上,很容易证明,这个函数就是周期函数:$f(x+4)=f[(x+2)+2]=-\dfrac{1}{f(x+2)}=-\dfrac{1}{-\dfrac{1}{f(x)}}=f(x)$. 一般地,若 $f(x+a)=-\dfrac{1}{f(x)}$ ($x\in \mathbf{R}, a\neq 0$),则 $f(x)$ 是以 $2a$ 为周期的周期函数. 处理上述问题后若能引导学生得到这种函数模型,那么学生再碰到类似的问题就能轻松获解.

c. 思问题变式. 即通过对某一题目进行条件变换、结论探索、逆向思考、图形变化、类比、分解、推广等多角度、多方位的探讨,使一个题变为一类题,达到举一反三、触类旁通的目的,进而培养学生良好的思维品质及探索、创新能力.

如,在完成"过抛物线 $y^2=2px(p>0)$ 的焦点的一条直线和这条抛物线相交于 P_1, P_2 两点,两个交点的纵坐标分别为 y_1, y_2, 求证:$y_1 y_2=-p^2$"后可引导学生作如下变式:

(a)条件不变,提出新问题:

求证:$x_1 x_2=\dfrac{p^2}{4}$.

求焦点弦 $|P_1 P_2|$ 的长.

求 $S_{\triangle OP_1 P_2}$.

求焦点弦 $P_1 P_2$ 的中点的轨迹方程.

(b)改成逆命题:一条直线与抛物线 $y^2=2px(p>0)$ 相交于点 $P_1(x_1,y_1)$, $P_2(x_2,y_2)$,如果满足 $y_1 y_2=-p^2$(或 $x_1 x_2=\dfrac{p^2}{4}$),求证这条直线过抛物线的焦点.

(c)增加条件"过 P_1, P_2 分别作 x 轴的垂线,垂足为 M_1, M_2",提出新问题:"求证:$|OM_1|$, $|OP|$, $|OM_2|$ 成等比数列".

……

d. 思思想方法. 数学思想和方法是数学知识在更高层次的抽象和概括,具有高度的概括性、隶属性、层次性、迁移性等特点. 中学数学重要的思想方法有函数与方程的思想、数形结合思想、分类讨论思想、化归与转化思想. 中学数学基本方法有消元降幂法、配方法、换元法、待定系数法、参数法、反证法、数学归纳法、解析法.

对以上基本的数学思想方法,教学过程中要有意识地化隐为显,复习过程中要注意提炼、归类、应用,真正做到既用具体方法解决问题,又用相应思想统摄思维、引领思考.

③指导学生及时补充解题经验,"聚沙成塔,集腋成裘",不断丰富完善学生解题的"方法库".

很多学生拿到题目无从下手或尽管找到思路但解法很烦琐,究其根本,除题目难度因素外,解题经验欠缺也是不可忽视的原因.为此,可指导学生准备专门的"解题方法宝库",及时将各种解题方法分门别类地进行提炼,经常翻阅,经常强化,便于使用时快速检索.

(5)指导学生搞好心理调适,以积极、健康、平和的心态度过高三生活的每一天.

①指导学生克服"畏惧心理",勇于面对困难.

毫无疑问,总复习中问题的综合性比新课讲授时要强一些,对能力的要求也更高,学生往往由于感到困难,而产生"畏惧心理",以至于部分学生一见到综合题就头皮发麻,一种先入为主的恐惧使得原本会做的题目也不会做了.为此应注意:

a. 教学内容应循序渐进,切忌脱离学生实际,随意拔高.

b. 让学生从心理上认识,高三复习对综合性的要求是必然的,不以人的意志为转移,只有知难而上,勇于战胜困难,才是取得好成绩的唯一途径.

c. 强化激励,对学生取得的成绩及时肯定、鼓励.

②指导学生克服"小农思想",力戒"小富即安",保持强烈的进取心.

"解题"是高三数学总复习最基本的活动,要教育学生不满足于一题一法,对典型问题应放在高中学段所学知识与方法的大背景下去考虑,力求从不同角度找出不同的方法.只有这样,才能进一步提高学生的分析归纳、综合应用和迁移深化的能力.

③指导学生克服"怕失败"心理,树立自信心.

高三考试较多,部分学生因几次考试不理想,便怀疑自己的能力,惧怕失败,越想学好,越学不好,久而久之,形成"怪圈".教师要以爱心和情感加强对学生的"挫折教育",要引导学生正确认识平时的考试,不要只盯着分数,而应致力于发现问题、解决问题,毕竟高考才是最重要的一次考试.

(6)指导学生在考试实践中提高应试能力.

应试能力是高三学生应培养的重要能力,也是学生在高考中取得好成绩的重要保障.应试能力的培养和提高依赖于平时的点滴工作,特别是要通过考试,使学生学会考试.

①学会合理安排时间和解题顺序.

一般应遵循"六先六后"原则:先易后难、先熟后生、先同后异、先小后大、先点后面、先高(分)后低(分).

②规范解题,杜绝不必要的丢分.

③保持平稳心态,泰然自若地面对考试,发挥自己的最佳水平.

7.7 高三数学总复习解题教学的基本策略

1. 问题设计最优化

问题的选择和设计是解题教学的第一步,也是十分关键的一步,选题得当,可以提高效率,事半功倍,否则只会造成效率低下,加重师生负担,而收效甚微.怎样优化问题选择和设计呢?

问题的选择和设计要遵循以下原则:

(1)典型性原则:问题应有助于巩固基础知识、基本方法,提高基本技能,解题方法典型.

(2)层次性原则:问题应难易兼顾,具有良好的层次性,便于不同水平的学生各取所需.

(3)探究性原则:问题应富于启发性,具有思维价值.

(4)解法多样原则:问题的思维角度应多样,便于培养学生的发散思维.

(5)综合性原则:注重在知识交汇点设计问题.

此外,还要兼顾问题的应用性、人文性、创新性等.

2. 认真审题自觉化

实践表明,许多学生拿到题目束手无策,究其根源,常常是审题不到位,不能充分利用条件或错误理解题意.因此,在解题教学中要引导学生提高对审题重要性的认识,掌握必要的审题方法,将审题作为解题教学的重要环节,贯穿解题教学的始终.

在教学实践中,首先教师可以通过让学生反复读题、对问题进行重新表述、用数学语言加以表征等加工策略,使学生在头脑内部对数学问题重新正确描述、表征;其次,引导学生通过对问题的深入分析和深刻理解,多角度、多层次地从题设中不断挖掘隐含条件,并利用条件进行推理和变形,使隐含条件明朗化;最后,可以利用问题中提供的信息,利用目标导向作用,引导学生寻找解题的突破口.

3. 思路探求主体化

"学习解题最好的途径是自己发现."(波利亚语)在解题教学中,教师应引导学生主动、积极地参与解题过程,教师的主要任务应体现在为学生创设情境、启迪思维、引导方法上.

在问题解决过程中,教师要为学生创造一个适合学生自己去寻找解法的情境,使学生经常处于"愤"和"悱"的境地,引导学生自己去做力所能及的事情.

4. 思维过程显性化

"听得懂,不会做"是学生中普遍存在的问题,造成这种状况的根源在于学生没有真正学会思维,而学习思维最好的办法就是在解题实践中学习体会,而暴露问题解决的思维过程是在解题实践中学思维的关键.因而解题教学中,要做到:

(1)给予学生充分的时间,表述自己的观点.尤其是要有意识地追问:"你是怎样想到的?""你为什么这样想?"

(2)不仅引导学生弄清楚怎样做,更要引导学生弄清楚为什么这样做.

如,可以通过令 $x=1$ 快速求出式子 $(1+3x)^9$ 展开式中各项系数之和,但许多学生常常弄不懂为什么可以这样解.这时,教师可做如下分析:

$(1+3x)^9$ 展开式共 10 项,分别是常数项、一次项、…、九次项,记 $(1+3x)^9=a_0+a_1x+a_2x^2+\cdots+a_9x^9$,问题即求 $a_0+a_1+a_2+\cdots+a_9$,故只需在 $(1+3x)^9$ 中令 $x=1$ 即可.

(3)有意识地抓好教师在思路探求方面的示范作用,特别要突出教师在思考问题时思维的转换调整过程,特别要让学生看到教师思路受阻时是如何突破思维障碍的.

5. 解题方法多样化

实践表明,一题多解是培养学生学习兴趣,提高教学效率,优化学生思维,提高教学质量的有效途径.在解题教学中,要有意识地引导、鼓励学生多角度寻找问题的解法.

如,复习"三角函数求值"问题时,可选择如下问题:已知 $6\sin^2\alpha+\sin\alpha\cos\alpha-2\cos^2\alpha=0$,$\alpha$

$\in\left[\dfrac{\pi}{2},\pi\right)$,求 $\sin(2\alpha+\dfrac{\pi}{3})$ 的值.(2004 年湖北高考理科 17 题)

引导学生从以下角度进行思考,探究问题的解法:

思路 1:以求 α 的函数值为主线.

思路 2:以求 2α 的函数值为主线.

思路 3:以求 $\alpha+\dfrac{\pi}{6}$ 的函数值为主线.

这三类方式通过因式分解的变换或弦化切的变换或降次变换等手段,都可以将已知式化为单个的三角函数值,再结合倍角公式与和角公式的运用,得到所求的三角函数值.

6. 格式书写规范化

解答数学问题是有严格的格式要求的.哪些题型该用什么格式都有明确的规定,高考评分也是分步给分的,因此在平时的解题训练中,教师要对学生提出明确的格式要求,做到正确运算、规范答题,教师处处做示范.

例如,用数学归纳法证明数学问题,学生往往只完成 $n=n_0$ 和 $n=k$ 到 $n=k+1$ 的证明之后就结束了,实际上完成这两步之后,还要有一个结论性的表述:由(1)(2)可知:命题对从 n_0 开始的所有自然数都成立.

再如,求函数 $f(x)=\dfrac{1}{x-1}$ 的单调区间,对于这样的简单问题不会求的学生很少,求出来错了的学生也不少.他们把单调区间写成 $(-\infty,1)\cup(1,+\infty)$,这显然是错误的,若是填空题或选择题,该得 0 分.

又如,解立体几何中求空间角和距离时以下三步缺一不可:

(1)作图:作出符合条件的角或距离.

(2)证明:用相关定理说明作图的正确性.

(3)计算:根据有关知识求出角或距离.

7. 重要结论工具化

有些问题本身就是很好的结论,是用来解决其他数学问题的有力武器,教学中要善于挖掘典型结论的应用价值,发挥这些结论的"工具"作用.

如,"设平面 α 的一条斜线 l 与平面 α 所成的角为 θ_1,直线 l_1 是在平面 α 内过斜足的一条直线,它与斜线 l 在平面 α 内的射影所成的角为 θ_2,l 与 l_1 所成的角为 θ,则 $\cos\theta=\cos\theta_1\cos\theta_2$"是立体几何的重要结论,在解决有关角的问题时应用十分广泛,教学中可设计如下问题,引导学生用上述结论快速解答.

(1)已知三个平面 OAB,OAC,OBC 相交于点 O,$\angle AOB=\angle BOC=\angle COA=60°$,求交线 OA 与平面 OBC 所成的角.

(2)把正方形 $ABCD$ 沿对角线 AC 折成直二面角,点 E,F 分别是 AD 和 BC 的中点,O 为原正方形 $ABCD$ 的中心,求折起后 $\angle EOF$ 的大小.

(3)已知 Rt$\triangle ABC$ 的两直角边 $AB=2,BC=3$,点 P 是斜边 AC 上的点,以 BP 为棱折成直二面角 $A-PB-C$,若折后 $AC=\sqrt{7}$,求二面角 $P-AB-C$ 的大小.

8. 解题后反思制度化

反思回顾是解题教学的重要一环,其作用在于将解题实践提炼升华,积累经验,提高解题能力.要让"解题后反思"成为师生的自觉行动,使之"制度化".反思的内容详见 7.6 高三总复习教学中的学法指导策略.

第8章 数学教师专业发展

8.1 怎样听课

听课是一种常规而重要的教研活动,在新的课改形势下,听课是实施教师"同伴互助"的重要途径,对于教师的业务提高、专业发展具有极其重要的作用.在教学实践中,许多教师常常由于对听课的重要性认识不足,重视不够,不得要领,即使听了很多课,也收效甚微.如何才能提高听课的效果呢?

一要明确听课目的.要认识到,听课是重要的教学常规活动,其根本目的是在一线课堂中,学习、观摩、参与同伴的教学活动,借鉴他人经验,吸取他人教训,共同探讨、解决教学中的问题,共同提高,从根本上促进教师的专业发展.

二要端正听课态度.正确的态度包括以下三个方面:

一是认真的态度.有些老师由于对听课重要性认识不足,对听课常常持排斥的态度,因而,将听课当成是完成任务,甚至出现为了完成所谓的"听课任务"而抄别人的听课笔记的现象,这是很可悲的.

二是学习的态度.有些老师认为:"讲课的老师还没有我水平高,他(她)的课没什么值得听的."须知:三人行,必有我师焉!每个人都有自己的长处、自己的特色,每个人都值得我们好好学习、借鉴.

三是反思的态度.与上述情况相反的是,对名师、特级教师过于迷信,抱着一种"无比虔诚"的态度,不加分析,不做批判,恨不得将这些老师的教学全部克隆到自己的课堂上.须知:智者千虑,必有一失!对名师、特级教师的课既要认真学习、领会,也要反思、批判.

三要做好课前准备.有老师会说:"听课还做什么准备!人去了,坐下来听不就行了?"错了,实践表明,要保证听课效果,提前做好以下准备工作十分必要:

拿到教材和教案,可能的话与教者交谈,了解教者意图.

与学生交谈,了解学生进度,抽样了解学生学习状况,领会教者的因材施教.

确定个人关注的问题.正像老师提倡学生"要带着问题听课"一样,教师听课也必须带着问题,这样才能真正提高听课的实际效果,从中真正受到教益.教师关注的问题,不受任何限制,可以极具个性,如可以关注怎样处理教材,可以关注怎样创设情境,可以关注怎样处理偶发事件……

四要抓住听课重点.听课重点既包括共性要求,也包括个性关注.在新的课改形势下,要特别关注以下问题:

情境创设.新课程标准特别强调:"教师要创设适当的问题情境,鼓励学生发现数学的规律和问题解决的途径,使他们经历知识形成的过程."可以说,评价新课改形势下一节课的成败,首先看这节课是否创设了有利于激发学生积极性,有利于引导其投入探究活动的学习情境.作为听课教师,要特别关注讲课教师创设情境的方法与策略,以学习借鉴.

教师角色. 在新的课程理念下,教师的角色定位较以前有了根本的转变,要求教师不再是简单的知识的传授者,而是学生学习的组织者、引导者、促进者、参与者.要特别留心,授课教师是如何实现角色转变,履行好新角色的义务的.

学生活动. 新的课程改革,将改变学生的学习方式作为重要内容,倡导学生积极主动、勇于探索的学习方式.因而课堂教学中必须高度重视学生的主体作用,给学生以充分的时空经历自主探索新知的过程,强化体验.

教材处理. 新的课程理念下,教材只是教学的蓝本,课堂教学要实现"教教材"到"用教材教"的转变,以教材为基础,合理开发课程资源,科学整合教材,将知识的学术形态转变为学生易接受的教育形态.

教者特色. 对"什么样的课是好课"这一问题的看法,可谓"仁者见仁,智者见智",但共同的看法是,好课应是有特色的课.听课时,要特别留意教者的特色特长,以便借鉴学习,形成自己的教学特色和风格.

个人兴趣. 除了上述五点外,听课者还可以根据个人兴趣和爱好关注执教人的某些具体的教学活动,如身体语言的运用,偶发事件的处理,等等.

五要落实课后延伸.要巩固听课成效,听课教师在课后还有一番功夫要下,具体要做好如下四个方面的工作:

与执教者进一步沟通交流,取长补短;积极参加说课、评课活动.

对照反思. ①反思教者长处对自己的借鉴,明确学习的方向;②反思教者不足对自己的警示,制订避免的措施.

针对性地系统学习. 就听课后的问题和模糊之处学习有关教育理论,解决疑问,不断提高自己的认识水平和教学实践能力.

可能的话进行"我的设计". 对听课内容进行自我设计,在自己的教学中实施或与执教人进行系统的交流.

8.2 怎样进行教学反思

8.2.1 教学反思的含义

教学反思是教师以自己的教学活动过程为思考对象,对自己所做出的行为、决策以及由此产生的结果进行审视和分析的过程.养成反思的习惯对于提升教师的专业化水平有着至关重要的作用.

8.2.2 教学反思的特点

1. 追求教学实践的合理性

教学反思不是一般性地回顾教学过程,而是在教学中不断发现问题,并针对这些问题进行设计,调整教学方案,使教学向更合理的方向努力.

2. 具有较强的教学研究色彩

教学反思是教师针对教学过程中的各种情境性、具体性、个别性的问题展开的研究.

3. 贯穿于教学活动的各个环节和层面

教学反思既有教学内容的反思(如如何把握圆锥曲线部分题目的难度和深度),也有教学方式(法)的反思(如如何在数学课堂教学中有效地实施分层教学);既有常规课的反思,又有研究性学习活动的反思(如高中数学中哪些内容适合引导学生进行研究性学习,高中数学研究性学习与高考的关系如何);既有观摩同行的教学而进行的反思,也有借学生的质疑来反思自己的教学行为.

8.2.3 教学反思的内容

1. 反思教学设计

教学设计是课堂教学的蓝本,是对课堂教学的整体规划和预设,勾勒出了课堂教学活动的效益取向. 设计教学方案时,教师对当前的教学内容及其地位(概念的"解构"、思想方法的"析出"、相关知识的联系方式等),学生已有知识经验,教学目的,重点与难点,如何依据学生已有认知水平和知识的逻辑过程设计教学过程,如何突出重点和突破难点,学生在理解概念和思想方法时可能会出现哪些情况以及如何处理这些情况,设计哪些练习以巩固新知识,如何评价学生的学习效果等,都已经有一定的思考和预设. 教学设计的反思就是对这些思考和预设是否与教学的实际进程具有适切性进行比较和反思,找出成功和不足之处及其原因,从而有效地改进教学.

2. 反思教学过程

数学教学过程是学生在教师的指导下有目的、有意识、有计划地掌握数学"双基"、发展数学能力的认识活动,也是学生在掌握数学"双基"、发展数学能力的过程中获得全面发展的实践活动. 数学教学过程既包含教师的"教",又包含学生的"学",是教与学矛盾统一的过程. 从"学"的角度看,数学教学过程不仅是学生在教师指导下学习数学知识、形成技能的过程,而且是学生发展智力、形成数学能力的过程,也是学生理性精神和个性心理品质发展的过程. 教学过程中,学生、教师、数学教学内容、教学方法、教学媒体、教学环境、校园文化等都是影响教学效果的直接因素,其中,教师、学生和教学中介是数学教学过程中的三个基本要素. 教学中介是教学活动中教师作用于学生的全部信息,包括教学目标、教学内容、教学方法和手段、教学组织形式、反馈和教学环境等子要素,其中的主体是教学内容. 对数学教学过程的反思就是对教学过程中各要素的相互作用过程及其效果的反思. 具体来说要思考如下问题:

(1)针对不同类型的数学问题是否采用了相应恰当的引入方法?

(2)哪些数学教学内容宜采取接受式学习?哪些数学教学内容宜采取发现式学习?哪些数学教学内容采用接受发现结合式?

(3)教学目标设置是否符合学生的认知水平?

(4)教学方法与教学目标的适合性如何?

(5)数学教学各环节和知识点之间的衔接过渡是否合理?

(6)数学教学重点的把握、难点的突破是否达到预定目标?

(7)何时采用显性变式？何时采用隐性变式？

(8)各教学环节的时间分配是否合理？（特别要反思是否把时间用在核心概念和思想方法的理解和应用上）

(9)问题是否恰时恰点？学生是否有充分的独立思考机会？

(10)核心概念的"解构"、思想方法的"析出"是否准确、到位？

(11)是否关注到学生的个性差异？学生活动是否高质高效？有没有"奇思妙想"、创新火花？有没有抓住这种机会？

(12)是否渗透和强调了数学能力的培养？

(13)教学内容的"价值观因素"是否得到充分挖掘，并用学生能理解的方式进行展示？教学媒体使用是否得当？

(14)教师语言、行为是否符合教育教学规律？学生有什么反应？

(15)各种练习是否适当？

(16)教学过程是否存在着"内伤"？

......

3. 反思教学效果

对数学教学效果的反思，是指在教学活动结束后，教师对整个活动所取得的成效的价值判断，包括学生所获得的发展和教师自己的价值感受两个方面. 前者主要考察学生对数学"双基"的掌握，数学能力发展，对数学学习方法的掌握，对数学的科学、人文价值的认识，以及理性精神的养成等诸方面；后者主要考察教师自己在教学活动中对教学内容和学生情况的了解程度的变化，个人教学经验的变化，实施有效教学能力的提升，教学思想观念的变化等. 其中，教学是否达到了预期的目标，学生行为是否产生了预期的变化，是教学效果反思的重点.

4. 反思教学再设计

在分析教学过程得失的基础上，重新进行教学设计.

8.2.4 教学反思的原则

1. 问题性原则

基于问题进行反思，进行研究，提出解决方案. 问题是案例的灵魂，是反思活动的主要线索. 这些问题不仅要围绕反思的主题，揭示案例中的各种困惑，更重要的是要有启发性，能够引发其他人的反思和讨论. 因此，提炼反思问题时应注意：第一，围绕当前的课堂教学活动；第二，是被广大教师普遍关注的；第三，是重要但容易被忽视的；第四，是课堂教学改革中的疑难问题；第五，是不同层次的教师能够参与讨论的；第六，是可以与一定的理论相衔接的.

2. 理论指导原则

把新课程理念作为反思的着眼点. 新课程倡导教学要回归学生的生活世界，从生活实际中选取合适的素材供学生学习，使学生在课堂上体验的生活与实际的生活状态相一致. 教师应以此为着眼点，对自己（或他人）的课堂行为进行重新梳理，注意到存在的问题，在撰写教学反思时，对照新课程的理念来审视教学实践，思考教学在多大程度上体现了新课程理念的要求，还需要在以后的教学中做些什么. 这样的反思会使得新课程的理念逐步在课堂上得到体现和落实.

3. 及时性原则

课堂教学中,随着教学内容的展开、师生的思维发展及情感交流的融洽,往往会因为一些偶发的事件而产生瞬间灵感.诸如课堂教学中某一应变得当的措施;双边活动开展的成功之处;某些数学思想渗透与应用的巧妙之举;备课时未曾考虑到而在课堂上突然爆发出的灵感和火花——如导入新知的妙语、课堂氛围的改观、学生思维的激活、因材施教的准确,等等.而这些"智慧的火花"常常是一闪即逝的,教师必须利用反思去捕捉,否则就会遗憾不已.这些东西及时俯拾而起,就是熠熠生辉的"金子".这种种实践日积月累,所蓄渐丰,既有利于探索教育教学规律,也有利于形成自己的教学风格.如果出现了课堂教与学的高潮,最好能详细记录学生的学习活动、师生的精彩问答,作为第一手素材,进行深入的研究和探讨.

4. 重点突出原则

具体进行教学反思时,要注意"不求全面,但求深刻".通常可以截取课堂教学片段.截取的片段应该是与自己感兴趣的问题紧密相关的,描述了一个完整的教学事件.因此,为了更加真实地反映实际情况,我们应事先对教学设计进行深入分析,从中析出自己感兴趣的问题,并在听课过程中有目的、有计划、有系统地对课堂中师生之间的相互作用过程进行仔细观察,包括活动的形式、内容和结果等,做出"全息记录",并通过观看录像进行仔细核对.

8.2.5 教学反思的方法

1. 日记随笔法

将所思所想随时记录下来.日志就是把观察时所听到的、看到的、感受到的教与学的情况详详细细地写出来,是分析的根据、认识的来源.写日志是教师与自己的对话,给自我一个很好的反思空间,对教学经历做书面描述和反馈,从而激发教师对教学新的认识.写日志既要详细又要及时.当天的见闻必须当天记录下来,否则时间一过便印象不深,追述不全.随后想到的也应在日志中及时追记下来,标明时间.行文中一定设法把听到的话与自己的感想或评论区分开来.如,正文写在纸的正中,左右留出空白,这样一是为了写下对自己和他人教学的印象、感想、评论,二是便于将来对教学做初步分析时使用.主要记教学中的体会;记录教育教学中的失误;记学生在学习过程中的困惑;记教学中学生的独特见解;记教学再设计.

2. 案例研究法

"所谓案例,其实就是在真实的教学情景中发生的典型事件,是围绕事件而展开的故事,是对事件的描述."案例研究就是用案例的形式将教学过程中这样或那样的事件表现出来,并对此进行分析探讨.案例研究的素材主要来自三个方面:一是研究自己的教学,并从大量的教学实践中积累一定的教学案例;二是观察别人的教学,从中捕捉案例;三是平时注意收集书面材料中的案例.

3. 讨论交流法

在教学实践中加强与教师的对话.这样不仅可以使自己的思维更加清晰,而且来自交流对象的反馈往往也会激起自己更深入的思考,激发自己更多的创新思路.来自不同学校的教师聚集在一起,首先提出课堂上出现的问题,然后共同讨论解决的办法,最后得到的方案为所有教师及其他学校所共享.在课堂教学过程中,学生是学习的主体,他们总会有"创新的火花"在闪烁,教师应当充分肯定学生在课堂上提出的一些独到的见解,同时,这些难能可贵的见解也是对课堂教学的补充与完善,可拓宽教师的教学思路,提高教学水平.因此,将其记录下来,可以作为以后丰富教学的材料养分.所以潜心于提高自己教学水平的教师,往往会向学生征询对自己教学的反馈意见,层次好、中、差的学生会有他们不同的看法,学生的某些想法也许教师没想到.通过对学生意见的征询,结合自己的思考,教师可以对自己的教学进行适当的调整和改进.这是教师对其教学进行反思的一个重要渠道.

4. 自我评估法

通过反思,教师对自己的知识和能力有所评价,然后会努力提高自己以达到一个更高的水平.当教师通过努力获得成功时,会为自己的成功感到骄傲,同时批判性反思通常能给教学和教师专业进步带来更深刻的变化.在数学教学中批判性反思主要包括以下一些问题:我的教学策略在学生中的认可程度如何;我是否在教学过程中重视了引导学生质疑、提问;我是否引导学生进行了自主学习;我在教学中是否重视了对学生"问题意识"的培养;我对相关的数学思想方法掌握得是否充分,等等.教师应能够对自己的教学做出评估,以确定自己在数学教学的某些方面是否可以改变,形成改变的策略,监测实施这些策略的效果.

5. 行动改进法

教学行动改进是教师通过观察了解发现问题,确定目标后,自身采取措施改进教学行为,自我质疑,自我解惑的行动过程,是针对某个具体的教学环节、步骤或某一具体方面展开的小规模调查研究.

6. 行动研究法

为弄明白课堂上遇到的问题的实质,探索用以改进教学的行动方案,教师以及研究者合作进行调查和实验研究.它不同于研究者由外部进行的旨在探索普遍法则的研究,而是直接着眼于教学实践的改进.

7. 再设计法

教然后知不足,即使是成功的课堂教学,也难免有疏漏、失误之处,一节课下来,不妨静心沉思:摸索出了哪些教学规律,教法上有哪些创新,知识点上有什么发现,组织教学方面有何新招,解题的诸多误区有无突破,启迪是否得当,训练是否到位,等等.及时记下这些得失,并进行必要的归类与取舍,然后考虑一下再教这部分内容时,应该如何做,不妨写写"再教设计".这样可以做到扬长避短、精益求精,把自己的教学水平提高到一个新的境界和高度.

8.3 怎样进行教学研究

1. 强化研究意识

要重视研究.教而不研则浅,进行教学研究和教育科研是教师深化对教育教学工作的认识,推动教育教学工作向内涵发展的必经之路,也是克服教师职业倦怠的有效途径.

要破除对研究的神秘感.研究不神秘,问题即课题,思考(行动)即研究,结果(成长)即成果! 只要上路,总会遇到庆典. 只要启动研究,就会有新的收获.

要努力让思考成为一种生活习惯. 学习古人"为求一字稳,捻掉数根须"的钻研精神.

2. 科学确定问题

进行教育研究,关键是要找到合适的研究问题. 一线教师的研究问题,主要应产生于一线教学实践中,有关学生、课堂、考试等的各种问题,都可以成为教师研究的问题. 教师所确定的研究问题提倡起点低,切口小,教师力所能及,切忌脱离教学实际和教师实际确定研究问题.

3. 掌握研究方法

确定了问题,研究方法是关键. 要根据研究问题的需要,选择研究方法,常见的研究方法有以下几种.

(1) 调查法. 调查法是有目的、有计划、有系统地搜集有关研究对象现实状况或历史状况的材料的方法.

(2) 观察法. 观察法是指研究者根据一定的研究目的、研究提纲或观察表,用自己的感官和辅助工具去直接观察研究对象,从而获得资料的一种方法.

(3) 实验法. 实验法是通过主动变革、控制研究对象来发现与确认事物间的因果联系的一种科研方法.

(4) 文献研究法. 文献研究法是根据一定的研究目的或课题,通过调查文献来获得资料,从而全面地、正确地了解掌握所要研究问题的一种方法.

(5) 实证研究法. 实证研究法的主要目的在于说明各种自变量与某一个因变量的关系.

(6) 定量分析法. 定量分析法可以使人们对研究对象的认识进一步精确化,以便更加科学地揭示规律,把握本质,厘清关系,预测事物的发展趋势.

(7) 个案分析法. 个案分析法是认定研究对象中的某一特定对象,加以调查分析,弄清其特点及其形成过程的一种研究方法.

4. 理论联系实际

教育研究强调立足于教育教学实践在认识和操作上的提升,教育研究一定要有科学的理论做支撑,要在深刻学习教育教学理论的基础上,用科学的理论指导教育教学实践,达到理论和实践的完美结合.

5. 及时实践运用

实践是检验真理的唯一标准. 教育教学研究的成果是否科学,需要实践去检验. 教师要及时将研究成果运用于教育教学实践中,检验成果的科学性,不断调整优化研究成果.

8.4 怎样写教学论文

教学论文是教学研究的物化成果,教师通过撰写教学论文,可以系统梳理自己的教育教学思想,提升教育教学智慧. 撰写教学论文是教师成长的重要途径. 如何撰写教学论文呢?

1. 端正撰写动机

撰写论文不能有过重的功利思想. 要知道撰写论文不仅在于写出来的成果,更在于写的过程. 写的过程是整理思路、自我反思的过程,写的过程就是提高的过程. 不可为了功利的目的写论文.

2. 做好日常积累

撰写论文,是一件"纸上得来终觉浅,绝知此事要躬行"的事情,关键在于做好日常积累. 积累什么？第一,教育教学案例的积累. 教师的日常教学,一定会有很多思考,会有很多待解决的问题,教师要善于及时记录头脑中产生的问题. 第二,教育教学想法的积累. 要善于捕捉"一闪而过"的想法,要及时记录积累自己的瞬间灵感、所思所想. 第三,典型经验的积累. 坚持经常阅读自己感兴趣、质量高的文章,学习他人的观点和写作方法,为自己所用.

3. 从实确定选题

撰写论文,选题很关键. 选题要围绕教师教育教学实践,要为教师"力所能及". 选题要围绕教学实践中的热点、难点问题,立足于解决教学中的实际问题. 课堂教学的技能艺术、数学教育教学热点问题(如数学课程改革问题、数学素质教育问题、数学核心素养问题、数学教育前沿问题等)、数学课程标准、数学基础都可以成为选题的内容.

写作素材还可以源于课本,如对章头图和引言的认识与研究；对教学内容的认识与研究(如初、高中函数的概念比较)；对完善教材提出合理化建议.

高考试题解法研究、命题规律研究、命题展望与预测研究都可以作为撰写教学论文的重要资源.

4. 基于科学理论

论文不能是想当然,不能停留在一般性的经验总结上,要有实例和数据支撑,要有科学的理论支撑,没有科学理论支撑的文章,不可能是好文章.

5. 注意学习借鉴

好的想法还要有好的表达. 论文的撰写格式、语言运用也很重要. 要经常学习研究别人的文章,看看别人是怎样安排篇章结构的,是如何展开的.

6. 坚持不懈动笔

万事"贵在坚持". 要坚持写,经常写. 写作初期,可以先天马行空地写,不必拘泥于格式,不追求文字的精妙,写多了自然就有了感觉,写多了,写作水平自然而然地就会提高.

7. 精于经常修改

古人说"好文章是改出来的",好的文章要经过反复修改,方能成型. 好的文章要有三性：专业引领性、思想启发性、参考借鉴性等.

参 考 文 献

[1] 中华人民共和国教育部.普通高中数学课程标准(2017年版)[M].北京:人民教育出版社,2018.
[2] 章建跃.数学学习论与学习指导[M].北京:人民教育出版社,2001.
[3] 胡典顺,徐汉文.数学教学论[M].武汉:华中师范大学出版社,2012.
[4] 曹才翰,章建跃.中学数学教学概论[M].3版.北京:北京师范大学出版社,2012.
[5] 李三平,罗新兵.中学数学教学技能[M].北京:科学出版社,2020.
[6] 李求来,昌国良.中学数学教学论[M].长沙:湖南师范大学出版社,2006.
[7] 李冬影.品牌形象设计[M].武汉:华中科技大学出版社,2022.